영대(靈臺)

1 개천(開天)과 천존시대(天尊時代)

하문사

목 차

❶ 개천(開天)과 천존시대(天尊時代)

서 문

　근현대에 들어 문명의 발전은 급진전되고 인류는 새로운 삶을 맞이하고 있다. 인류 문명이 태동한 이래 지난 6,000년간의 변화보다도 지난 100년간의 변화가 훨씬 크다.

　비단 이것은 문명의 발전뿐만 아니라 문화의 변화, 제도의 변화 등에서도 혁신이 일어나고 있다. 군주제가 무너지고 민주화가 이루어지고 있으며, 계급차별의 제도가 없어지고 평등세상이 도래되었고, 여권(女權)이 신장되어 남녀평등의 세상이 이루어졌다.

　인류는 지금 분명히 과거와는 다른 새로운 시대를 맞이하고 있다.

　말 그대로 180도 바뀐 세상이 되었다. 그리고 앞으로도 더욱더 진전되어 인류가 그렇게 희망하던 이상세계로 나아가게 될 것이다.

　그러나 이 새로운 시대의 도래는 운이 좋아서 이루어진 것도 아니고 그렇다고 인간의 노력만으로 이루어진 것도 아니다. 거대한 우주환경의 테두리 안에서 치밀하게 짜여진 법칙 아래서 이루어지고 있는 것이다.

하루는 조주석야(朝晝夕夜)의 4시(時)가 있고, 1년은 춘하추동(春夏秋冬)의 4계절이 있듯이, 보다 더 큰 우주의 원운동은 지구에 보다 더 큰 우주 주기인 원(元)·형(亨)·이(利)·정(貞)의 4철(哲·節) 변화를 주게 된다.

이러한 4철(哲·節) 변화는 지축의 세차운동에 의해 평균 1만 2,000년을 주기로 일어나고 있으며, 또 이보다 더 큰 우주 주기는 태양계가 은하계를 운행하면서 일어나는 대주기로 12만 9천 600년을 주기로 오고 있다. 이러한 대주기에 의해 주어지는 더 큰 우주 환경변화로 인해 지구는 선천(先天)과 후천(後天)이라는 전혀 다른 세상이 형성되게 되는 것이다.

물론 이보다 더 큰 주기가 또 있다. 그러나 더 큰 주기는 현재 우리 인류의 삶을 파악하는데 무의미할지도 모른다.

실제 우리 인류의 역사와 문명에 직접 영향을 미치는 주기는 바로 지구축의 세차운동에 의해 일어나는 1만 2,000년 주기이다. 이 주기에 의해 일어나는 원(元)·형(亨)·이(利)·정(貞)의 4철(哲·節) 변화는 3,000년을 기간으로 하여 '하나의 환경'이 주어지게 된다. 다시 말해 3,000년 마다 지구는 철(哲)이 바뀌고 우주의 다른 환경을 맞이하게 되는 것이다. 이 한 철(哲)의 환경 변화를 맞이하기 위해서 지구는 3,000번의 4계절(四季節)이 돌아야 한다. 따라서 100년도 살기 힘들었던 인간들은 이 철(哲) 변화를 알 수가 없었다. 철부지(哲不知)란 '철을 모른다.'는 뜻으로 이 말은 짧은 인생을 살다가는 인간이 거대한 우주의 변화의 이치를 깨닫지 못함을 빗대어 한 말이라 볼 수 있겠다. 따라서 이치에 어두운 자를 '철부지(哲不知)'라 하는 것이다. 이 우주의 환경변화의 영향력에 따라 지구에는 문명이 달리 형성되게 되며, 이러한 인류 문명의 발자취를 기록한 것이 바로 역사(歷史)이다. 따라서 역사는 3,000년을 한 철(哲·節)로 하는 시간 마디가 형성되게 되며 그 역사의 마디를 시대(時代)라고 표현하는 것이다. 때문에 원(元)·형(亨)·이(利)·정(貞) 4철(哲·節)의 우주 환경변화에 의해 생겨나는 시대를 봄시대·여름시대·가을시대·겨울시대라고 표현하는 것이다. 즉 우주환경의 변화에 따라 봄환경의 지배를 받는 봄시대, 여름환경의 지배를 받는 여름시대, 가을환경의 지배를 받는 가을시대, 겨울환경의 지배를 받는 겨울시대로 나누어지는 것이며, 이제 우리 인류는 완성과 결실의 시대인 가을시대를 맞이하고 있다.

바람이 보이지 않으나 나뭇가지가 흔들리는 것을 보면 알 수 있듯이, 우주의 가을은 피부로 느낄 수는 없으나 세상이 변하는 모습을 보면 알 수 있다.

앞서 말했듯이 우리 인류는 현재 분명 과거와는 전혀 다른 새로운 문명세상으로 접어들고 있다.

봄·여름이 지나면 가을의 결실기가 도래되듯이 봄시대·여름시대가 지나면 가을시대가 도래되게 되는 것이 자연의 정해진 법칙이다. 이러한 시대의 변화에 따라 인류에게 주어지는 삶의 방법 또한 변하게 되어 있다.

봄에는 씨 뿌리는 법이 있고, 여름에는 성장시키는 법이 있으며, 가을에는 결실하는 법이 있고, 겨울에는 씨앗을 갈무리하고 저장하는 법이 있다.

이러한 우주 4철(哲)의 공통된 법칙을 생장염장(生長斂藏) 사의(四儀)라 한다.

이 사의(四儀)의 법칙은 작게는 하루의 조주석야(朝晝夕夜)에도 나타나고, 또 1년의 춘하추동(春夏秋冬)에도 있으며, 더 크게는 원(元)·형(亨)·이(利)·정(貞)의 4철(哲·節)에도 일어나고 있다.

농사꾼이 이러한 사의(四儀)의 법칙에 따라 곡식농사를 짓듯이 하늘은 1만 2,000년 4철(哲) 속에 이 법칙을 이용하여 인간농사를 짓고 있는 것이다.

따라서 3,000년의 철(哲)이 변할 때마다 인간세상을 다스리는 그 법 즉, 섭리(攝理)는 달라지게 된다.

시대마다 달리 주어지는 이러한 섭리의 법(法)을 옛 사람들은 역(易)이라 명명했고, 학자들은 역(易)의 풀이에 몰두했었다. 옛 사람들이 역상(易像)의 풀이에 몰두한 이유는 바로 이 역(易)의 이치에 그 시대를 움직이는 모든 법칙이 프로그램[계획] 되어 있었기 때문이다.

5,500년 전에 복희(伏羲)에 의해 희역(羲易)이 나왔으며, 3,100년 전에 문왕(文王)에 의해 주역(周易)이 나왔다. 그리고 이제 정역(正易)이 출현하였다.

이것은 시대를 다스리는 자연의 이법이 달라졌음을 의미하며, 새로운 시대가 도래되었음을 의미하는 것이다.

역(易)은 자연조화를 일으키는 8가지 자연의 기본요소를 음양 부호 즉, 팔괘(八卦)로 표시하여 팔방에 배치한 것을 말한다. 이러한 8가지 자연요소는 신명(神明)들이 관장하고 있으며, 이들 신명(神明)들을 팔괘(八卦)의 방위에 따라 배치하는 방법이 바로 역이다.

이 역(易)의 괘상(卦象)에 따라 신(神)을 배치하는 것을 봉신(封神)한다고 하며, 봉신(封神)을 하기 전에 반드시 먼저 신명들을 회집하여 봉신명(奉神明)하는 장소가 필요하게 되는데 그 장소를 바로 영대(靈臺)라 하는 것이다.

역사적으로 이 영대(靈臺)는 실존했었다.

지금으로부터 약 5,500년 전 희역(羲易)을 지었던 복희는 태산(泰山)에 영대를 지어 봉신명(奉神明)했으며, 이후 이 신명들을 하늘[天]에 봉(封)하였다.

그리고 약 3,100년 전에 주역(周易)의 원리에 따라 땅에 봉신(封神)을 하였던 문왕과 강태공은 영대(靈臺)를 서안 부근 풍읍(灃邑)에 지어 봉신명(奉神明)하였으며, 이후 오방신(五方神)을 땅[地]에 봉(封)하였다.

그리고 이제 다시 가을시대를 맞이하여 정역(正易) 팔괘가 나왔으므로 반드시 새롭게 신명을 모셔 둘 영대(靈臺)가 있어야만 한다. 바로 이 가을시대의 영대는 현재 대한민국 동해 바닷가 포항(浦項)에 세워져 있다.

'동해 삼신 불사약(東海三神不死藥)'이라 했던 바로 그 동해(東海)에 영대(靈臺)가 건립되어 있으며, 이곳에 삼신(三神)을 비롯한 천지신명과 각 성(姓)의 선령(先靈)들을 봉신명(奉神明)하여 장차 인간[人]에게 신명을 봉(封)할 날을 기다리고 있는 것이다.

신명을 한번은 하늘[天]에 봉(封)하였고, 또 한 번은 땅[地]에 봉(封)했으며, 이제 인간[人]에게 봉(封)하게 되는 것이다. 신명(神明)을 하늘에 봉했을 때를 천존시대(天尊時代)라 했으며, 땅에 봉했을 때를 지존시대(地尊時代)라 하였다. 그리고 이제 인간에게 신명(神明)을 봉(封)하게 되면 인존시대(人尊時代)가 열리게 되는 것이다.

즉, 하늘에 신명을 봉했던 천존시대 2,500년간은 풍운상설뇌우(風雲霜雪雷雨)의 모든 권한이 하늘에 있었고, 땅에 봉했던 지존시대 3,000년간은 그 권한이 땅에 있었다. 그리고 이제 인간에게 봉해지는 인존시대에는 이 자연조화의 모든 권한이 인간에게 주어지게 된다. 인권(人權)이란 바로 '인간의 권한'을 말하는 것으로 인간이 이 모든 자연조화의 권한을 가지는 것을 말한다.

아직까지 인간에게는 이러한 '인권'이 주어진 적이 없었다.

이제 인간에게 신명이 봉(封)해지고 인간에 의해 천지가 운행되어갈 때 비로소 '인권'이 주어지게 되며, 그 시대가 바로 인존시대인 것이다.

하늘이 사람을 내고 천지(天地)가 사람을 키우는 것은 바로 이 가을시대에 인간을 완성시키고 천지를 운행할 권한을 주고자 함이다. 이것이 천지(天地)의 성공(成功)이요, 인간의 궁극적인 목적 달성인 것이다.

그리고 인권 즉, 자연조화의 모든 권한과 운행권이 인간에게 주어지는 것이다.

또한 이제 가을시대를 맞아 음양합덕(陰陽合德)하는 시대가 되므로 신인조화(神人調和) 세상이 되었다. 신인조화란 신과 인간이 하나로 어우러져 함께 일하는 것을 말한다. 이러한 신인조화가 되기 위해서 실현되어야 할 가장 중요한 과제가 바로 해원(解冤)이다. 음양합덕시대를 맞아 음(陰)세상인 신계(神界)와 양(陽)세상인 인계(人界)의 경계가 무너지므로 지금까지 신계에 머물러 있던 수많은 원혼들이 인간을 찾아 내려와 원을 풀고자 한다. 따라서 그들을 해원시켜주지 않고는 결코 신인조화가 이루어지지 못하게 되고 도리어 해를 입게 되는 것이다. 그러므로 새로운 가을시대를 맞아 인류가 행해야 할 가장 중요한 과업이 바로 해원(解冤)인 것이다. 그 해원(解冤)의 방법으로 원혼들을 최상의 격으로 승격시켜 신선(神仙)으로 봉안(奉安) 시켜주는 것이니 이로써 원혼들이 해원되게 되는 것이다. 원혼들이 신선으로 봉안되어 해원이 되면 오히려 그 원혼들이 신인조화로써 우리 인간과 함께 새로운 세상을 열어가게 될 것이니 이로써 막히고 불통(不通)되어 상극으로 얼룩진 세상은 소통(疏通)이 되고, 비로소 세상은 상생과 화합과 화평의 시대가 열려오게 되는 것이다. 가정은 화목(和睦)하고, 사회는 화합(和合)하며, 세상은 화평(和平)하게 될 것이니 전세계가 일가(一家)가 되고 지상에 영원한 평화가 이룩되게 될 것이다.

아울러 가을시대를 맞아 인류는 무병장수와 불로장생의 시대를 열게 되고 지상에 육신으로 신선(神仙)이 되는 지상신선(地上神仙)을 실현하게 될 것이다. 그러한 신선들에 의해 이루어지는 세상을 선경(仙境)이라 한다. 선경이 바로 극락(極樂)이요, 대동세계(大同世界)이며, 지상천국(地上天國)이다. 따라서 이때는 인간의 이상향이 실현되는 때요, 지금까지와는 전혀 다른 새로운 삶이 시작되는 때이다.

바로 그 실현이 영대(靈臺)가 모셔진 동방 땅 끝 모퉁이 해 돋는 곳으로부터 시작되고 있다.

일찍이 800여 년 전 중국 원(元)대 도교(道敎)의 용문파(龍門派)를 창시하고 크게 번성시켰던 장춘진인(長春眞人) 구처기(邱處機)는 곤륜산 제 4지맥이 동해로 뻗어 백두산에 이르고, 그 맥이 다시 금강산(金剛山)으로 연맥 되어 그 산의 정기를 타고 증산(甑山)께서 오셔서 유불선 삼합일체의 완성(完成)의 도(道)를 내고, 이 도(道)에 통(通)한 1만 2천 도통군자가 금강산 1만 2천 봉(峰)의 정기에 응하여 창성(昌盛)된다 하였으니 바로 그 시발점이 이곳 동방 땅 끝 모퉁이 해 돋는 곳이다.

이곳에 장차 1만 2천 도통군자들에게 봉신(封神)할 신명들을 모셔둔 영대(靈臺)가 있으며, 이 영대(靈臺)가 모셔진 곳에서부터 세계창생을 구제할 도(道)가 세계만방으로 뻗어나가게 되는 것이다. 그리고 이 도(道)에 인연 있는 자들은 바로 이곳 영대로 모여들게 될 것이다.

『춘산 채지가』에는 "운변낙각(雲變落各) 만이천(萬二千)은 사바세계 되었구나."라고 노래하고 있다.

구름이 하늘에 있을 때는 한 뭉치로 있다가 땅에 떨어질 때는 모두 흩어져 내리듯이 천상에서는 함께 모여 있던 1만 2천 도통군자와 14만 4천 지도자들이 전 세계로 흩어져 내렸으니 어느 대륙, 어느 고을에 내렸는지 알 수가 없다.

그러나 빗물이 다시 하천과 강을 타고 바다에서 모이듯이 이제 허다한 인연을 고리로 하여 강증산 성사께서 내어놓은 이 도(道)의 진리를 찾아 한 곳으로 모여들게 될 것이니 바로 그곳이 영대(靈臺)가 있는 곳이 아니겠는가?

1만 2천 도통군자와 14만 4천 지도자들이 바로 이 영대(靈臺)를 중심으로 모여들어 다시금 하나가 될 때 비로소 세상은 지상신선(地上神仙)이 실현되고, 지상선경(地上仙境)이 건설될 것이니 이것은 일대 개벽(開闢)이요, 신천지(新天地)의 도래(到來)이며, 수만 년에 걸친 인류의 이상이 실현되는 것이다.

그러므로 무릇 후천(後天)의 복(福)을 구하려는 자(者)와 혼란한 세상을 고치고 창생을 구제하여 지상선경에 동참하고자 하는 자들이 있다면, 이 책은 등대와 같은 역할을 하리라 믿어 의심치 않는다.

上 島

제1장

잃어버린 인류 역사를 찾아서

1. 인류 문명과 역사는 순환 반복된다.

　역사는 돌고 돈다. 왜냐하면 우리 인류는 돌고 도는 우주 천체 속에 살고 있으며, 인류의 문명과 역사는 돌고 도는 우주의 영향력 아래 이루어져 왔기 때문이다.

　우리 인류가 살고 있는 지구(地球)라는 이 행성(行星)은 여러 단위의 우주운동을 하고 있으며, 이로 인해 여러 단위의 주기적 현상이 반복되어 일어나고 있다. 따라서 지구상에 살고 있는 모든 생명체는 여러 단위로 반복 순환되는 이 자연현상의 영향력 속에 삶을 엮어가게 되는 것이다.

　즉 지구 자전현상에 의해 아침 · 낮 · 저녁 · 밤의 사시(四時)가 돌아가고, 지구 공전현상에 의해 봄 · 여름 · 가을 · 겨울의 사계절(四季節)이 돌아가고 있다.

아침이면 일어나고 밤이 되면 잠을 잔다. 여름에는 짧은 옷을 입고 겨울에는 긴 옷을 입는다. 이것을 어기면 삶은 틀어지고 병이 난다. 인간은 이 자연 변화에 순응하며 삶을 꾸려가고 있는 것이다.

그러나 지구의 우주운동은 이러한 자전이나 공전뿐만 아니라 더 큰 지축의 세차운동이나 태양계의 은하계 공전운동과 같은 대주기 운동도 하고 있으며 인간을 비롯한 지구상의 모든 생명체는 환경의 영향력을 받지 않을 수 없다.

지축의 세차운동에 의해 일어나는 원(元)·형(亨)·이(利)·정(貞)의 사철(四哲) 변화는 1만 2천 년의 주기로 일어나고 있으며, 태양계의 은하운동에 의해 일어나는 선·후천(先後天)의 변화는 12만 9천 600년을 주기로 일어나고 있다.

이러한 거대한 우주변화의 시간대를 북송시대 소강절 선생은 우주의 관점에서 바라보고 계산을 하였다. 이것을 원회운세론(元會運世論)이라 한다.

이 원회운세론에 따르면 우주의 한 시진(時辰, 2시간)은 지구의 30년이며, 이를 1세(世)라 하고 가정을 이루는 주기가 된다. 한 아이가 태어나 자라서 가정을 이루고 또 다시 그 자식이 가정을 이루기까지를 한 세대(世代)라 하는 것이다. 그리고 우주의 하루는 지구의 360년이며 이를 1운(運)이라고 하고 국가의 명운(命運)이 바뀌는 주기가 된다.

천 년의 역사를 자랑하는 신라의 위대함이 우주에서 바라보면 겨우 3일 천하에 불과한 것이다. 이를 볼 때 우주의 시간이 얼마나 길고 그 변화는 얼마나 거대한지 알 수 있다. 그리고 우주의 한 달은 10,800년(12,000년)으로 1회(會)라고 하며, 환경(環境) 변화에 의해 지구의 문명과 역사가 바뀌는 주기가 된다. 인류는 1만 2천 년을 주기로 문명이 일어났다가 멸망하는 흥망성쇠를 네 번이나 반복하여 오늘에 이르고 있는 것이다. 그리고 또 우주의 1년은 12만 9천 6백 년으로 1원(元)이라 하고, 선천(先天)과 후천(後天)이 바뀌는 주기가 된다.

이러한 대주기 현상은 그 시간이 너무 길어 인간의 일생동안 그 변화를 느낄 수 없다. 하루살이는 조주석야 사시의 변화도 미처 겪어보지 못하고, 매미나 여치 같은 곤충은 춘하추동 사계절의 변화조차도 다 알지 못하듯이 짧은 일생을 살다가는 인생이 이 거대한 우주 변화를 알 길이 만무하다.

그러나 이러한 우주 변화의 주기는 바로 역사의 발자취 속에 고스란히 남아 있으므로 반대로 우리는 역사를 통해 우주의 변화를 관찰하고 다시금 다가올 미래를 예측하고 그 준비를 할 수 있는 것이다.

지구를 중심으로 바라본 우주운동						
지구 천체 운동	단 위	주기운동				주기명칭
지구 자전	하루(1일)	아침	낮	저녁	밤	4시(時)
지구 공전	일 년	봄	여름	가을	겨울	4계절(季節)
지축세차운동	일회년	원(元)	형(亨)	이(利)	정(貞)	우주 4철(哲)
태양계 은하운동	일원년	선천(先天)		후천(後天)		

우주에서 바라본 지구			
우주 시간 단위	지구 시간 단위	주기명칭	주기적 변화현상
우주 1시진	지구 30년	1세(世)	가정 세대 변화
우주 하루	지구 360년	1운(運)	국가 국운 변화
우주 한 달	지구 10,800년(12,000년)	1회(會)	환경 변화(역사 변화)
우주 일 년	지구 129,600년	1원(元)	선천과 후천 변화

그런데 실제 인간의 역사와 문명을 파악하는데 있어서 가장 중요한 주기는 바로 1만 2천 년 1회(會)의 주기에서 일어나는 4철(哲), 즉 환경의 변화이다.

1만 2천 년을 주기로 일어나는 원(元) · 형(亨) · 이(利) · 정(貞)의 4철(哲 · 節) 변화는 3,000년을 기간으로 하여 하나의 환경이 주어지게 된다. 다시 말해 3,000년 마다 지구는 우주의 다른 환경을 맞이하게 되는 것이다. 마치 따뜻한 봄이 지나면 무더운 여름이 오고, 여름이 지나면 선선한 가을이 찾아오듯이, 원(元)이라는 한 철(哲)의 3,000년간 환경이 지나가면 다시 형(亨)이라는 또 다른 한 철(哲)의 3,000년간의 환경이 찾아오는 것이다. 그리고 이 형(亨)이 지나면 드디어 이(利)라는 결실의 환경이 3,000년간 찾아오게 된다.

이 우주의 환경(環境)이 바뀌면 지구상의 모든 생명체는 우주로부터 받는 기운(에너지 파장)이 달라지고 따라서 그 삶의 모습 또한 달라지게 되는 것이다.

여기서 우리는 환경(環境)이라는 단어의 의미를 살펴볼 필요가 있겠다. 요즘 사람들은 환경사업을 한다 또는 환경이 파괴되고 오염되었다는 말들을 하며 환경을 보호하자라고 외친다. 하지만 실제 환경의 뜻은 전혀 그렇지 않으며, 그것은 대자연이 속해 있는 거대한 우주환경변화를 모르고 하는 소리이다. 환(環: 고리, 돌다) 경(境: 지경, 경계, 곳, 장소)은 "어떠한 경계점에 고리를 형성하여 끊임없이 돌다."라는 뜻인데, 사전적 의미로 보면 생물에게 직접·간접으로 영향을 주는 자연적 조건이라고 되어 있다. 즉, 인류를 포함한 모든 살아 있는 생명체가 환경에 지배를 받으며 결코 인위적으로 벗어날 수 없는 직접적 또는 간접적인 영향을 주는 자연적 조건이 환경이란 것이다.

예를 들자면 바닷가에 가 보면 흔히 볼 수 있는 밀물과 썰물은 지구 자체에서 일어나는 현상이 아니라 지구 밖에서 주어지는 달의 인력작용에 의해 일어나고 있는 현상이다. 이처럼 우주로부터 지구에 주어지는 거대한 영향력을 바로 '환경(環境)'이라고 하는 것이다. 지구에 영향력을 발휘하는 우주 환경은 비단 달의 인력작용 뿐만 아니라 태양의 광량, 지구를 둘러싼 별자리들의 파동에너지, 은하중심의 충격파 등 크고 거대한 힘들이 실재 영향력을 발휘하고 있다.

따라서 환경(環境)은 사업을 할 수 있다거나 오염이 되는 것이 아니다.

그런데 대기오염, 수질오염, 토양오염 등 각종 오염현상은 우리 인류가 저질러 놓은 폐해이다. 이것은 우주 환경변화에서 주어지는 혜택을 우리 인류가 잘못 사용함으로 인해 빚어진 폐해라고 볼 수 있다. 우주 환경변화에 의해 주어지는 가을시대는 통합과 완성을 기하는 시기로 인류는 새로운 영감과 문명의 완성기로 접어들게 되어있다.

따라서 인류의 과학문명은 고도로 발전되어가며 새로운 미래를 열어가게 되는 것이다. 그러나 우주환경변화를 제대로 이해하지 못한 우리 인간의 짧은 안목은 이러한 문명이기(文明利器)를 오로지 개인의 사사로운 욕심을 만족시키는 도구로 전락시킴으로써 대기를 독가스로 가득 채우고, 마시는 물은 독수가 되었으며, 토양은 황폐해 먹는 음식이 도리어 독이 되어버렸다.

자동차 매연, 공장매연 등으로 인한 극심한 대기오염, 가정폐수와 공장폐수의 무단방출로 인한 심각한 수질오염, 비료, 농약, 제초제 등의 남용으로 인한 토양오염 등은 결국 우리 인류가 고스란히 되받게 되어 있으니 그것이 바로 인체 내 각종 독성물질의 축적과 면역약화로 인해 갖은 질병에 걸려 죽어가는 병겁(病劫)으로 되받게 되는 것이다. 결국 병겁(病劫)이란 우리 인류가 저질러 놓은 것을 우리가 되받는 겁액(劫厄)인 것이다.

따라서 지금이라도 우리 인류는 우리의 미래와 후손들의 미래를 위해서 이러한 오염현상들을 반성하고 개선하기 위해 최선의 노력을 기울여야만 할 것이다.

다시 본문으로 돌아가 이러한 환경변화에 의하여 인류는 정해진 시간표대로 살아가고 있는 것이다.

지축의 세차운동에 의해 3,000년 마다 달라지는 환경(環境)

의 영향력 아래 인류는 문명을 형성시켜 왔던 것이다. 이러한 인류가 형성시켜 왔던 문명의 발자취를 기록한 것을 바로 역사(歷史)라고 한다. 따라서 역사는 우주환경의 변화와 함께 변하게 되어 있고, 순환·반복하게 되는 것이다. 때문에 역사는 3,000년 마다 변하는 한 철(哲)마다 시간 마디가 있게 되는데 그 역사의 마디를 시대(時代)라고 표현하는 것이다. 따라서 원(元)·형(亨)·이(利)·정(貞) 4철(哲·節)의 우주 환경변화에 의해 형성되는 시대(時代)의 마디[節]를 봄시대·여름시대·가을시대·겨울시대라고 표현하는 것이다. 즉 봄환경의 지배를 받는 봄시대, 여름환경의 지배를 받는 여름시대, 가을환경의 지배를 받는 가을시대, 겨울환경의 지배를 받는 겨울시대로 나누어지게 되는 것이다.

역사의 변화에 영향을 미치는 이러한 환경의 변화는 바로 지축의 세차운동에 의해 일어나게 되므로 우선 이러한 내용에 대해 조금 알아보고 넘어가고자 한다.

예로부터 동서양 공히 태양이 돌고 있는 황도(黃道) 상에 놓여진 별자리를 중요시하였는데, 서양에서는 이것을 12궁(宮)이라 하여 12개의 별자리로 나누었고, 동양은 28수(宿)라 하여 28개의 별자리로 나누었다. 과거 천문학자들은 이 별자리로부터 주어지는 기운변화를 관찰하고자 노력하였고, 심지어 이러한 별자리가 인간의 운명까지 영향을 미친다고 믿어 왔었다.

바로 이 별자리로부터 유입되는 파동에너지의 영향력에 의해 지구에는 원(元) · 형(亨) · 이(利) · 정(貞)의 4철(哲) 변화가 일어나게 되는 것이다.

이것은 지축의 세차운동에 의해 일어나는 환경의 변화로써 23.5도 기울어진 지축은 68년에 1도씩 위치를 이동하여 24,480년에 일주(一週)운동을 하게 된다. 이로 인해 춘분날 태양이 떠오르는 위치인 춘분점은 황도(黃道)상에서 68년에 1도씩 위치를 이동하여 24,480년만에 제자리로 돌아오는 주기운동을 하게 된다. 황도상에서 태양의 위치가 24,480년에 한 번 되돌아온다 하여 이것을 1대년(大年), 혹은 플라톤이 발견하였다 하여 '1플라톤 년'이라 한다.

1대년(大年)의 주기운동으로 인해 지구는 태양계를 둘러싸고 있는 여러 별자리(12궁, 혹은 28수)로부터 파동에너지의 영향력을 받게 되며 여기서 사철(四哲) 변화가 일어나게 되는 것이다.

그런데 1대년(大年)에는 두 번의 사철(四哲) 변화가 일어나게 되는데, 이것은 마치 한 달(30일)에 두 번의 사리와 조금의 인력 주기가 생성되는 것과 같은 이치이다. 지구는 15일 주기로 파도의 높이가 높아지고 낮아지는 인력현상을 겪게 된다. 이것은 지구의 인력에 영향을 미치는 요인이 태양과 달, 두 개가 있기 때문이다.

이와 마찬가지로 지축의 세차운동에 의한 1대년(大年)에도 역시 남극성(카노푸스)[1]과 북극성(폴라리스)이라는 두 극성(極星)이 지구의 에너지 파장에 영향력을 발휘하므로 두 번의 주기가 오게 되는 것이다.(이것은 부록에서 자세히 설명하겠다.)

따라서 지구는 12,240년을 주기로 1회(會)의 변화를 겪게 된다.[2] 약 12,000년에 1회(會)의 주기변화를 겪게 되므로 이것을 1회년(會年)이라 칭한다. 이러한 변화를 통하여 한 번은 북극성을 정점으로 북방문명이 꽃피고, 또 한 번은 남극성을 정점으로 남방문명이 꽃을 피우게 된다. 따라서 약 12,000년 주기로 문명이 새롭게 일어나고 역사는 반복되어 왔던 것이다.

그리고 한 가지 더 주목할 점은 세차주기보다 더 큰 태양계의 은하공전 주기가 있으며, 태양계가 은하계를 공전할 때 지속적인 나선 회전운동을 하면서 은하계를 공전하게 된다.[3]

이 나선 회전주기를 1원(元)이라 하고 12만 9천 600년으로 계산한다.[4] 이 태양계의 1원(元) 주기에 의해 지구에는 빙하기와 간빙기가 반복적으로 오게 되며, 이때마다 선천(先天)과 후천(後

---

1) 남극성(南極星): 용골자리의 알파성. 달과 태양계 행성을 제외한 천체 가운데 밤하늘에서 두 번째로 밝은 별(첫번째는 큰개자리의 시리우스)로 앞으로 1만 2,000년 후 지축의 남쪽이 가리키게 될 항성이다. 동양에서는 남극노인성이라고 하며 수명의 관장하는 별로 여겨져 왔다. 남부지방에서 혹 관찰되며, 예로부터 이 별을 보았을 경우 나라에서 그것을 고하도록 했으며 매우 경사스런 징조로 여겼다.

2) 북송시대 소강절(邵康節) 선생은 그의 저서인 『황극경세서』에서 우주의 시간을 지구의 시간 단위 계산법과 동일한 법칙을 적용하여 원회운세(元會運世)로 구분 지었고 여기서 1회(會)의 주기를 10,800년으로 계산하였다. 바로 이 1회(會)의 주기가 실제 지구 세차운동에 의해 일어나게 된다. 즉 12,240년이 1회(會)의 주기가 된다. 그런데 소강절 선생이 계산한 1회(會) 주기는 10,800년이 되어 실제 주기인 12,240년과 차이가 나게 되는데, 이것은 소강절 선생이 계산한 방식이 우주가 360도 정원운동을 한다는 가정에서 계산하였기 때문이다. 그러나 실재 세차운동은 타원운동을 하고 있으므로 12,240년이 1회(會)의 1년 주기가 되는 것이다. 따라서 12,240년을 1회(會)로 칭하였다. 그리고 이보다 큰 주기는 1원(元)으로 12만 9,600년을 한 주기로 한다. 소강절의 계산에서 1회(會)는 1달의 단위에 비교되고, 1원(元)은 1년의 단위에 비교된다.

天)이 변하게 되는 것이다.

지금 이 시점은 1회년(會年)의 4철(哲) 변화 중 가을시대에 접어듦과 동시에 후천(後天)으로 접어드는 시기이다. 선천과 후천은 전혀 다른 에너지 파장이 작용하므로 전혀 다른 양상의 세상이 펼쳐진다.

동양철학에서는 우주 운동을 오행(五行)운동으로 밝히고 있는데, 이 오행운동은 한마디로 수기(水氣)의 주기운동에 의한 상태변화를 말하는 것이다.

따라서 선천의 기운은 수기를 상승(上昇)하게 하며, 후천의 기운은 수기를 하강(下降)하게 한다. 이러한 수기의 상승작용과 하강작용에 의해 만물은 전혀 다른 양상의 변화를 맞이하게 되고 전혀 다른 반대양상의 세상이 형성되는 것이다.

선천(先天) 5만 년은 수기상승(水氣上乘)의 기운이 지배하므로 만물은 확산과 분열작용이 일어나고 왕성한 성장의 시기를 맞이하는 것이다. 따라서 이때는 음과 양은 서로 분리되고 산 사람이 사는 이승과 죽은 자들이 사는 저승이 분리되어 있었다. 따라서 사람이 죽으면 영혼은 신이 되어 천상으로 올라가게 되는 것이다. 이를 두고 석가모니, 공자, 예수는 천당이니 지옥이니 하는

---

3) 은하계 나선팔 생성을 설명하기 위해 1950년 C.C린과 프랜크 슈가 제시한 밀도파 이론에 의하면 은하계 내의 모든 항성계들은 은하 중심으로부터 주어지는 충격파와 이를 전달하는 암흑물질에 의해 마치 물위에 떠있는 물질처럼 파도타기를 하는 모양으로 회전운동을 하며 은하계를 공전하는데, 이로 인해 전체적인 항성계 궤도는 타원이 되며, 이 타원들의 이산집합에 의해 은하계 나선팔이 형성된다고 한다. 따라서 은하계를 공전하는 모든 항성계는 나선 회전운동을 하며 은하계를 공전하는 형태를 띄게 되는 것이다. 그러므로 태양계 역시 은하계를 나선 회전운동을 하며 공전을 하게 된다.
4) 소강절(邵康節)의 『황극경세서』, 원회운세(元會運世)론에 입각한 시간단위이다.

말로 표현하였던 것이다. 따라서 인간의 삶은 생노병사(生老病死)의 윤회의 굴레에 얽매여 삶과 죽음을 반복하게 되었으므로 죽어서 좋은 곳에 가기를 바라며 덕(德)을 쌓기를 힘쓰며 살았다.

그러나 후천(後天) 5만 년은 수기하강(水氣下降)의 기운이 지배하므로 만물은 수렴과 통합의 작용이 일어나고 완성과 결실을 기하게 되는 것이다. 따라서 이때는 음과 양이 합덕(合德)하므로 저승과 이승이 합쳐지게 되며, 신이 사람을 찾아 내려오게 되므로 신과 인간이 함께 살아가는 신인조화(神人調和) 세상이 되는 것이다.

선천과 후천의 우주 에너지 변화					
선천	수기상승	확장 (木 火)	분열 (상극)	음양분리	신인분리 (신이 되어 올라간다)
후천	수기하강	수렴 (金 水)	통합 (상생)	음양합덕	신인조화 (신이 내린다)

따라서 후천은 신과 인간이 합쳐서 조화(調和)되는 세상이고 죽음이 없는 불로불사(不老不死)의 시대가 도래되는 것이다. 다시 말하면 선천 5만 년은 인간이 태어나서 늙고 병들어 죽는 환경이 인류를 포함한 모든 생명체를 지배하였다면, 후천 5만 년은 인간이 늙지도 죽지도 않는 환경이 펼쳐지는 것을 말한다.

지금 이 시대는 생노병사에서 불로불사로 가는 환경변화의 변곡점에 있으며, 미미하게 나마 현실세계에서 그 증거가 보여지고 있으니 바로 인류의 수명이 길어지고 기후변화가 일어나는 것을 볼 수 있다.

최근 백 세 인생을 지나 120세 인생을 논하며, 인간수명 150세를 연구하기 위해 일부 과학자들이 현대과학과 의학을 통해 도전하고 있으나 이는 불로불사의 자연조건이 도래되는 거대한 우주환경을 안다면 부질없는 일이라 하겠다.

이것은 우주 환경변화에 의해 짜여진 법칙으로 어느 누구도 이 정해진 틀을 벗어날 수 없는 것이다.

이처럼 우주 운동은 4철(哲)의 환경변화, 나아가 선천(先天)과 후천(後天)의 변화가 일어나고 있고, 더 크게는 태양계의 은하 공전주기가 2억 5천만 년을 주기로 돌고 있다. 뿐만 아니라 은하계는 다시 은하단을 공전하고, 은하단은 다시 초은하단을 공전하며, 이렇게 대우주의 공전까지 우주 회전주기가 계속 이어져 나가면서 이 과정에서 지구에는 지속적으로 우주 환경변화가 층층이 주어지게 되는 것이다.

오늘날 역사학자들이 인류사를 보는 관점은 35억 년 전 원생동물로부터 시작하여 지속적인 진화를 거쳐 오늘날의 인간이 되기까지 직선적인 형태로 발전해온 것으로 생각하고 있으나 사실 인류역사는 우주환경의 영향에 의해 형성되어 왔으므로, 층층이 주어지고 있는 우주의 환경변화 속에 순환과 반복을 되풀이하며 끝없는 재창조 과정을 거치면서 발전하고 진화해오게 된 것이다.

즉 생성기·성장기·완성기·소멸기를 반복하며, 마치 농부가 좋은 씨앗을 골라 봄이 되면 다시 씨앗을 뿌리듯이 소멸기에 살

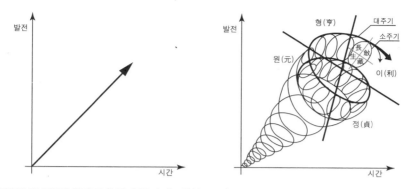

선형적 역사발전 형태와 우주 운동 속에 4철(哲·節)을 순환반복하며 발전해 가는 역사의 형태

아남은 우수하고 강한 종족이 다시금 새로운 주기를 맞이하면 씨앗이 되어 또다시 문명을 이루어왔던 것이다. 이것이 반복되는 가운데 인류가 진화를 거듭해오게 되는 것이다.

우주는 본래 영원하고 끝없이 순환하며 이 속에서 거듭해서 새로운 창조가 일어나고 진화되어 나가는 것이 우주 본연의 행위이다. 즉 우주는 "창조―순환―진화"의 과정을 끝없이 이어가고 있는 것이다.

씨앗을 고르거나 또는 새로운 품종과 교접함으로써 더욱더 크고 강한 종자로 발전시키는 것이 농업에서 행해지고 있는 '종자개량법'이다.

하늘에서 인간 농사를 짓는 법 또한 땅에서 농사짓는 법과 전혀 다르지 않다. 순환 반복되는 우주 환경 속에 생성과 성장 그리고 완성기를 거쳐 소멸기에 접어들면 우수하고 강한 종족만 살아남게 되며 여기에 다시 새로운 종족을 투입시켜 혼혈을 이

루게 함으로써 보다 영리하고 강한 종족으로 거듭나게 하는 것
이 바로 하늘이 인간 농사를 짓는 법이다.

　마치 남아메리카의 옥수수의 품질개량을 통한 진화처럼 빠른
시일 내에 진화를 시켜 갈 수 있는 방법과 같은 이치이다. 남아
메리카의 옥수수의 원종인 테오신트(teosinte)는 아직도 엄지손
가락만 한데 비해 품질 개량된 옥수수는 오늘날 팔뚝만하고 알
도 굵어졌다.

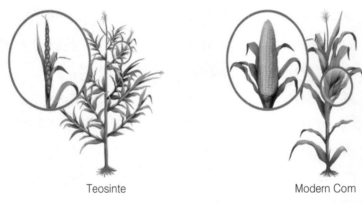

Teosinte　　　　　　　　　　Modern Com

테오신트와 옥수수

　옥수수는 약 7,000년 전부터 재배된 것으로 알려져 있으며
7,000년 동안 야생종인 테오신트는 거의 진화가 이루어지지 않
은 반면 개량종은 엄청난 진화를 거듭하게 된 것이다.

　따라서 지구에는 약 6,000년 전부터 시작하여 문명을 발전시
켜 온 현재의 인류 이전에도 몇 번에 걸쳐 문명이 꽃피웠다 사라
지기를 반복해 왔다고 보아야 한다. 역사를 기록하기 이전 우리

테오신트에서 옥수수로의 진화

가 선사시대(先史時代)라 부르는 그 시대에도 몇 번에 걸쳐 역사시대가 있었는지 모른다.

그러한 초고대의 문명의 잔재들이 오늘날 세계 곳곳에서 발견되고 있다. 인간이 겨우 돌도끼나 들고 다니며 수렵이나 했다고 믿었던 몇 만 년 전 구석기 시대에 고도로 발전된 문명의 유물이나 유적들이 발굴되어 나오게 되면 역사학자들은 혼란에 빠져들게 된다. 그리고 애써 이것을 부정하려는 경향이 있다. 그러나 역사는 순환 반복된다는 것을 이해한다면 이러한 의문은 별 어려움 없이 풀리게 된다.

프랑스 쇼베(Chauvet)동굴의 벽화는 탄소 연대 측정 결과 3만 2천 년 전의 그림으로 밝혀졌는데 그림을 그린 수법이 매우 정교하고 사실적으로 표현되어 있다.

그리고 프랑스 라스코 동굴 벽화(Lascaux Cave)는 1만 7년~1만 5천 년 전에 그려졌던 것으로 추정하고 있으며, 스페인 알타미라 동굴 벽화(Altamira Cave)는 1만 7천 년~1만 5천 년

프랑스 쇼베 동굴 벽화(2만 9천 년 사이에 그려진 작품들)

전 정도로 추정되는데 그 수법들이 마치 현대인들이 그린 것과
같아서 사기라고 오해를 사기도 했었다.

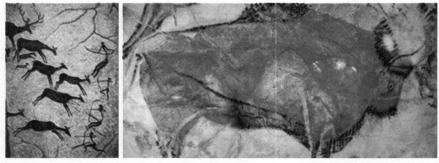
1만 7천 년 전의 라스코 동굴벽화와 1만 8천 년 전 알타미라 동굴벽화

그리고 독일 남부 홀렌슈타인 슈타델 동굴에서 발견된 맘모스
상아를 재료로 조각한 테리안스로프(Therianthrope)는 3만 3
천 년 전의 조각품으로 사자 머리에 사람의 신체를 하고 있다.
그리고 프랑스 레스퓌그 비너스(Venus of Lespugue) 역시 상아를 깎아 만든 조각품으로 2만 5천 년 전의 작품으로 추정하고 있다. 뿐만 아니라 오스트리아 빌렌도르프 비너스(Venus of Willendorf) 석상은 2만 4천 년 전에서 2만 2천 년 전에 만들어진 것으로 추정되며, 풍만한 몸매와 젖가슴은 다산을 기원하였던 당시 풍습을 엿볼 수 있다.

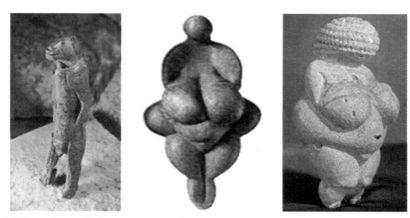

테리안스로프(33,000년 전)와 레스퓌그 비너스(25,000년 전), 그리고 빌렌도르프 비너스(22,000년 전) 조각품

또 영국 대영박물관에 소장하고 있는 맘모스 뼈로 만든 사슴머리 조각품은 1만 5천 년 전의 조각품으로 현대인의 조각 실력에 결코 뒤지지 않는다.

이처럼 몇만 년 전에 발전된 유물과 유적들이 발견되고 있다는 것은 바로 역사가 순환 · 반복된다는 증거이다.

인류 역사가 여러 번에 걸쳐 순환 · 반복되었다는 기록이 미국 애리조나 주에 살고 있는 인디언 호피족의 전설에서 전하고 있다.

맘모스 뼈를 조각하여 만든 사슴머리(1만 5천 년 전, 대영박물관 소장)

　　호피(Hopi)는 '평화로운 사람들'을 뜻하는 말이다. 그들은 유구한 전통신앙을 가진 민족으로 먼 조상으로부터 시작하여 인류의 기원과 역사, 그리고 미래에 대한 예언을 간직하고 있다.

　　미국 애리조나 오라비(Oraibi) 부근에는 "예언석"이라고 불리는 호피족의 석각이 있다. 이 석각에는 그들의 조상들이 신으로부터 받은 예언을 새겨두었는데 그 내용 속에는 5만 년의 역사가 담겨 있다고 한다. 이 예언들을 문자가 아닌 그림으로 새겨두었는데 인디언들은 그 내용을 구전을 통해 대대로 전해 내려오고 있다.

호피족의 예언 석각에 새겨둔 상형문자

그 내용을 보면 다음과 같다.

모든 광물질, 암석, 식물과 동물은 저마다 순환주기를 가지고 있는데, 우리는 현재 동물 순환주기의 마지막이자 인류의 신(新) 순환주기의 시작점에 있다. 이 주기로 들어가면 우리와 생이 가지고 있는 잠재된 것들이 우리의 빛과 영혼에서 석방되어 나온다.

아주 오래 전 이 순환이 지구에서 시작될 때 위대한 신(神) 소투크낭 (Sotuknang : 신이며, 하나님의 조카로 추앙받음)이 지구에 왔었다. 그는 사람들을 현재 이미 해저로 사라진 섬에 모이게 하여 그들에게 네 가지의 피부색(황색, 홍색, 백색, 흑색)을 주며, 네 가지의 갈 길을 제시해 주고, 각기 다른 언어와 다른 지역에서 살게 했다.

그리고 그들에게 하나의 교훈을 주었다. "내가 너희들에게 주는 모든 것은 너희들의 행복을 위한 것이다. 하지만 한 가지 요구가 있다. 그것은 어떠한 상황에서도 하나님(창조주 다이오와, Taiowa)을 존중해야 한다는 것이다. 그렇게 하면 신은 너희에게 박애(博愛)를 줄 것"이라며, 그들에게 살아가는 동안 절대 이 사실을 잊지 말라고 했다. 이 사람들을 첫 번째 사람(The First People)으로 불렀으며, 그들이 살던 세계는 첫 번째 세계(The First World)로 불렀다.

하지만 시간이 계속 흐르면서 '첫 번째 사람'은 소투크낭의 가르침을 점점 잊어 갔고, 인구가 증가하면서 서로 싸우기 시작했다. 그리고 더 이상 신을 존중하지 않게 되었다. 그러자 하늘이 진노해 올바른 인간들만 지구 속으로 데리고 들어가고 나머지는 하늘과 지하에서 나온 불이 모든 것을 태워버렸다.

도덕적으로 고상했던 사람들은 운 좋게 살아남아 두 번째 세계(The Second World)를 맞이했다.

두 번째 세계는 첫 번째 세계보다 아름답지는 않았지만 그래도 매우 좋았다. 이 시기의 인류는 사면팔방으로 빠르게 발전해 나갔고 사람들은 신을 자주 찬양했다.

시간이 흐르면서 인간들의 사욕은 서서히 커져갔고, 그들은 또다시 신을 믿지 않게 되었다. 얼마 지나지 않아 두 번째 세계는 지구의 축이 뒤집혀 모두가 얼음으로 뒤덮여 멸망했다.

그 후 신은 다시 세 번째 세계(The Third World)를 만들었다. 두 번째 세계에서 운 좋게 살아남은 사람들은 세 번째 세계에서 살아갔다.

시간이 흐르면서 사람들의 도덕성은 땅끝까지 떨어졌고 그들은 자신의 창조력을 사악한 방면에 썼다. 결국 세 번째 세계는 대홍수로 멸망했다.

당시 가까스로 살아남은 사람들은 다시 네 번째 세계(The Fourth World)에서 살게 되었는데, 이 행운의 사람들이 바로 현재 우리가 살고 있는 인류의 문명이다.

이 시대의 운명은 사람들이 창조주의 계획대로 행동하는가 하지 않는가에 따라 결정된다.

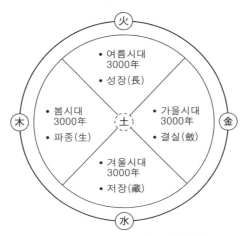

12,000년 인류 역사와 문명의 주기

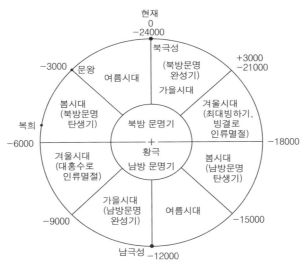

1 세차주기 동안 철(哲) 변화 및 역사변화

세 번의 멸절과 네 번째 세계에서 살아가고 있는 인류가 바로 우리라는 것이다. 단순하지만 순환하는 인류역사를 극명하게 설명하고 있다.

이 역사의 주기가 바로 소강절이 말한 우주의 한 달 주기로 12,000년 1회(會)주기가 된다.

1년에 봄·여름·가을·겨울 4계절이 오듯이 이 1회(會)의 주기에도 4철(哲·節) 변화가 있게 된다. 즉 봄시대·여름시대·가을시대·겨울시대와 같은 3,000년을 한 마디로 하는 4철(哲)이 오게 된다. 이 주기에 대한 설명은 부록에서 자세히 다루기로 한다.

지금으로부터 2만 2천 년 전에서 1만 8천 년 전의 지구는 뷔름 빙하기 막바지로 가장 추웠던 시기였다. 1회(會)의 철(哲)로 보자면 겨울시대에 해당할 때이다.

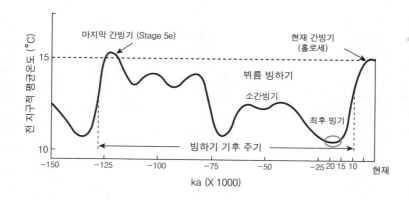

이 겨울시대가 도래되기 전 인류는 한 번의 멸절기를 맞이했을 걸로 짐작된다. 그 원인은 격렬한 지축의 흔들림과 갑작스러운 한파로 인해 모두 동결되었을 걸로 보고 있다. 맘모스는 약 400만 년 전에 아프리카에서 생성되어 4만 5천 년 전에서 3만 년

전 사이에 뷔름빙하기 소간빙기 때 북부 베링기아 지역 초원에서 번성하다가 2만 5천 년 전에서 2만 년 전 빙하기가 절정에 달했을 때 개체수가 급격히 줄어들었다.

북부 시베리아 해안을 따라 알래스카에 이르는 광범위한 지역에는 수많은 맘모스의 유해가 매장되어 있다. 이들은 대부분 얼어붙은 토탄 속에 묻혀 있지만 일부는 급작스럽게 냉동되어 입과 위장 속에는 아직 소화되지 않은 풀잎들이 그대로 남아 있다. 이들의 갑작스런 멸절의 원인은 운석충돌설, 행성 X의 지구 접근설, 극이동설 등 다양하게 주장되고 있으나 아직 정설로 인정받은 것은 없다.

1860년 상떼페테르 박물관에 이 맘모스가 전시된 이후
시베리아의 냉동 맘모스들이 큰 주목을 받게 되었다.

1846년 시베리아의 인디기르카 강 바닥에서 찾아낸 4m 키에 몸길이 4.5m의 맘모스는 어찌나 보존상태가 좋았던지 마치 살아 있는 것 같았다고 한다.

그런데 이 맘모스는 서 있는 자세에서 그대로 얼어붙어 있었다.

순간적으로 빙결되어 마치 살아 있는 듯한 맘모스

　이것은 맘모스가 죽은 뒤에 냉동된 게 아니라 살아 움직이다가 한순간에 빙결됐음을 말해 준다. 두꺼운 털가죽이 뒤덮인 맘모스가 급냉되기 위해서는 영하 100도에 이르는 강추위가 닥쳐야만 가능하다.

　이러한 냉동 맘모스는 대체로 2만 년 전[5]에 급속한 한파로 인해 얼어붙은 것으로 1999년 10월 시베리아 북부 타이미르 반도 얼음 속에서 2만 년 전의 맘모스 유체가 고스란히 발굴됐다고 외신들이 전했다. 이 맘모스의 몸무게는 7톤, 키는 3.3m이며 나이는 47살로써 머리는 물론이고, 몸통, 꼬리 그리고 유선형의 상아까지 완벽하게 보존되어 있었다고 한다. 이 맘모스는 처음 발견한 사람의 이름을 따서 "차르코프(Jarkov)"로 명명되었다.

---

5) 1948년 발견된 페어뱅크스 크리크(Fairbanks Creek), 15,380년 전에서 21,300년 전 사이, 1983년 발견된 콜도라도 크리크(Colorado Creek) 는 16,150년 전에서 22,850년 전 사이. 1999년 발견된 차르코프(Jarkov)는 약 2만 년 전.

그런데 더욱 놀라운 것은 이들 맘모스 위장 속에서 발견되는 식물들은 모두 아열대지방의 풀들로써 초롱꽃, 미나리아재비(buttercups), 사초 과의 각종 목초(sedges), 야생 콩 등과 같은 것들이다.

맘모스가 서식하였던 시베리아와 알래스카의 지역이 과거에는 아열대지방(온대지방)이었다는 증거이다. 지금보다도 온도가 낮았던 마지막 빙하기에 접어들 그 시기에 북극지역이 아열대지방이라는 것은 말이 되지 않는다.

이것은 지축이 이동하여 극이 바뀌었다고 밖에는 설명할 길이 없다. 그것도 소화되지도 않은 음식물이 남아 있는 상태로 얼어붙을 정도로 급속한 냉동이었다면, 짧은 순간에 갑자기 지축이 이동하였을 가능성을 배제할 수 없다. 이러한 가설 중 하나가 '극 점프' 설이다. 뉴멕시코대학 '히븐' 교수의 저서 『The Path of The Pole(극이동)』의 내용을 보면

… 알래스카에는 동물들의 변형된 유체와 나무의 일부가 얼음덩이와 토탄과 이끼층에 섞여 있다, … 들소, 말, 이리, 곰, 사자 … 이 동물들은 모두 강력한 힘에 의해서 압도된 듯하다. 동물과 인간의 유체가 이처럼 겹쳐 있는 것은 자연적으로는 일어날 수 없는 것이다.

전대미문의 천재지변이 일어난 흔적이 있다. 맘모스와 들소가 찢겨져 뒤틀려 있다. 흡사 분노한 신의 손에 의해서 이루어

진 듯하다. 어떤 장소에는 맘모스의 어깨와 앞다리만 있고 들소의 머리, 사람의 두개골이 있다. 동물들은 단순히 찢겨져 끈에 묶인 것처럼 되어서 한 곳에 날려 온 것 같다. 뼈가 산처럼 쌓여 있는 곳에는 나무도 찢겨져 함께 뒤엉켜 있다.

　시베리아에서도 비슷하다. 북부평원에는 코뿔소, 영양, 말, 들소, 맘모스 같은 초식동물들이 번식하고 있었고 북극해와 북극점에 가까울수록 더 많이 번식하고 있었다. 이는 유체의 량이 증가하는 것으로써 알 수 있다.

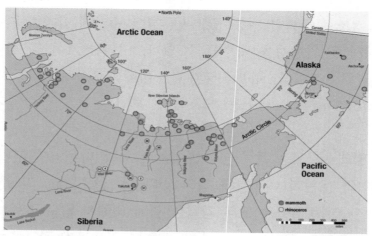

맘모스 발견 및 분포지(주로 시베리아 북부에서 알래스카에 걸친 지역)

　북극권의 가장자리에 대규모 천재지변의 흔적, 그리고 이 동물들이 원래 얼음이 뒤덮인 땅에 살았던 것이 아니고 죽음을 맞이하는 순간 얼음으로 뒤덮였다는 점 등을 고려할 때 지축이 순간적으로 이동하면서 엄청난 강추위가 닥쳐왔던 것으로 보인다. 그리고 동물들의 사체들 사이에 인간의 사체가 함께 겹쳐 있었다. 맘모스나 동물들 뿐만 아니라 인간들까지도 이 대규모 재앙에 크나큰 타격을 입었을 것으로 짐작된다.

캘리포니아 공대 지구생물학 교수 조셉 커슈빈크 박사는 1997년 7월 25일자 『사이언스지』에서

그 이전까지 남극과 북극이었던 곳이 적도 상에 놓이게 되었다. 대재앙의 이전과 이후 암석층을 수집하여 확인한 지구 물리학적 증거를 보면, 지구상 모든 지역이 같은 기간 동안 격렬하게 이동했다. 이 속도는 상상하기 어려울 정도로 빨랐고 모든 것이 동일한 방향으로 이동한 것으로 보인다.

라고 발표했다. 당시 극점프 현상이 있었다는 정황은 있으나 왜 그런 극점프 현상이 있었는지에 대한 원인은 아직 밝혀지지 않고 있다.

여하튼 약 2만 2천 년 전 마지막 빙하기가 닥쳐올 때 이 지구에는 지축의 이동과 급속한 냉동, 그리고 한파라는 대재앙이 닥쳐왔고 이로 인해 인류는 거의 멸절하다시피 한 것으로 보인다. 그리고 1만 8천 년 전까지 약 3∼4천 년간 뷔름빙하기 중 가장 추웠던 시기가 이어졌다. 1회(會)의 철(哲) 변화에 따라 겨울시대 3,000년간에 접어들었으며 어렵게 살아남은 몇몇 인류는 혹독한 추위 속에 긴긴 세월동안 시련의 시기를 겪어야만 했었다.

2. 12한국(桓國)의 성립.

인류는 지독하게 추웠던 3,000년의 겨울시대를 보내고 새로운 봄시대를 맞이하게 되었다. 지금으로부터 1만 8천 년 전 드디어 빙하기가 끝나고 온도가 서서히 상승하기 시작했다. 농사꾼이 봄이 되면 씨앗을 뿌리듯 하늘도 자연의 법리에 따라서 인간농사를 짓는다. 이제 봄시대를 맞이하여 새로운 인류의 씨앗을 뿌렸으니 이때부터 또다시 인류의 문명이 열리기 시작했던 것이다. 이러한 사실은 빈약하지만 아직 몇몇 전해 오는 우리의 역사서의 한 부분을 통하여 그 근거를 찾아 볼 수 있다.

신라시대 때 안함로(安含老)[6]가 지은 『삼성기 전 상편』을 보면

吾桓建國最古有一神在斯白力之天爲獨化之神光明照宇宙權化生萬物長生久視恒得決樂乘遊至氣妙契自然無形而見無爲而作無言而行日降童女童男八百於黑水白山之地於是桓因亦以監群居于天界捨石發火始敎熱食謂之桓國是謂天帝桓因氏亦稱安巴堅也傳七世年代不可考也

우리 한(桓)의 건국은 이 세상에서 가장 오래되었는데 한 신

---

6) 안함로는 『조선왕조실록』 세조실록 3년(1457) 음력 5월 26일(무자) 3번째 기사에 〈안함로원동중삼성기(安含老元董仲三聖記)〉라고 기록되어 있으며, 『해동고승전』 『삼국유사』에 등장하는 신라 진평왕 때 승려 안함(安含, 578~640년)일 것이라는 설이 있으나 확실치는 않다. 『환단고기』를 편찬한 계연수(桂延壽, ~1920년)씨는 삼성기(三聖紀)는 두 종류가 있으며 안함로(安含老)씨가 편찬한 것은 자기 집안에 전해 오는 책으로 삼성기 전 상편(三聖紀全上編)이라 하고, 원동중(元董仲)씨가 편찬한 것은 태천(泰川)의 백진사(白進士) 관묵씨(寬黙氏)로부터 얻은 것으로 삼성기 전 하편(三聖紀全下篇)이라 하였다고 기록하고 있다.

(神)이 있어 사백력(斯白力)의 하늘에서 홀로 변화한 신[獨化之神]이 되시니 밝은 빛은 온 우주를 비추고 큰 교화는 만물을 낳았다. 오래 오래 살면서 늘 쾌락을 즐겼으니 지극한 기(氣)를 타고 노닐고 그 묘함은 저절로 기꺼웠다. 모습 없이 볼 수 있고, 함이 없으면서 모두 이루고 말 없으면서 다 행하였다.

어느 날인가 동남동녀(童男童女) 800쌍이 흑수(黑水)와 백산(白山)의 땅에 내려왔는데, 이에 한인(桓因)은 또한 감군(監群 : 중생을 돌보는 직책)으로서 천계(天界)에 계시면서 돌을 쳐 불을 일으켜서 날 음식을 익혀 먹는 법을 처음으로 가르치셨다. 이를 한국(桓國)이라 하고 그를 가리켜 천제한인(天帝桓因)이라고 불렀다.

여기서 말하는 동남동녀(童男童女)는 '어린남녀아이들'이란 뜻으로, 이 지상에 인간의 씨앗이 뿌려졌음을 말함이다.

신라 건국신화에 나오는 박혁거세나 김알지, 혹은 가야의 김수로왕의 경우가 이와 같은 형태를 설명하고 있다. 「숲에서 백마가 날아갔는데 그곳에 어린아이가 있었다고 하였으며, 또 숲에 닭울음소리가 나서 가보니 그곳에는 금(金)으로 된 알이 있었고, 그 알 속에서 어린아이가 나왔는데 이런 연유로 그곳을 계림(鷄林)이라 한다던지, 또 하늘에서 한 줄기 붉은 빛이 내려와 그곳에 가보니 금합(金盒 : 금접시)에 여섯 개의 알[卵]이 담겨 있었는데 그 알 속에서 여섯 동자(童子)가 나왔으며, 그중 맨 먼저 나온 동자를 수로(首露)라고 이름 짓고 금합에서 태어났다 하여 성(姓)을 김씨(金氏)라 했다.」는 등의 전설은, 시대는 다르지만, 어린아이들이 이 땅에 인간의 씨종자로 내려왔음을 나타내는 말들이다.

앞서 농사의 종자개량을 설명하였듯이 지난 겨울시대 3,000년을 거쳐 넘어온 강력한 생명력을 지닌 인류의 씨종자들에게 하늘에서 다시 800쌍의 동남동녀를 내려 보낸 것은, 이들과 혼혈을 이루도록 함으로써 보다 뛰어난 인류로 발전·진화시키고자 하는 하늘의 인간 농사법의 일환으로 보아야 할 것이다.

이렇듯 천계(天界)에 계신 한인께서 인류의 씨앗을 뿌리시고 감군(監群)으로서의 역할을 하셨다. 감군(監群)은 무리를 보살피는 임무를 맡아보았다는 뜻으로, 인세에 내려와 직접 다스린 왕과는 다른 의미를 내포하고 있다. 한인께서 감군의 임무를 행하며 계셨던 천계는 '사백력'의 하늘로써 이곳은 이 지상의 어느 장소를 말함이 아니라 우주 더 넓은 곳, 삼천대천세계의 어느 한 장소로써 실제 생명을 가진 천상의 인류들이 사는 세계를 말함이다. 따라서 한인께서 지상에 직접 내려와서 인간을 다스림이 아니라 천계 사백력에 계시면서 감군으로서 지상의 인류를 보살피며 키웠다는 의미가 된다.

봄시대의 3천 년이 지나고 거금(去今) 1만 5천 년 전, 여름시대가 펼쳐지니 이 인류의 씨앗들이 잘 자라서 번성을 하여 온 땅에 가득하였다.

1만 8천 년 전에 빙하기가 끝나기는 하였지만 기온상승은 크게 일어나지 않았다. 그러다가 약 1만 5천 년 전에 이르러서 기온이 크게 상승하면서 지상에는 바야흐로 문명의 발전시기가 도래되었다. 이때가 1회(會)의 철(哲) 변화에 의하여 여름시대에 접어드는 때였다.

1만 5천 년 전후로 인류는 보다 발전된 농업과 목축이 행해졌던 것으로 보인다. 1994년 충북 청원군 오산면 소로리에서 오창 산업과학단지의 지표 조사 중 1만 5천 년 전의 볍씨가 다수 발견되었다.

1998년과 2001년에 걸쳐 2차례 발굴 조사한 결과에 의하면 이곳에는 석기 제작소가 있고 주먹대패, 긁개, 일개, 홈날, 톱니날 연모 등 2,000여 점의 석기가 함께 출토되어 이곳에 대대적인 집단촌락이 형성되었음을 알게 하였다. 이곳에 형성된 토탄

충북 오산면 소로리에서 출토된 소로리 볍씨(소로리카)

층에서 고대 벼 18알과 유사 벼 41알이 출토되었는데 연대 측정 결과 12,500년~14,820년의 연대값을 얻어, 1만 5천 년 전의 볍씨로 밝혀졌다.

이는 현재까지 확인된 세계의 볍씨들 중 가장 오래된 조상 벼임이 밝혀졌다.

현재 전세계의 벼품종은 그 모양새와 길이에 따라 크게 3 종류로 나뉘는데, 주로 한국, 중국, 일본 등의 동북아시아에서 재배하는 자포니카 종과 태국, 필리핀 등의 동북아시아와 인도에서 주로 재배하는 인디카 종, 그리고 이 둘을 혼합 교배해 탄생한 중립 종인 자바니카 종으로 구분된다. 소로리 볍씨는 위의 3가지 볍씨들 중에서도 가장 오래된 것이면서도, 모든 볍씨의 기원이 된다는 특별성을 인정받아 소로리카 종으로 명명되었다.

이 볍씨가 1만 2천 년 전쯤 중국 호남성 지방으로 퍼져 나간 것으로 추정된다.

소로리 볍씨가 발견되기 전까지는 1995년 중국 호남성에서 출토된 볍씨가 약 1만 년 전 것으로 밝혀져 가장 오래된 볍씨로 인

정받았었다.

그리고 약 5,000년 전 인도 동부지역에서 재배되었던 벼와도 DNA 유전정보가 70% 정도 유사한 것으로 나타났다. 따라서 벼농사의 근원지가 바로 이곳 한반도라는 것이 증명되었다.

그러나 무엇보다 중요한 것은 이때 이미 벼농사를 짓기 시작했고, 농업을 위해 대단위 집단촌락이 형성되었다는 것이다.

그리고 1만 6천 년에서 1만 4천 년 전에 한반도 및 만주, 동시베리아에 최초의 개가 나오기 시작했다. 개는 목축을 위해 길들이는 가축이다. 그렇다면 이때 이미 목축을 하였다는 뜻이다. 개의 미토콘드리아의 변화 정도를 측정한 결과 동아시아의 개가 가장 다양한 것으로 밝혀졌으며, 최근 스웨덴과 중국 공동 연구진이 DNA 추적을 통해 밝혀낸 바에 의하면 개는 1만 6천 년 전 중국 양쯔강 남부 지방에서 처음으로 출현했으며 그 원조는 수백 마리의 길들여진 늑대들이었다고 전했다[7]. 목축의 근원지가

---

7) 스웨덴 뉴스포털 '더로컬' 2017년 3월 3일 보도

양쯔강 남부지역이었을 가능성을 보여 주고 있다.

수렵과 채집에 의지하던 삶이 농업과 목축으로 전환되었다는 점은 대단히 중요한 사건이다. 왜냐하면 농업사회는 바로 국가 형성의 기초조건이기 때문이다. 농업을 하게 되면서부터 인류는 집단촌을 형성하고 공동생활을 영위하게 된다. 이러한 마을 단위가 점점 커지면서 지도자가 나타나고 제도와 규칙이 생기고 초기 도시국가가 형성되게 되는 것이다.

오늘날 역사서에는 이러한 초기 국가형태는 5,500년 전 메소포타미아 지역의 수메르 문명이나 삼황오제 시기에 황하유역의 황하 문명 그리고 나일 강 유역의 이집트 문명, 인더스 강 유역의 인더스 문명 등 4대 문명에서 나타났다고 알려져 있다. 그렇다면 1만 5천 년 전에 형성되기 시작한 초기 농경촌락이 그 후 1만 년이라는 장구한 세월이 흐른 후에야 겨우 초기국가로 성장할 수 있었단 말인가?

현 인류가 초기국가 형태에서 오늘날 고도로 발전된 문명사회로 발전하는 데는 겨우 5,500년 밖에 걸리지 않았다는 점에 비해서 이 1만 년의 공백 기간은 뭔가 말이 되지 않는다.

그리고 역사가 순환·반복된다는 측면에서 보자면 이미 1만 5천 년 전 '여름시대'에 접어들면서 인간들은 국가를 형성하였다고 보아야 할 것이다. 그러나 아직 지상 어디에도 1만 5천 년 전 도시국가가 형성된 유적이 발견된 적은 없다.

따라서 역사학자들은 이 시기를 구석기 시대에서 신석기 시대로 전환되는 과정으로 보고 발전된 문명의 형태는 나타날 수가 없었다고 단정짓고 있다.

그러나 여기서 우리가 한 가지 놓치고 있는 점이 있다.

당시는 빙하기가 막 끝나고 해수면이 지금보다 적어도 100m 정도 낮았다는 점이다. 대빙하기가 닥치면서 대량의 수분이 육지의 눈과 빙하로 남아 있었기 때문에 해양의 수면은 지금보다 훨씬 아래로 내려가 있었다. 가장 추웠던 2만 년에서 1만 8천 년 전까지 전 세계 빙하 면적은 4천 9백 60만km²까지 확장되었으며, 해수면은 100m까지 하락했었고, 육지는 면적이3백만 6천 km²증가하였다.

이후 기온이 높아지면서 빙하와 만년설이 녹아 해수면이 높아지면서 지금 해수면 보다 아래 지역은 모두 수몰되고 말았다.

세계에서 가장 먼저 벼농사가 시작된 충북 소로리와 세계에서 가장 먼저 목축이 시작되었던 양쯔강 남부 사이에는 오늘날 황해(黃海)가 놓여 있다. 그러나 이곳은 1만 2천 년 전까지는 육지였다.

현재 황해의 평균 수심은 55m이고 가장 깊은 곳은 80m이다. 황해의 해저바닥은 대체로 수심이 40m 좌우의 평지로 이루어져 있다. 따라서 이곳은 1만 2천 년 전까지는 끝없이 펼쳐진 대평원이었고, 전부 초원지대였다. 이것은 고지리학 자료에서 밝혀진 내용이다. 한반도와 중국 동부는 하나의 대륙으로 연결되어 있었으며, 그 가운데를 압록강과 황하, 요하, 그리고 대동강과 한강이 합쳐져 한줄기의 거대한 강으로 흐르고 있었다. 이곳은 메소포타미아를 능가하는 비옥한 충적토 지역이었다.

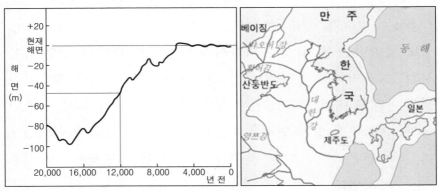

빙하기 이후 해수면의 상승과 과거 육지였던 황해지역의 지도

　이러한 형태의 황해 평원은 1만 2천 년 전 "영거드라이어스" 라는 짧은 빙하기가 끝나면서 해수면이 급격히 상승하기 시작해서 8천 년 전에 이르러서 현재와 같은 황해 해안선이 형성되게 되었다.

　빙하기가 끝나는 1만 8천 년 전부터 1만 2천 년 전까지 6,000년의 시간동안 인류는 이 넓고 비옥한 평야와 목초지에서 생활했을 것이다.

　만약 1만 5천 년 전 벼농사가 시작되었다면 충북 청원리 소로리 보다 이 황해 평원이 훨씬 더 좋은 조건이었을 것이다. 기후나 관수, 토질 등 모든 조건 면에서 황해 평원은 당시로써는 산악지역이었던 소로리 보다 훨씬 좋은 조건을 제공해 주었을 것이다. 그리고 목축 역시 1만 6천 년 전에 시작되었다면 양쯔강 남부보다는 이 황해 평원이 훨씬 더 유리했을 것이다. 왜냐하면 당시 이곳은 넓은 목초지가 펼쳐져 있었기 때문이다.

인간의 모든 삶은 물을 떠나서 살 수 없다. 따라서 인구가 밀

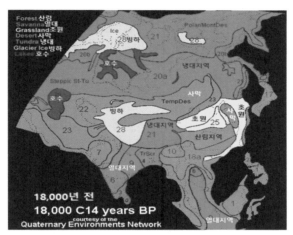

윈스콘신 대학의 온라인 교육 사이트에 제공된 고지리학 자료.
18,000년 전에서 12,000년 전까지 황해지역이 초원이었음을 보여준다.

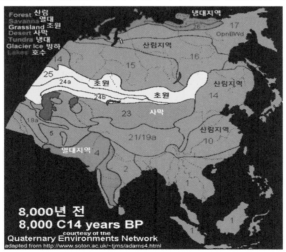

집되는 도시는 대부분 강을 끼고 발전되어 있다. 오늘날 대부분의 도시들 역시 모두 강을 끼고 형성되어 있다. 그리고 이들 대부분의 도시들은 해발 고도는 50m를 넘지 않는다.

서울시의 최저 해발 고도는 약 10m이며, 인구가 밀집한 지역의 해발 고도는 약 15~60m이다. 도쿄, 뉴욕, 베이징 등 세계 주요 도시들이 모두 평균 해발 고도 20m~30m이다. 대부분 강을 끼고 발전하고 있다.

이러한 도시조건들을 따진다면 1만 8천 년에서 1만 2천 년 전까지 약 6,000년간 도시가 발전하기에 좋은 조건을 갖춘 황해 평원이나 기타 낮은 지역에 형성되었던 고대도시들은 이후 모두 물 속에 수장되어 버렸을 것이다.

따라서 오늘날 지상에서 문명도시의 흔적은 찾을 수 없을지도 모른다.

실제 근래 우연히 바다 아래에서 1만 년 전의 고대 문명의 유적들이 발견되고 있으며, 그 수준을 볼 때 당시 신석기 시대의 사람들이 이루어 놓은 문명이라고는 도저히 상상을 할 수 없을 만큼 발전된 형태를 보여 주고 있다.

2001년 인도 국가 해양과학 기술연구소의 해양학자는 인도 서부 해안 캠베이 만(Gulf of Cambay)에서 수질오염 정도를 연구하려고 측정하던 중 해저 36m 지점에 지금으로부터 9천 5백 년 전의 두 개의 고성 유적을 발견하였다.

인도 캠베이만 위치와 해저유적지 사진

　고대 도시의 유적은 약 9km에 걸쳐 강가에 펼쳐져 있었으며, 강으로 추정되는 곳에는 돌로 된 댐의 흔적까지 보이는 것으로 보고되었다. 또한 이 도시는 국제규격 수영장 크기의 목욕장으로 추정되는 건조물과 길이 200m, 넓이 45m 규모의 좌대(座臺)도 갖추고 있어 본격적인 거대도시로써의 면모를 보이고 있다. 이 대형 건조물에서 멀지 않은 곳에는 주거지로 추정되는 직사각형의 지하실들이 밀집된 지역이 있으며, 하수도 시설과 도로 시설의 흔적도 남아 있어 발전된 문명의 형태를 보여 주고 있다.

　이와 함께 해양기술원 연구팀은 인근 해저를 뒤져 2,000점이 넘는 유물을 인양했다. 인양물에는 연마된 석기, 부서진 도기 조

해저유적지에서 발견된 문자와 각종 유물, 유적

각, 장신구와 작은 조각품들, 상아와 보석, 인간의 척추와 턱뼈
화석, 치아 등이 있었다.

이곳에서 발견된 나무 화석을 두 군데 연구기관에서 연대를 측
정했는데, 비르발 샤니 고식물 연구소의 측정 결과는 BC 6148
년~5678년이었고, 인도 국립 지구물리학 연구소의 결과는 BC
7908년~7328년이었다. 즉 지금으로부터 1만 년 전에 건설된
도시라는 것이다.

해저사진을 바탕으로 그린 실제 복원도와 상상도

이러한 대도시의 유적은 아직 캠베이 만 유적 이외에는 발견된
적이 없으나 1만 년 전에 수몰된 해저문명의 흔적은 여러 곳에
서 발견되었다.

1987년 일본 요나구니 섬 해변에서 한 잠수부에 의해 발견된 해저유적이 일례이다. 거대한 암석기둥을 마치 칼로 자르듯이 반듯반듯하게 잘라낸 흔적이 남아 있는 채석장 유적지이다. 이러한 암석기둥을 어디에 사용했는지는 아직 그 유적이 발견되지 않았다. 이 유적지는 해저 39m 지점에 있어 1만 2천 년 전 해수면 상승으로 침수된 것으로 보고 있다. 그렇다면 적어도 이 채석장은 1만 2천 년 이전에 사용된 것으로 보인다.

이들은 비록 원시적이긴 하지만 문자를 사용하였고, 석조물을 가공하기도 하고 조각도 하였으며, 또 대단위 도시를 건설하고,

대만 인근에 위치한 요나구니 섬과 반듯하게 잘라낸 석재 기둥들

요나구니 해저 유적 부근에서 발견된 조각상과 오키나와 상형문자를 새긴 바위

벼농사를 지었을 뿐만 아니라, 개를 사용하여 목축도 하였다.

이러한 문명의 형태라면 5,500년 전 나타나기 시작한 수메르 문명이나 황하 문명을 능가하는 수준이라 볼 수 있다.

이 말은 이미 이때 초기 국가가 형성되었을 것으로 보아야 한다.

대 빙결의 재앙에서 살아남은 인류의 씨종자들과 하늘에서 한 인께서 내려 보낸 동남동녀 800쌍은 1만 8천 년 전부터 1만 5천 년 전까지 3,000년간 봄시대를 거쳐 오면서 문명의 기초를 마련하고, 드디어 1만 5천 년 전 여름시대를 맞이하여 기온 상승의 호조건을 맞이하면서 초기 국가가 형성되었으리라 짐작된다. 이후 1만 3천 년 전 급작스런 추위가 닥쳐온 영거드라이아스기를 맞이하기까지 약 2,000년간 온난한 기온 속에 충분한 발전을 할 수 있는 기회를 맞이하였을 것이다.

그러나 1만 3천 년 전 뜻하지 않는 재앙이 닥쳐왔다. 갑작스런 빙하기가 다시 찾아온 것이다. 그 기간은 약 1,000년간이었다. 그 추위는 다시 1만 8천 년 전 빙하기와 맞먹는 강추위였다.

이것은 당시 인류에게 크나큰 타격을 주었을 것이다. 모든 것은 얼어붙고 농사를 제대로 지을 수가 없었을 것이다. 문명의 발전은 답보상태에 이르고 인구는 급격히 줄어들었을 것이다. 영거드라이아스기 약 1,000년간 인류의 문명은 큰 발전이 없었거나 도리어 퇴보되었을 가능성이 짙다.

그러다가 약 1만 2천 년 전에 이르러서 영거드라이아스기가 끝나고 또 갑작스럽게 기온이 상승하기 시작했다.

GISP2 빙하코어에 나타난 온도와 적설량 데이타
GISP2 Ice Core Temperature and Accumulation Data
Alley, R.B. 2000

1만 2천 년 전에 이르러서야 인류는 다시금 모든 것이 정립되고 과거 문명을 바탕으로 새롭게 시작해야만 했다. 만약 영거드라이아스기가 없었다면 그 시대 인류들은 비록 오늘날만큼은 발전하지는 못했을 지라도 상당히 진보된 문명을 이룰 수 있었겠지만 약 1,000년간의 빙하기는 문명진보의 발목을 잡고 말았다.

모두 삶의 터전을 찾아 뿔뿔이 흩어지고 과거 번성했던 도시국가들은 혹독한 추위가 몰려왔던 1,000년간 어려운 삶을 유지하며 초라하게 그 명맥을 유지해 왔다. 그 후 1만 2천 년 전 온난한 기온을 맞이하자 도시국가는 다시금 활력을 되찾기 시작했다. 인구는 불어나고 다시금 농업이 부활되었으며 목축을 하는 유목민은 여기저기 흩어져 있었다. 이때는 농업보다는 오히려 유목이 더 발전되어 있었다. 1,000년간의 추위가 모든 것을 바꾸어 놓고 말았다.

1,000년의 시련의 시기를 거쳐 오며 형성된 나라가 12개의 나라였다. 그것이 바로 12한국(桓國)이었고 넓은 지역에 걸쳐 분포되어 있었다.

조선시대 때 일십당(一十堂) 이맥(李陌, 1455년~1528년)이 지은『태백일사』의「한국본기」에 그 이름과 규모가 나온다.

《삼성밀기》에서 말한다.「파나류 산 밑에 한인(桓因)씨의 나라가 있나니 천해(天海) 동쪽의 땅을 역시 파나류 국이라 한다. 그 땅의 넓이 남북 5만 리, 동서 2만 리이니라. 통틀어 말하면 한국(桓國)이요, 갈라서 말하면 곧 비리국, 양운국, 구막한국, 구다천국, 일군국, 우루국(또는 필나국), 객현한국, 구모액국, 매구여국(또는 직구다국), 사납아국, 선비이국(또는 시위국, 통고사국이라 함.), 수밀이국이니 합쳐서 12국이라. 천해(天海)는 지금의 북해(北海)라 한다.」

『삼성기전 하편』에도 이와 동일한 내용이 기록되어 있다.

동서 2만 리(8,000km)라면 동쪽 바다 끝에서 서쪽으로 파미르고원에 이르는 지역이다. 그리고 남북이 5만 리(20,000km)라면 시베리아에서 호주에 이르는 지역이다.

오늘날 지도를 두고 보자면 이해할 수 없는 지역이지만 1만 년 전 해수면이 상승하기 전 인도양에 있는 말레이시아, 인도네시아, 필리핀, 호주가 하나의 대륙으로 연결된 순다 대륙

남북 5만 리, 동서 2만 리 12한국의 강역

(Sundaland)이 있을 때는 가능한 이야기이다. 그러므로 12한국은 1만 년 전 해수면이 상승하기 전에 존재했던 나라임을 알 수 있다. 앞서 해저에서 발견되었던 도시라던가 유적들은 모두 1만 2천 년 전을 기점으로 다시금 발전되었던 문명들일 것이다.

빙하기가 끝나고 새로운 시대를 맞이한 인류는 지난 6,000년 간 봄시대와 여름시대의 파란 만장한 삶과 역경을 거쳐 오며 어렵게 문명을 일구어 왔으며 그들이 온 세계에 널리 퍼져 이룩한 나라가 12한국이다. 이제 12한국은 또다시 가을시대라는 완성의 시기로 접어들고 있었으니 지금까지와는 전혀 다른 낙원의 삶이 그들 앞에 열려오고 있었다.

3. 개천(開天)

1) 한웅(桓雄), 동방 태백산에 신시시대를 열다.

　여름이 가면 가을이 오는 법, 무릇 인간이 곡식 농사를 짓듯 하늘은 인간 농사를 짓는다 하였으니, 다시금 따뜻하고 온난한 기후를 맞아 12한국으로 번성했던 인류를 갈무리하는 추수의 계절인 가을시대가 도래되고 있었다. 때는 바야흐로 지금으로부터 1만 2천 년 전의 일이었다.

　이때 천계에 계시는 한인께서 한층 성숙된 인간의 종자를 갈무리하고 새 시대를 맞이한 그들에게 새 세상을 열어 널리 이롭게 할 적임자에 대한 고민을 하고 있었다. 이에 대해 원동중(元董仲)[8]이 지은 『삼성기전 하편(三聖紀全下篇)』에는 다음과 같이 기록하고 있다.

　한국(桓國) 말기에 안파견(安巴堅)이 하계의 삼위태백(三危太伯)을 내려보며 "모두 가히 홍익인간 할 곳이로다." 하시고, "누구를 시킬 것인가" 하고 물으시니 오가(五加)가 모두 대답하길 "서자(庶子) 한웅이 있어 용맹함과 어진 지혜를 모두 갖추었으며, 일찍이 홍익인간의 이념으로써 세상을 바꿀 뜻이 있었사오니 그를 태백산에 보내시어 이를 다스리게 함이 좋겠습

---

8) 생몰연대 미상

니다." 하니 마침내 천부인(天符印) 삼종(三種)을 내려 주시며 말씀하시길 "이제 사람과 사물의 할 바가 모두 완성되었도다. 그대는 수고로움을 아끼지 말고 무리 3,000을 이끌고 가 하늘을 열고[개천(開天)-새로운 세상 : 역자주], 가르침을 세워 세상을 이치로써 다스리고 교화하여 만세의 자손들에게 큰 모범이 될지어다."고 하셨다.

'사람과 사물의 할 바가 모두 완성되었다.'고 함은 이제 바야흐로 가을시대를 맞이하여 인간들과 사물이 모두 무르익어 결실의 때를 기다림을 표현한 것이다. 그러므로 새로운 세상을 열고, 바른 이치로써 다스리고 교화하여 밝은 광명의 세계를 열고자 한웅과 3,000 무리가 이 땅으로 내려왔던 것이다.

그리고 고려시대 김일연(金一然, 서기 1206년~1289년)이 쓴 『삼국유사(三國遺事)』에는 이와 비슷하지만 누락된 내용이 있어 여기에 인용한다.

〈고기(古記)〉에는 이렇게 말했다. "오랜 옛날에 한국(桓國)이 있었다(주 : 제석(帝釋)이라 일컫는다). 서자(庶子) 한웅(桓雄)이 있었는데 자주 천하(天下)에 뜻을 두어 사람이 사는 세상을 탐내고 있었다. 그 아버지가 아들의 뜻을 알고 삼위태백산(三危太伯山)을 내려다보니 가히 홍익인간(인간들을 널리 이롭게 해 줄) 할 만했다. 이에 한인은 천부인(天符印) 세 개를 한웅(桓雄)에게 주어 인간(人間)의 세계를 다스리게 했다.

한웅(桓雄)은 무리 3,000명을 거느리고 태백산(太伯山) 꼭대기에 있는 신단수(神檀樹) 밑에 내려왔다. 이곳을 신시(神市)라 하고, 이 분을 한웅천왕(桓雄天王)이라고 이른다. 그는 풍백(風伯) 우사(雨師) 운사(雲師)를 거느리고 곡식을 주관하고, 목숨(호적)을 주관하며, 질병(疾病)을 주관하고 형벌(刑罰)을 주관하며, 선악(善惡)을 주관하고, 인간의 360여 가지 모든 일을 주관하며, 세상을 이치로써 다스리고 교화하였다.

따라서 한웅께서 인간 농사의 결실시기인 가을시대를 맞이하여 새로운 시대를 열고자 한인의 허락을 받아 3,000무리를 이끌고 지구의 동방 태백산으로 내려오시게 된 것이다.

또한 박천수씨의 우주 문명세계의 기행문인『4차원 문명세계의 메시지』의 내용 중에는 한웅께서 오신 천계 샤르별(사백력)의 '태양산 앙광루'로부터 우리 천손민족의 역사는 발현되었다고 밝히고 있다.

《4차원 문명세계가 펼쳐진 샤르별의 선경세상은 보이지 않는 하늘에 펼쳐진 은천(隱天)선경[9]의 그림자였고, 은천선경의 왕인 하닌 선황(仙皇)의 보이지 않는 손길로 다스려지는 세상이 샤르별의 선경세상이었다.

---

9) 샤르별에는 보이는 하늘 '현천(見天)'세계의 선경과 보이지 않는 하늘 '은천(隱天)'세계의 선경의 두 선경(仙境)이 음양으로 존재한다고 하며 이 두 선경을 모두 다스리는 선황(仙皇)이 한인(桓因)이라고『4차원 문명세계의 메시지』에서 적고 있다.

'하닌'이란 이름은 지구에서 한인(桓因)이라 불리는 천제(天帝)였고, 하닌은 지금도 지구의 수호신인 빛의 화신들을 신하로 삼아 하늘의 뜻을 펼쳐 가고 있었다.

– 4차원 문명세계의 메시지, 제 9권 '샤르별의 초자연계 현상들' 내용 중 –

"하늘에서 지구 동방에 하강한 천상의 뿌리가 이곳에 있고, 태초에 천손의 조상이 하강을 결심한 장소가 바로 이 샤르별의 태양산이며, 지금 우리 후손과 마주 앉아 있는 앙광루(仰光樓)가 그 역사의 근원지다.

곧 지구 동방의 신선문화는 앙광루의 전설에서 시작되었다. 지구 동방의 신선문화의 뿌리가 앙광루의 전설 속에 숨어 있다. 1만 2천 년 전 천손의 조상인 하눙 신선이 앙광루에서 명상을 하며 하늘의 계시를 받아 지구 동방을 찾아가 천손제국을 일으킬 결심을 굳혔다. 하눙 신선의 아버지는 빛의 화신이신 하닌이었고, 아들의 결심을 듣고 3천의 신선들을 함께 지구 동방으로 내려 보내셨다. 그때부터 시작된 역사가 지구 동방의 하늘제국이란다."

– 4차원 문명세계의 메시지, 제 8권 '태양산에서 만난 앙광루의 전설' 내용 중 –

"1만 2천 년 전, 하닌선황(한인)의 허락을 얻어 3천의 선인(仙人)을 거느리고 지구 동방에 내려가 신시(神市)를 펼치고 우매한 인간세상에서 7천 년을 광명이세(光明理世)하였으며 그 후, 내 아들 단에게 홍익인간 재세이화(在世理化)의 대업을 물려 준 후 회천(回天)한 한웅 신선이 바로 이 하눙이니, 지금 천손에게 밝히는 1만 2천 년의 역사는 진실이니라.

… 사랑하는 천손아! 꿈은 아니로다. 이 하눙이 바로 1만 2천 년 전 은천선경의 하닌선황(仙皇)으로부터 인간세상을 다스릴 허락의 징표로서 삼부인(三符印)을 받아 3천의 선인들과 지구 동방에 임하여 천손의 신선제국을 펼치고 광명이세(光明理世) 이도여치(以道與治)하며 우매한 인간세상을 다스렸던 천손의 조상이니라. 그래서 백마선은 나의 천손(天孫)이요 핏줄이며 혈통의 한 줄기이니라. 네 혈통의 뿌리를 보아라. 네 몸속을 순환하는 혈통이 바로 내 몸속에서 흐르는 혈통에서 비롯되었느니라."

-4차원 문명세계의 메시지, 제 9권 '4차원 문명세계의 숨겨진 하늘 은천(隱天)' 내용 중 -

한웅천왕께서 인세에 내리실 때 3,000 무리와 함께 내려오셨다. 그 이유는 1만 8천 년 전 이 땅에 뿌려진 800쌍의 인류의 씨앗이 퍼지고 번성하여 12한국을 이루었고 이제 이들을 거두어들여 다스리기 위해서는 3,000명의 지도자들이 필요하였기 때문이었다.

지상의 인류들이 비록 12한국을 이루었다고는 하나 혹독한 시련의 시기를 거쳐 오느라 아직은 모든 것이 미비하고 부족한 점이 많았으니 이를 채워서 완전한 세계로 이끌려는 목적이었다.

그리고 이때 한인(桓仁)은 지상에 머물지 않고 단지 천계(天界)

에 계시면서 이들을 보살펴 왔으며, 그 후 그의 아들 한웅이 지상을 다스릴 뜻을 두었으므로 천부인(天符印) 3개를 주어 지상으로 내려보냈다는 것이다.

이 땅에 인간의 씨종자를 뿌려 키우기를 수천 년이 경과했고, 1만 2천 년 전 한웅이 내려올 그때는 바로 가을시대를 맞아 인간 추수기에 도달되었던 것이다. 한웅은 같이 온 3,000 무리와 함께 지상의 인류를 갈무리하고 문명사회로 개도(開導)하여 새 세상을 열고자 하였다. 이를 두고 한웅께서는 '개천(開天)'이라 하였다. 이 말은 '새로운 하늘을 연다.'는 뜻으로 오늘날 우리가 흔히 사용하는 개벽(開闢)과 같은 의미가 담겨 있었다. 새 하늘 새 땅이 열린다는 뜻이다.

인간 추수가 무사히 끝나면 그들을 이끌어 신선선녀의 삶을 살도록 만들어 이 세상을 선경(仙境)으로 만들고자 한 것이 최종목표였다. 이것이 바로 광명이세(光明以世) 이도여치(以道與治)의 홍익인간(弘益人間)하는 이상의 실현이었던 것이다.

한웅 천황(天皇)께서 지상으로 처음 내려온 곳은 태백산(太伯山)이란 곳이다. 이곳에 신시(神市)가 건립되고 이곳을 중심으로 12한국을 다스렸다는 의미이다.

태백산(太伯山)은 지구 동방에 위치한 산으로『삼국유사』의 기록에 따르면 오늘날 길림성 돈화(敦化) 위쪽에 장광재령의 어느 한 지점으로 추정된다.

〈신라고기新羅古記〉에 이런 말이 있다.「고구려(高句麗)의 구

장(舊將) 조영(祚榮)의 성(姓)은 대씨(大氏)이다. 그는 남은 군사
를 모아 태백산(太伯山) 남쪽에 나라를 세우고 국호를 발해(渤
海)라고 했다.」

　대조영(大祚榮) 장군이 길림성 돈화의 동모산(東牟山)에 도읍
을 정하고 발해(渤海)를 건국하였으니 태백산(太伯山)은 돈화의
북쪽에 위치한다고 보아야 한다.
　또『태백일사』「신시본기」에는 다음과 같이 적고 있다.

　〈위서(魏書) 물길전(勿吉傳)〉은 말한다.
　물길국의 남쪽에 도태산(徒太山)이 있다. 위(魏)에서는 도태산
을 태황산(太皇山) 이라 한다. 한웅천황(桓雄天皇)이 일찍이 내려
온 산이 이 산이며, 또 이 산은 신주흥왕(神州興王)의 영지(靈地)
이다. 또 소도(蘇塗)를 짓고 하늘에 제사를 지내는 옛 풍속은 이
산에서 처음 시작되었고, 옛날 한족(桓族)의 숭경(崇敬) 사상도
역시 이 산에서 시작되었으니 깊이 생각해 볼 일이다.

　위서(魏書)에서 말하는 도태산(徒太山)은 바로 한웅천왕께서
내려오신 태백산(太伯山)을 의미함을 알 수 있다. 이 산을 태황
산(太皇山)이라 부르기도 했다는 것이다. 이 산은 물길(勿吉)의
남쪽에 있다고 하였다. '물길'은 말갈을 말한다. 북위시대에 고
구려의 팽창을 두려워했던 말갈의 부족들이 세력을 합쳐 나라를
세우고 물길이라 하여 당시 북위와 교류하였다. 당시 물길은 흑

룡강성 하얼빈과 영안(寧安)일대를 장악하고 있었다. 따라서 태백산(太伯山)은 돈화의 북쪽에 위치하고 옛 물길의 남쪽에 위치하는 어느 지점으로 오늘날 장백산맥의 북쪽 지류인 장광재령(張廣才嶺)의 어느 한 지점에 있었을 것으로 추정된다.

『태백일사』「삼한관경 본기」에는 태백산의 구체적인 위치와 형태를 밝히고 있다.

太白山北走 屹屹然立於斐西岬之境 有負水抱山而 又回焉之處
乃大日王祭天之所也
世傳桓雄天王 巡駐於此 佃獵以祭

태백산은 북쪽으로 달리는 산으로 높고 높게 비서갑의 땅에 우뚝 서 있다. 물을 뒤로 업고 산을 끌어안고 있는데, 크게 동그랗게 돌아 모이는 곳이 있으니 곧 대일왕(大日王)이 천제를 지내는 장소이다. 세상에 전하기를 한웅천왕이 이곳에 들러 머무르시며 사냥도하고 제사를 지낸 곳이라고 한다.

장광재령은 북쪽으로 뻗은 큰 산맥으로 뒤에 경박호를 업고 있으며, 서쪽으로 길림에 이르기까지 크고 높은 산들을 끌어안고 있다. 그리고 경박호 위쪽 영안(寧安) 일대는 넓은 평야가 펼쳐져 있다. 바로 이곳 영안 일대가 비서갑(斐西岬)의 땅으로 추정된다.

한웅천왕은 바로 이 태백산 정상 부근에 신단(神壇)을 마련하여 그곳을 신시(神市)라 하고 도읍을 정했다. 신단수(神檀樹)란 신단(神壇)이 있는 수림(樹林)이란 뜻으로 『태백일사』「신시본기」에는 「나무를 심어 토단(土壇)을 만든 것을 신단(神壇)이라 한다.」고 하였다. 한웅천왕께서 이 지상으로 오실 때 삼신(三神)을 비롯한 천지신명을 모시고 내려왔으며 삼신(三神)께 천제(天祭)를 지내기 위해 흙으로 높이 단(壇)을 쌓아올린 것을 신단(神壇)이라 하였으며, 그 주위에 나무를 심어 숲을 이루었으므로 신단수(神檀樹)라 하였던 것이다. 흙으로 높이 토단을 쌓아올린 이 신단(神壇)이란 다름 아닌 '피라미드(Pyramid)'를 뜻한다.

『태백일사』「신시본기」에서 '삼신고제(三神古祭)의 성지(聖地)

를 일컬어 삼신산(三神山)이라 한다.'고 하였으니, 삼신산(三神山)은 바로 이 신단(神檀)을 두고 일컫는 것이다. 즉 삼신(三神)께 제사 지내는 산모양의 신단으로 피라미드를 말한 것이다.

신시(神市) 때에 선인(仙人) 발귀리(發貴理)가 있었는데 대호(태호 복희)와 동문으로 학문을 배우고 도(道)를 이미 통하여 바야흐로 저(渚)와 풍산(風山) 사이에서 노닐었으니 그 이름이 널리 알려졌다고 하는데, 아사달에서 제천(祭天)의 예가 끝나는 것을 보고 원방각경(圓方角經)을 지었다고 한다.

圓者一也無極
원 자 일 야 무 극

方者二也反極
방 자 이 야 반 극

角者三也太極
각 자 삼 야 태 극

원(圓)은 일(一)이니 무극(無極)이며
방(方)은 이(二)이니 반극(反極)이며
각(角)은 삼(三)이니 태극(太極)이다.

원(圓)은 둥근 것으로 하늘을 뜻하고, 방(方)은 사각으로 땅을 뜻하며, 각(角)은 삼각으로 사람을 뜻하니 이 모두를 합치면 바로 피라미드 모양이 나온다.

발귀리 선인이 하필 제천행사에 참석한 후 이 원방각경을 지은 연유는 바로 제천의 신단(神檀)의 형태가 바로 피라미드 모양을 하고 있었기 때문이다.

피라미드 형태로 지어진 이 신단은 1만 2천 년 전 한웅으로부터 비롯되었으나 세월이 지나면서 점차 그 신단(神檀)으로써의 기능은 상실되고 왕가의 무덤이나 다른 모습으로 변형되어 갔던 것이다.

세계의 각종 피라미드(집안 고구려 장군총, 인도네시아 보로부두르 사원, 중국 서안 피라미드, 이집트 기자 피라미드, 멕시코 마야 쿠클칸 피라미드, 메소포타미아 우르 지구라트)

『4차원 문명세계의 메시지』에 따르면 한웅께서 내려오신 천계의 고향에는 높이가 무려 500여 미터에 이르는 산과 같은 피라미드도 있으며 그 꼭대기에는 둥근 첨탑이 하늘 높이 세워져 있고 이곳은 정신수련원으로 사용되고 있었다고 적고 있다. 따라서 이 피라미드는 한웅께서 삼신사상과 함께 천계에서 지상으로 가지고 내려왔던 천상문명의 상징이었던 것이다.

한웅천왕께서 지상에 세우신 피라미드 역시 그 높이가 500m에 이르고 웅장하게 태백산 신시에 건립되어 있었으나 세월이 흐르면서 그 흔적은 찾을 길 없고 화산재 속에 묻혀 이제 그 모습조차 구분하기 어렵게 되어 버렸다.

한편, 한웅천왕께서 이 지상에 신단(神檀)을 짓고 그곳을 중심으로 세상을 다스렸으니 이 신단이 자리한 곳을 신시(神市) 혹은 소도(蘇塗)라 하였다.

이 신시를 중심으로 세상을 다스렸다 함은 바로 지상에 이미 자리 잡고 있었던 12한국을 다스렸다는 뜻이며, 당시 12한국에 아직 미비하던 행정체계를 다시 세워 세상을 다스렸음을 안함로(安含老)가 지은 『삼성기 전 상편』의 기록을 보면 알 수 있다.

한웅(桓雄)씨가 계속하여 일어나 천신(天神)의 뜻을 받들어 백산(白山)과 흑수(黑水) 사이에 내려왔다. 작은 고을[子井][10]과 큰 고을[女井][11]을 천평[天坪 : 평평한 곳]에 구획을 나누어[획정(劃井)] 정하고 그곳을 청구(靑邱)로 정했다. 천부인(天符印)으로 다섯 가지 일을 주관하시며 재세이화(在世理化 : 인세에 계시면서 직접 이치로써 교화)하시고, 홍익인간(弘益人間 : 널리 인간을 이롭게) 하시더라. 또 신시(神市)에 도읍을 세우시고

---

10) 아들 마을이란 뜻으로 작은 마을을 뜻한다.
11) 어른 마을이란 뜻으로 당시는 모계사회였으므로 어른의 대표를 엄마로 보았으므로 여정(女井)이라 표현하였다. 마을을 우물 정자로 구획하고 중앙에는 관서를 두고 주위에 여덟 고을로 나누었던 것으로 보인다.

나라를 배달이라 불렀다.

　사람들이 사는 마을을 모두 우물 정(井)자로 구획을 정하고 작은 도시와 큰 도시를 두었으며, 이 도시들을 다스리는 중앙 관청이 있는 곳을 청구(靑邱)라 하였다. 청구는 오늘날로 치면 주위 도시들을 다스리는 도읍지를 말함이다. 행정관청을 중앙에 두고 이를 중심으로 주위에 8구역을 나누어 철저하게 행정관리를 했다는 뜻이다. 그리고 한웅께서는 천부인으로 ‘다섯 가지 일’을 주관하셨다고 하는데 이 다섯 가지 일은 앞서 살펴본 『삼국유사』에서 찾아보면

　그는 풍백(風伯)·우사(雨師)·운사(雲師)를 거느리고 곡식을 주관하고, 목숨(생사-호적)을 주관하며, 질병(疾病)을 주관하고·형벌(刑罰)을 주관하며·선악(善惡)을 주관하고, 인간의 360여 가지 모든 일을 주관하며, …
　라고 하였고, 또 이와 같은 내용이 『태백일사』「신시본기」에는

　가(加)는 곧 가(家)이다. 오가(五加)를 말하자면, 우가(牛加)는 곡식을 주관하며, 마가(馬加)는 목숨을 주관하며, 구가(狗加)는 형벌을 주관하며, 저가(豬加)는 질병을 주관하며, 양가(羊加)는 선악을 주관한다고 한다.

　라고 되어 있다. 당시 이미 철저하게 도시를 구획하고 행정관

서를 두었으며, 행정부서를 두어 이를 다스렸음을 알 수 있다. 이것은 당시 이미 고도로 체계화된 국가가 형성되어 있음을 말하는 것이다. 이때 한웅께서 내려와 세운 나라가 바로 배달국(倍達國)이다.

여기서 배달(倍達)은 "밝땅" 즉 "밝은 땅"의 뜻이니 '밝땅→밝달→배달' 로 그 음(音)이 변하여 이루어진 글자이다.

따라서 배달국은 "밝은 땅에서 새롭게 세운 나라"라는 뜻이 되며, '광명의 나라' 혹은 '빛의 나라' 라는 뜻을 품고 있다. 한웅은 이 지상에 바로 광명의 나라, 빛의 나라를 세우고자 하였던 것이다.

그리고 한웅천왕께서 이루었던 신시(神市)는 이 지상에 세워졌던 낙원의 한 모델이었다. 즉 지상에 세워졌던 천상의 도시였다. 이에 대한 기록은 오랜 세월 지나면서 대부분 잊어졌으나 그래도 희미하게나마 남아 있는 역사의 한 단편 속에 지상낙원의 모습을 찾아 볼 수 있다. 『태백일사』「신시본기」에서 그러한 내용이 보인다.

《위서》의 물길전에 '나라 남쪽에 도태산이 있다.' 라고 했는데 위(魏)에서는 이를 태황이라고 했다. 범·표범·곰·이리가 있지만 사람을 해치지 않으며, 사람들은 산에 올라가서 소변을 보지 않았고 길을 가는 이 마다 모두 물건을 가득 채워가지고 가게 되니, 이는 아마도 한웅천왕께서 처음 하늘에서 내려오시사 이미 이 산에 계시기 시작했기 때문일 것이다. …

또 짐승들도 빠짐없이 신의 교화로 목욕하듯 하여 안락하게 이 산에 서식하며 일찍이 사람을 상처낸 적 없고, 사람도 감히 산 위에 오르지 않고 오줌 누어 신을 모독하지도 않으며, 항상 끝없이 공경하고 보호하는 기준으로 삼았다. …

《사기》 봉선서에서, '그것은 발해의 가운데 있다고 전한다. 아마도 일찍이 그곳에 갔다 온 자가 있는 듯, 모든 선인(仙人) 및 죽지 않는 약은 그곳에 있다 하며, 그곳은 사물들과 짐승들까지 빠짐없이 흰색이요, 황금과 백은으로 궁궐을 지었다. … 라고 하였으며, 또 《선가서》엔 가로대 '삼신산(三神山)은 혼을 되살리고, 늙지 않게 하는 등의 약초가 있는데 일명 진단이라 한다.' 라고 했다.

이것이 바로 훗날까지 전해져 내려왔던 신시(神市)의 모습이었다. 범·표범·곰·이리와 같은 사나운 짐승도 신의 교화로 순화되어 사람을 해치지 않고 서로 친하게 지내며, 이곳에는 선인(仙人)들이 살아 불사약(不死藥)을 먹고 불로불사하며, 사물들과 짐승들까지 빠짐없이 흰색이고, 황금과 백은으로 지어진 궁궐이 있었다. 그래서 그곳을 사람들은 함부로 오르지도 않고 신성시하며 공경하고 보호하였다. 그리고 이곳을 사람들은 삼신산(三神山)이라 불렀다는 것이다. 따라서 이 신시는 바로 한웅천왕께서 3,000명의 선인(仙人)을 데리고 이 지상으로 내려와 태백산에 건립한 천상의 도시였으며, 신선(神仙)들이 살아가는 선경(仙

境)이었다. 즉 모든 지상의 인간들이 부러워하였던 지상의 낙원이었던 것이다.

2) 반고(盤固)의 서방 삼위산 에덴낙원 건설

한편, 한웅에 의하여 동방에 신시가 열렸을 때 서쪽에도 한 무리가 등장하게 된다. 이에 대한 내용이 원동중(元董仲)의 『삼성기 전 하편』에 나온다.

한국(桓國) 말기에 안파견(安巴堅)이 하계의 삼위태백(三危太伯)을 내려 보며 "모두 가히 홍익인간 할 곳이로다." 하시고, 때에 반고(盤固)라는 자가 있어 괴상한 술법을 즐겼는데 그는 (한웅과)다른 길을 택할 것을 간청하므로 (한인께서)이를 허락하였다.
마침내 반고는 재물과 보물을 꾸리고 십간(十干)과 십이지(十二支)의 신장(神將)과 함께 공공(空工), 유소(有巢), 유묘(有苗), 유수(有燧)를 거느리고 삼위산의 라림동굴(拉林洞窟)에 이르러 군주가 되니, 이를 제견(諸畎)이라 하고 그를 반고가한(盤固可汗)이라 했다.

'제견(諸畎)'이란 반고의 이름이 아니라 '모든 견(畎)'이란 뜻으로 견(畎)은 융(戎)을 뜻한다. 그러므로 견융(畎戎)을 말함이다. 고대 서쪽 종족 서융(西戎)을 말함이다. 서융(西戎)을 서이

(西夷)라 한다. 즉 반고는 서이(西夷) 족속을 이루어낸 시조가 되는 것이다. 가한(可汗)을 몽골어는 카간(ᠬᠠᠭᠠᠨ qaγan), 터키어 역시 카간(Kağan, qaγan)이라 하였으며 또는 대칸(大汗)이라 표현했는데, 몽골이나 투르크 계통 국가의 황제에 대한 칭호이다. 가한(可汗)은 위(魏)나라 식 발음이다.

　반고가 내려온 삼위산을 오늘날 일부학자들은 중국 감숙성 돈황(敦煌)지역의 삼위산(三危山)으로 잡고 있으나 중국의 고전 『산해경(山海經)』에나 『초사(楚辭). 천문(天問)』에는 곤륜산의 서쪽에 위치하는 것으로 되어 있다.

《山海經 · 西山經》云　西南四百里　曰崑崙之丘 … 又西二百二十里　三危之山　三靑鳥居之　是山也　廣員百里

《산해경 · 서산경》에 이르길, 서남 사백리에 곤륜의 언덕이 있고 … 또 서쪽 이백리에 삼위산이 있나니, 삼위산에는 삼청조가 산다. 이 산은 넓이가 100리에 이른다.

《楚辞 · 天问》云　黑水玄趾　三危安在　延年不死　壽何所止

《초사 · 천문》에 이르길, 흑수(黑水)와 현지(玄趾) 그리고 삼위(三危)는 어디에 있는가? 나이가 들어도 죽질 않으면 수명은 어디서 그치는 걸까?

흑수와 현지와 삼위는 모두 지명을 나타내는 말이다. 이곳에 죽지 않는 낙원이 있었으니 그것이 후대에 전하여져 시(詩) 구절이 되었다. 흑수(黑水)는 흑해(黑海)를 말함이며, 현지(玄趾)는 아라랏 산에서 발원되는 유프라테스 강과 티그리스 강이 이루는 비옥한 토지를 말함이고, 삼위산은 바로 터키의 동쪽에 있는 아라랏 산을 말함이다. '산의 넓이가 100리에 이른다.'고 했는데 아라랏 산의 넓이가 40Km이므로 정확하게 100리가 된다. 아르메니아 쪽에 접해 있는 아라랏 산에는 여러 개의 동굴이 발견되는데 이곳은 약 6,000년 전부터 포도주를 만드는 양조장으로 사용되었다고 한다. 이것은 노아가 홍수에서 살아 남아서 포도나무를 심었다는 전설과도 일치한다.

쿠르드 인[12]들은 이 산을 고이누(노아의 산)라고 부르고 ,터키인들은 '아구리다.'라고 부르는데 그 뜻은 '험한 산'이다. 이 외에도 '흩어지는 장소'라는 뜻의 세론 마을, '배'란 의미의 타바리즈, '포도나무를 심는다.'라는 뜻의 아르구리 등의 지명이 있다.

따라서 이 동굴들 중에 반고가 내려왔다는 삼위산의 라림 동굴이 있을 것으로 추측된다.

한웅께서 지구 동방 태백산으로 내려와 인간들에게 신선사상

---

12) 쿠르드 인은 터키의 아나톨리아 반도 동남부와 이란, 이라크, 시리아 등이 접경을 이루는 약 30만 km²의 산악지대인 쿠르디스탄에 주로 거주하는 민족이다. 인구는 약 3천 300만 명으로 독자적인 국가를 가지고 있지 않은 민족(民族) 중에서는 세계에서 인구가 가장 많다.

을 펼쳐 신선국을 만들고 있을 때 반고는 지구의 서방 삼위산(아라랏 산)으로 내려와 그의 방식대로 인간 세상에 낙원을 건설하려고 노력하고 있었으니 그것이 바로 성경 창세기에 나오는 에덴동산이었다. 에덴에 동산을 창설하고 그곳에 창조인간인 아담과 하와(이브)를 창조하고 각종 들짐승과 날짐승 그리고 각종 식물과 과실나무를 창조하여 지금까지의 지상과는 전혀 다른 새로운 낙원을 이룩하고자 하였던 것이다.

다시 말해 한웅께서는 12한국의 인류들을 갈무리하여 무르익은 영혼들을 바탕으로 신선국을 건설하려고 하였던 반면, 반고는 그의 재주를 발휘하여 인간을 창조하고 이 '창조인간'을 기반으로 낙원을 건설하려고 하였다.

서양역사의 근간이 되는 성경의 기록에 반고의 행적이 나타난다.

『야훼 하나님[神]이 땅의 흙으로 사람을 지으시고 생기를 그 코에 불어 넣으시니 사람[The men]이 생령(生靈)이 된 지라.』
                                              – 구약, 창세기 2장 7절 –

『야훼 하나님[神]이 동방의 에덴에 동산을 창설하시고 그 지으신 사람을 거기 두시고 … 그 땅에서 보기에 아름답고 먹기에 좋은 나무가 나게 하시니 동산 가운데에는 생명나무와 선악을 알게 하는 나무도 있더라.』
                                              – 구약, 창세기 2장 8, 9절 –

『야훼 하나님[神]이 흙으로 각종 들짐승과 공중의 각종 새를 지으시고 아담이 어떻게 이름을 짓나 보시려고 그것들을 그에게로 이끌어 이르시니 아담이 각 생물을 일컫는 바가 곧 그 이름이라.』

　　　　　　　　　　　　　　　　　　－ 구약, 창세기 2장 19절 －

『야훼 하나님[神]이 아담을 깊이 잠들게 하시니 잠들매 그가 그 갈빗대 하나를 취하고 살로 대신 채우시고 … 아담에게서 취하신 그 갈빗대로 여자를 만드시고 그를 아담에게로 이끌어 오시니 …』

　　　　　　　　　　　　　　－ 구약, 창세기 2장 21, 22절 －

『강이 에덴에서 발원하여 동산을 적시고 거기서부터 갈라져 네 근원이 되었으니, 첫째의 이름은 비손이라 금이 있는 하윌라 온 땅에 둘렸으며, … 둘째 강의 이름은 기혼이라 구스 온 땅에 둘렸고, 셋째 강의 이름은 힛데겔이라 앗수르 동편으로 흐르며, 넷째 강은 유브라데더라.』

　　　　　　　　　　－ 구약, 창세기 2장 10, 11, 12, 13, 14절 －

『구약성서』「창세기 2장」의 내용이다. 이 내용을 보면 야훼(YHWA)가 흙으로 사람을 창조하고 에덴동산을 창설하여 그곳에 각종 수목과 각종 동물들을 만들어 그곳에 자신이 창조한 사람을 두었다는 내용을 서두로 하고 있다. 사실 이 내용은 『구약성서』「창세기 1장」의 '하느님의 천지 창조' 내용과는 전혀 다른 내용을 서로 결부시켜 놓은 것이다.

「창세기 1장」의 내용은 하느님이 천지, 즉 우주를 창조하는 과정을 표현한 것이며, 그 창조과정의 최종적으로 사람을 창조하신 것으로 되어 있다.

즉 혼돈하고 공허한 땅 위에 빛을 만들어 낮과 밤을 나누고, 궁창을 만들어 궁창 위의 물과 궁창 아래의 물로 나누고, 또 물을 한데 모아 바다와 육지를 만들고, 각종 풀과 나무를 만들고, 바다의 물고기와 육지의 동물들과 하늘의 새들을 만들고, 최종적으로 자신들의 형상을 본 따 사람을 창조하시되 남자와 여자를 동시에 창조하신 것으로 순서가 되어 있다.

그러나 야훼(YHWA)는 지구의 서양 에덴에 동산을 창설하고 그곳에서 가장 먼저 흙으로 사람을 창조하고, 그 후에 열매가 나는 과일나무를 나게 하고, 그 후에 흙으로 각종 들짐승과 새를 만들고, 최종적으로 아담의 갈비뼈로 여자를 창조하여 배필을 정하게 하였다.

이것은 하나님의 우주와 만물의 창조와는 전혀 다른 지구상에서 인간을 창조하고 낙원을 건설한 내용을 바탕으로 하고 있다.

이러한 창조인간에 대한 설화는 『구약성서』「창세기 2장」의 내용 외에도 유대인과 같은 역사적 기원을 두고 있는 수메르(Sumer)인들의 점토판 기록에도 남아 있다.

수메르 점토판 중의 하나인 〈아트라 하시스〉 서사시[13]의 제 1

판에 창조인간에 대한 내용이 나온다.

『하늘은 아누(Anu, 수메르 어로는 안An), 땅은 엔릴(Enlil), 땅 밑의 담수는 엔키(Enki)가 지배했다. 엔릴은 하위 신들에게 농장 일을 시키고, 강과 운하를 관리했다. 40년이 지나자 하위 신들이 반란을 일으켜 힘든 일을 하기를 거부했다. 엔키는 현명한 신이었기 때문에 신들을 처벌하지 않고, 일을 시킬 수 있도록 사람을 만들라고 조언했다. 산파신 마미(닌후르사가와 동격)가 진흙으로 사람 모습을 빚어 살해된 신 게쉬투에(Geshtu-e, 지능을 가진 신)의 피와 살을 섞었다. 모든 신들이 진흙에 침을 뱉었다. 10달이 지나서 특별히 만든 자궁이 열리고 사람들이 태어났다. 처음에 엔키는 7쌍의 인간을 만들었다.』

『구약성서』「창세기」의 내용과는 다소 다른 점이 있지만 흙으로 인간을 창조하는 과정은 거의 동일하며 그 창조과정이 보다 상세히 기록되어 있다.

유대인들의 시조라고 할 수 있는 아브라함의 고향이 수메르의 고대도시인 우르(Ur)이고, 그는 이곳으로부터 가나안으로 들어갔다. 그리고 『구약성서』에 나오는 노아 홍수를 비롯한 많은 내용들이 수메르의 점토판 기록과 유사한 점을 미루어 볼 때 이들

---

13) BC 1700년경에 고대 바빌로니아의 공용어인 아카드어로 3개의 점토판에 8개 단어로 쓰여진 점토판문서. 〈길가메쉬 서사시〉는 이 점토판을 원문으로 재편집 된 것이며, 〈아트라 하시스〉 서사시가 홍수 설화가 담긴 기록 중 가장 오래된 것이다.

은 그 역사적 근원을 같이 하고 있다고 볼 수 있다.

수메르 신화에서 최고의 신은 안(An)이고, 판테온(지상신계)의 주신은 엔릴(Enlil)이며, 땅 밑의 담수를 주관하는 물의 신은 엔키(Enki)였다. 엔키는 지상의 주신 엔릴과는 이복형제로 모두 안(An)의 자식이었으나 그는 서자였다고 한다. 태어난 순서로 따지자면 엔키(Enki)가 안(An)의 장남이지만 서자였으므로 서열에서 두 번째가 되었다고 한다. 그는 물의 신이지만 손재주가 매우 뛰어나고 기술이 좋아서 창조의 신, 또는 과학의 신으로 추앙되었다.

지상으로 내려와 노동에 지친 하급신 아누나키(Anu-naki, 천사)들은 반란을 일으키고 엔릴(Enlil)에게 불만을 토로했다. 그러자 엔키가 한 가지 지혜를 짜내었다. 노동을 대신할 인간을 창조하자는 제안이었다. 그래서 신들의 산파이며 현명한 마미(Mami)를 불러 인간을 만들어 줄 것을 부탁했다.

진흙을 빚어 인간을 창조한 엔키(Enki)와 마미(Mami)

그러자 산파신 마미(Mami)가 과학의 신 엔키(Enki)의 도움을 받아 진흙을 빚어 반란으로 죽은 신 게쉬투에의 피와 살을 섞어 사람을 창조하였다.

제 2 점토판의 기록에 의하면, 이후 1,200년이 경과되어 인간들이 번성하고 소란스러워지자 신들은 회의를 열고 대홍수로 인간을 멸종시키기로 결정하고 이것은 비밀에 붙이기로 서로 맹세했다. 그러나 자신이 창조한 인간에 대해 애착이 있었던 엔키(길가메시 서사시에서는 에아)는 왕이며 정결한 사제였던 아트라하시스(길가메시 서사시에는 우트나피슈팀)을 찾아가 갈대 벽 너머로 혼자 말하듯이 대홍수에 대한 이야기를 전해 준다.

"갈대 집을 허물고 큰 배를 만들라."고 경고하였다.

『구약성서』「창세기」에서는 바로 야훼(YHWA)가 타락한 인류를 멸종시키기 위해 대홍수를 일으킨 것으로 되어 있으며, 노아를 찾아가 방주를 만들라고 경고를 하였다. 내용은 다소 차이가 있을 지라도 가장 핵심인 방주를 만들게 한 점은 동일하다. 이러한 점을 미루어 볼 때 수메르 신화의 엔키(Enki)와 『구약성서』 야훼(YHWA)는 동일 인물로 볼 수 있다.

엔키(Enki)는 동부 셈 어(語)(아카드 어)로 에아(Ea)라고 불리며, 에아(Ea)는 물의 신이란 뜻이다. 그리고 히브리 어가 속해 있는 서부 셈 어에서는 에야(Eyah)라고 불리게 되었다.

'에야(Eyah)' 또는 '야(Ya)'는 『구약성서』에서 나오는 수많은 신의 이름 가운데 야훼(Yahweh)를 줄인 형태이다.

『구약성서』「출애굽기」 3장 13, 14절에 나오는 시내 산에서 모세와 신의 대화에서 모세가 **"그들이 내게 묻기를 그의 이름이 무엇이냐 하리니 내가 무엇이라고 그들에게 말하리까?"** 라며 신의 이름을 묻는 질문에서 야훼는 **"나는 스스로 있는 자(I AM WHO I AM)"** 라고 대답을 했다고 번역되어 있다.

그러나 서부 셈 어인 히브리 어에는 אֶהְיֶה אֲשֶׁר אֶהְיֶה (에예허 아셸 에예허 'eh-yeh; 'ă-šer 'eh-yeh;)라고 되어 있는데 고고학자 데이비드 롤은 이것을 **"Eyah asher Eyah"** 라고 풀었다. 즉 **"에야(Eyah), 기쁨의 에야(Eyah)이다."** 로 풀었다. 여기서 엔키, 에아, 야훼는 동일 인물임을 알 수 있다.

그리고 이 엔키(Enki)가 바로 천상에서 삼위산(아라랏 산)으로 내려온 반고(盤固)이며 야훼(YHWA)로 불리웠다. 『삼성기 전 하편』에서 반고는 '괴상한 술법을 즐기는 인물'로 표현되어 있다. 바로 엔키(Enki)가 과학의 신으로 여러 가지 창조의 술법을 즐겼음을 나타낸 말일 것이다. 그는 에덴동산을 만들 때 아담과 이브만 창조한 것이 아니라 과일나무와 생명과 나무도 만들고 흙으로 각종 들짐승과 공중의 각종 새들도 창조하였다고 하였다. 그 재주가 뛰어났음을 짐작케 한다.

'엔키', '에아', '야훼' 등은 본래 천상계에서의 이름이 아니라 인세에서 그 역할에 따라 인간들이 그를 부르던 존칭이었다. '왕'이나 '대통령' 등과 같이 그 존재에 대한 존칭이며 그의 이름은 아니었다는 것이다. 즉 그것은 '물의 신', '창조신', '과학의 신'에 대한 존칭이며 그의 천상계 본명은 바로 '반고'였다. 그러므로 『구약성서』의 야훼는 바로 1만 2천 년 전 한웅이 내려오실 때 길을 달리하여 내려왔던 반고(盤古)였던 것이다. 〈아트라 하시스〉 서사시의 내용에는 엔키, 즉 반고가 지중해 지역을 배정받았다고 되어 있다.

아누나키(천사)의 아버지인 안(An)은 하늘에 있는 그들의 왕이었다.
대법관은 용사 엔릴(Enlil)이었고, 사령관은 닌우루타였다.
그들의 보안관은 엔누기(Ennugi)였다.
신들이 손을 모아 제비뽑기로 나누었다.
안(An)은 하늘로 올라갔고, 그의 자손들은 땅에 남았다.
고리처럼 막힌 바다는 왕자 엔키(Enki)에게 주어졌다.

'고리처럼 막힌 바다'는 바로 지중해를 뜻한다. 엔키, 즉 반고는 서쪽 지중해 지역의 지배권을 받았던 것이다. 이곳에서 그는 에덴동산을 건설하였다.

야훼(반고)와 그 일행은 아담과 하와를 창조하고 그들을 '사람(The men)'이라고 이름 하였다. 그리고 각종 열매 맺는 나무와 짐승들까지 창조하여 에덴동산을 창설하고 그곳에 창조인간을 데려다 놓고 지상낙원을 이룩하고자 하였다.

『구약성서』「창세기」에 따르면 강이 에덴(Eden)에서 발원하여 흘러내려 오다가 동산(에덴동산)을 적시고 거기서(동산)부터 갈라져 비손 강, 기혼 강, 티그리스 강, 유프라테스 강의 네 강의 근원이 되었다고 하였다. 에덴이란 곳은 네 강줄기가 발원될 만큼 높은 지역이란 것을 알 수 있다.

즉 동산의 위쪽에 강이 발원된 높은 지역이나 산이 있으며 그 곳이 바로 에덴(Eden)이라 불리는 곳이고, 여기서부터 강이 발원되어 흘러오다가 동산(에덴동산)을 적시고, 이 에덴동산으로부터 다시 네 강이 생성되었다고 설명하고 있다. 이들 중 티그리스 강과 유프라데스 강은 오늘날까지 알려진 이름이고 나머지 기혼 강은 카스피 해로 흘러드는 오늘날의 아라스 강이라고 한다. 이 아라스 강은 8세기까지 만해도 가이훈 강이라 불렀으며, 이 강이 바로 기혼 강이다. 나머지 하나 비손 강은 아직 밝혀지지 않았지만 유프라데스 강 인근에서 발원하여 흑해로 흘러드는 할리스 강으로 짐작된다.

따라서 에덴은 강줄기가 발원되는 높은 지역으로 바로 아라랏 산을 의미한다. 다시 말해 한웅께서 태백산으로 내려오셔서 정상 부근에 신시(神市)를 세우고 백성들을 다스렸듯이 반고(야훼)는 삼위산(아라랏 산)으로 내려와 정상 부근에 에덴(Eden)을 세우고 백성들을 다스렸던 것으로 볼 수 있다. 아르메니아 신화에서는 아라랏 산이 하나님의 집으로 묘사되고 있는데 이는 아마 반고(야훼)가 이 산으로 내려와서 문명을 전했기 때문일 것이다.

에덴은 반고(야훼)의 중심 정부가 세워진 곳이다. 이 에덴으로부터 강이 발원되어 서남쪽으로 흘러내려 가다가 넓은 동산을 적시고 유프라데스 강으로 흘러들어 갔는데 그 넓은 동산이 바로 에덴동산이었던 것이다.

따라서 에덴동산은 하나의 작은 동산이 아니라 비교적 넓은 지

해발 5,137m, 직경 40Km의 대 아라랏[Greater Ararat] 산

역을 의미하고 있으며, 유프라데스 강과 티그리스 강, 그리고 아라스 강과 할리스 강의 발원지를 모두 아우르는 지역으로 아라랏 산 서쪽 아래에 넓게 펼쳐진 평원지대일 것으로 짐작된다. 이 평원에서 네 개의 강이 발원되고 그 중심 부근의 어느 동산에 낙원을 건설하고 그곳을 '에덴동산'이라 불렀다.

최초의 창조인간이었던 아담과 하와는 세상의 고난과 인생의 고뇌를 모른 채 에덴동산에서 살아가고 있었다. 그러나 동산 중앙의 선악과를 따먹지 말라는 금기사항을 어김으로부터 여자는 잉태를 하게 되고 자식들이 태어나게 됨으로부터 남자들은 노동을 해야만 하는 고통과 고난은 시작되었다. 그리고 더 이상 낙원의 이상은 실현될 수 없게 되었다.

이에 대해 수메르 신화에는 '금지된 실과'를 생식기능을 사용하는 것을 말하고 있다. 원래 창조인간은 생식능력이 없었으나

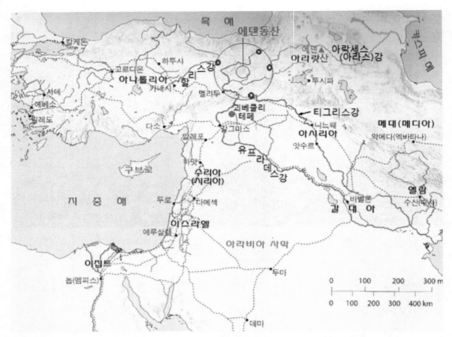

4대강의 발원지와 그 중심에 에덴동산으로 예상되는 지점

사람을 창조하기에 지친 창조자들 중 한 명이 이들에게 생식기
능을 부여했다는 것이다.

즉 창조신들의 금기사항을 누군가가 깨뜨리면서 이후 사람이
겪게 되는 모든 고난의 발단이 되었다고 볼 수 있다. 그 누구를
「창세기」에서는 '뱀'이라고 표현하였다. 야훼(반고)는 선악을
알게 된 아담과 하와가 생명나무의 실과를 따먹고 영생을 할까
두려워 이들을 에덴동산으로부터 추방하고 문을 닫아 버렸다.

추방당한 아담과 하와는 자식을 낳고 토지를 갈며 일반 인간들
과 같은 삶을 영위하게 되었다.

최근 유프라데스 강과 티그리스 강의 상류가 서로 만나는 지점에 위치한 터키의 괴베클리 테페(Gobekli Tepe)의 낮은 동산에서 약 1만 1천 600년 전의 거석유적지가 발굴되었는데 그 규모나 수준이 상상을 초월할 정도이다.

5m가 넘는 거석의 비석을 둥글게 배치하고 그 표면에 정교하게 동물의 형상을 조각하거나 고급 의상을 입은 사람형상을 조각해 두었는데 이곳은 아마도 제전(祭奠)을 올리는 신전으로 사용할 목적으로 건립되었을 것으로 분석된다.

터키 괴베클리 테페의 11,600년 전 거석 유적지와 정교한 벨트를 한 사람 돌비석

허리에 정교한 벨트를 차고 있는 사람 모양의 사각 거석도 세워져 있었는데 이와 비슷한 모양을 한 조각상이 근처 유적지에서 발굴되었다. 그런데 그 형상이 마치 현대인이 우주복을 입은 모양을 하고 있어 많은 의문을 자아내게 한다.

뿐만 아니라 뱀 모양의 조각상이나 뱀과 나무와 사람의 모양을

새긴 상형문자 판 등이 발견되었다. 따라서 이곳은 반고에게 제
사를 올렸던 신전이었을 것으로 짐작된다.

　이 유적지 주변에서 현대 밀의 원종이 발견되었는데 바로 이곳
이 밀 농사가 시작된 근원지로 보고 있다. 따라서 에덴동산에서
추방된 아담의 후예들이 이 부근에서 수렵 생활을 하고 밀 농사
를 지으며 살았을 것으로 본다.

우주복 차림을 한 인물조각상(좌)과 정교한 허리벨트 모양이 부조된 돌비석(중).
뱀 조각(우 상). 뱀과 나무와 사람의 형상을 한 상형문자(우 하) 등
모두 1만 1천 600년 전의 유물들이다.

　이후 아담과 하와에게서 자식들이 났고 이들 사이에 일어난 갈
등으로 인하여 많은 문제가 일어나면서 창조인간들의 후예들이
역사를 엮어 나가게 된다. 그 역사가 『구약성서』「창세기」에 기
록된 내용들이다.

　『아담이 그 아내 하와와 동침하매 하와가 잉태하여 가인을

낳고 이르되 "내가 야훼로 말미암아 득남하였다." 하니라. 그가 또 가인의 아우 아벨을 낳았는데 아벨은 양치는 자이었고 가인은 농사하는 자이었더라. … 이후 가인은 땅의 소산으로 제물을 삼아 야훼께 드렸고 아벨은 자기도 양의 첫 새끼와 그 기름으로 드렸더니 야훼께서 아벨과 그 제물은 열납하였으나 가인과 그 제물은 열납하지 아니하신지라 가인이 심히 분하여 …』

– 구약, 창세기 4장 1~5절 –

『그후 그들이 들에 있을 때에 가인이 그 아우 아벨을 쳐 죽이니라.』

– 구약, 창세기 4장 8절 –

반고(야훼)는 제견(諸畎), 즉 유목민의 조상이므로 가인의 농작물이 아닌 아벨의 양을 열납하게 된 것이다.

이후 가인은 아벨을 죽이고 에덴의 동편 놋 땅에서 살게 되는데, 그곳에는 이미 아담과 이브의 후손이 아닌 다른 종족들이 살고 있었다. 『구약성서』「창세기」의 가인과 야훼의 대화에서 이러한 내용을 확인할 수 있다.

『가인이 여호와께 고하되 내 죄벌이 너무 중하여 견딜 수 없나이다. 주께서 오늘 이 지면에서 나를 쫓아 내시온 즉 내가 주의 낯을 뵈옵지 못하리니 내가 땅에서 피하여 유리하는 자가 될 찌라. 무릇 나를 만나는 자가 나를 죽이겠나이다. 여호와께서 그에게 이르시되 그렇지 않다. 가인을 죽이는 자는 벌을 칠 배나 받으리라 하시고 가인에게 표를 주사 만나는 누구에게든지 죽임을 면케 하시니라. 가인이 여호와의 앞을 떠나 나가 에덴 동편 놋 땅에 거하였더니 아내와 동침하니 그가 잉태하여 에녹을 낳은지라. 가인이 성을 쌓고 그 아들의 이름으로 성을 이름하여 에녹이라 하였더라.』

- 구약, 창세기 4장 13~57절 -

창세기의 아이러니가 명확히 표현되는 부분이다. 『구약성서』에 야훼가 천지를 창조하고 에덴 동산을 만들고 또한 아담과 이브를 만들었고, 그 아들 가인과 아벨을 유일한 지상의 인간으로 표현하였다. 그런데 아벨을 죽인 가인이 에덴의 동쪽으로 떠날 때 "무릇 나를 만나는 자가 나를 죽이겠나이다."라고 말하고 있다. 이 말속에 지상에는 이미 야훼가 창조하지 않은 다른 종족들이 살아가고 있었음을 표현하고 있다. 즉 야훼가 에덴 동산을 만들기 전에 이미 지상에는 수천 년 동안 한인(桓仁)께서 감군하셨던 12한국(桓國)이 건재하고 있었고, 이 당시는 한웅(桓雄)에 의해 다스려지고 있었다. 가인이 건너갔던 '에덴의 동쪽 놋 땅'이라 표현되었던 그곳은 바로 12한국 중의 한 나라인 수밀이국이 자리하고 있었다. 가인은 수밀이국으로 들어가 그곳의 여인과 결혼을 하여 자식을 낳고 정착하였으며 이후 가인의 후예들이 이 땅에서 존속하게 된 것이다.

에덴의 동편이란 아라랏 산(에덴)의 동쪽 지역에 자리 잡았음을 말함이다.

즉 가인이 아라랏 산 부근, 오늘날의 아르메니아나 카스피 해 쪽으로 옮겨가 수밀이국에 소속되어 정착하였으며, 그 후손들이 홍수가 나기까지 약 2,000년 동안 번성하였던 것이다.

그러나 이들은 노아의 홍수를 맞이하여 대부분 멸절하고 그 수밀이국의 후손 일부가 살아남아 다시 메소포타미아 지역으로 내려와 자리 잡고 농업을 기반으로 한 도시국가를 형성하였으니 그것이 바로 역사의 수수께끼로 남아 있는 수메르국이다. 이 수메르 국이 바로 수밀이국에서 파생된 명칭이다.

4. 대홍수의 멸절기와 인간 추수

아벨이 죽고 가인은 떠나니 이때 아담과 하와에 의하여 다시 셋이 태어났으며 그 가계를 이어서 노아가 나오고 셈·함·야벳이 태어나게 되었다.

이때는 아담으로부터 20대를 이어 내려온 때로 야훼(반고)가 내려온 지 약 2천 400년이 경과한 후였다[14]. 야훼(반고)가 창조한 인간들은 크게 번성하였지만 타락의 양상도 보이고 있었다. 특히 문제가 되었던 인간들은 하늘에서 내려온 하늘인간과 아담의 후손들 사이에서 태어난 혼혈아였다. 그들의 타락 양상은 걷

---

14) 9,200년 전 홍수가 나기 전 120년을 계산한 년도.

잡을 수 없이 번져 갔다. 이대로 두어 지상을 더 이상 어지럽게 할 수도 없는 노릇이었다. 따라서 야훼(반고)는 비장한 결단을 하게 된다. 즉 인간의 씨종자가 될 수 있는 자는 갈무리하여 거두고 나머지는 대 홍수로 휩쓸어 버리기로 작정했던 것이다.

수메르 점토판의 기록에는 대홍수의 결정은 판테온(지상신계)에서 결정된 것이라고 되어 있으며 엔키는 자신이 창조한 인간을 측은히 여겨 진실한 자는 살려두기로 했다고 기록되어 있다. 그러나 이것은 가인의 후손들이 자신들의 조상을 창조한 신에 대한 호의적인 생각에서 기록한 것이며 실제 창세기에 기록되어 있는 야훼의 생각은 판테온의 신들보다 더 단호함을 알 수 있다.

인간의 생각은 인간의 죄가 많아 신이 심판을 했다고 하겠지만 실제 이때는 우주의 법칙상 가을시대에서 겨울시대로 넘어가는 정점의 시기가 닥쳐오던 때로 씨종자를 고르기 위한 필연적인 자연재난이었다고 볼 수 있다.

『사람(men)이 땅 위에 번성하기 시작할 때에 그들에게서 딸들이 나니 하늘의 아들들(sons)[15]이 사람의 딸들의 아름다움을 보고 자기들이 좋아하는 모든 여자를 아내로 삼는지라. 야훼(Jahweh)께서 이르시되 나의 영이 영원히 사람과 함께 하지 아니하리니 이는 그들이 육신이 됨이라. 그러나 그들의 날은

---

15) 여기서 말하는 하늘의 아들들은 야훼의 아들들이 아니라 하늘에서 지상에 내려온 천인(天人)들이란 뜻이다. 야훼(반고)가 지상에 있을 때 이 천인들도 함께 지상에 있었다. 이 천인들은 육신을 지니고 천상에서 지상으로 내려온 자들로 인간의 딸을 취해 자식을 낳았다는 말이다.

120년이 되리라 하시니라.

당시에 땅에는 네피림(Nphilim)[16]이 있었고, 그 후에도 하늘의 아들들이 사람의 딸들에게로 들어와 자식을 낳으니 그들은 용사라. 고대에 명성이 있는 사람들이었더라. 야훼(Jahweh)께서 사람의 죄악이 세상에 가득함과 그의 마음으로 생각하는 모든 계획이 항상 악할 뿐임을 보시고, 땅 위에 사람 지으셨음을 한탄하사 마음에 근심하시고 이르시되 내가 창조한 사람을 내가 지면에서 쓸어버리되….』

- 구약, 창세기 6장 1~7절 -

노아의 홍수에 대한 전설은 그 상황을 대변해 주는 한 단면을 보여주고 있다.

유대인의 교육서인 『탈무드』에 기록된 아브라함의 조상들과 『구약성서』에 기록된 아브라함의 조상의 계보는 16대의 차이가 난다. 『구약성서』에서 16대를 누락시킨 것이다. 그러므로 『구약성서』로 노아의 홍수시기를 계산한다는 것은 무의미하다. 이것은 오랜 세월 구전으로 전승되어 내려온 역사적 사실이었다. 그러므로 그 역사적 의의는 새길지라도 그 시기에 대한 논의는 큰

---

16) 천상계에서 내려온 천인들과 지상에서 창조된 인간 사이에서 태어난 혼혈아. 「에녹서」 7장에는 지상으로 내려온 천사 200명이 서약하고 합세하여 지상 인간의 딸들을 취하여 그 사이에서 혼혈아들이 태어났는데 거인을 낳았다고 되어 있다. 이 거인들은 인간이 땀 흘려 수확한 열매를 남김없이 모두 먹고 인간이 더 이상 양육할 수 없게 되자 인간에게까지 눈을 돌렸다고 한다. 결국 그들은 새와 짐승과 땅에 기어 다니는 생물과 물고기를 잡아먹고 이것도 모자라게 되자 서로 잡아먹으며 피를 빨기 시작했다고 한다. 그리하여 온 땅은 유혈과 포학으로 충만하였다고 되어 있다.

의미가 없을 것이다.

『탈무드』에는 아담에서 노아에 이르기까지 20대[17]를 내려갔다고 하였다. 그 당시 노아의 조상들은 모두 1,000세의 장수를 누렸고, 평균 100세에 아이를 낳았다.[18] 1,000세의 장수를 누렸다는 것을 오늘날 100세도 살기 힘든 우리의 입장에서는 이해하기 어려운 말이지만 그것은 아담을 창조한 유전인자가 하늘에서 내려온 아누나키(Anu-naki, 천사)의 것들이었기 때문에 우리와는 달랐다. 『4차원 문명세계의 메시지』에 따르면 한웅이나 반고가 내려온 그 샤르별은 평균 수명이 350세이며, 하루의 길이가 지구시간으로 72시간이라 한다. 샤르별의 하루는 지구의 3일이며, 샤르별의 1년은 지구의 3년이다. 따라서 아누나키의 지구에서 평균 수명은 1,050세가 된다. 아담의 유전인자 역시 아누나키의 것을 바탕으로 창조되었으므로 그 수명은 1,000세가 되었던 것이다.

구약성서나 수메르 신화에 보면 그들이 친족 간에 결혼하는 경우가 많은데 이것은 그 순수혈통을 유지하여 수명을 줄이지 않으려는 노력으로 보인다.

여하튼 아담에서 노아홍수가 나기까지 1,556년의 시간[19]이 경

---

17) 1.아담 2.셋 3.에녹스 4.(아키비엘) 5.(아루세크) 6.게난 7.마할랄렐 8.(우라키바라미엘) 9.야렛 10.에녹 11.므두셀라 12.라멕 13.(타미엘) 14.(다넬) 15.(아자엘) 16.(삼사피엘) 17.(요미아엘) 18.(투렐) 19.(하메크) 20.노아 [*갈호는 누락된 인물들.]
18) 아담에서 9대 라멕까지 956년이 경과되었으므로 평균 100세에 아이를 낳았다.
19) 『구약, 창세기』 5장에서는 아담에서 노아까지 10대이고, 아담에서 노아홍수까지는 1,556년이 경과한 후로 계산된다.

과한 후였다고 하니 실제 누락된 10대 약 1,000년을 더하면 대략 2,556년이 지났을 때 노아홍수가 났다고 보여진다. 즉 지금으로부터 약 9,400년 전에 노아홍수가 있었다고 계산된다. 실제 해수면의 증가로 볼 때 약 9,400년에서 9,200년 전에 홍수가 일어났을 가능성이 가장 크다. 『환단고기』에서 한국(桓國)의 역사 시작 시점을 BC 7199년(지금으로부터 약 9,200년 전)으로 잡는 것도 홍수로 멸절하고 새로운 역사가 시작된 때가 바로 이때였기 때문일 가능성이 높다.

한편, 구약성서에는 홍수가 일어나기 전 당시 상황을 다음과 같이 기록하고 있다.

『… 큰 깊음의 샘들이 터지며 하늘의 창문들이 열려 사십주야를 비가 땅에 쏟아졌더라. … 물이 많아져 방주가 땅에서 떠올랐고 물이 불어나 십오규빗(6.8m)이나 오르니 천하의 산들이 다 잠겼더라. … 물이 150일 땅에 넘쳤더라. … 150일 후 물이 땅에서 줄어들고 일곱째 달 열이렛날 방주가 아라랏 산[20]에 머물렀더라.』

― 구약, 창세기 7장 11절, 18~20절, 8장 3~4절 ―

20) 현재 터키 동남쪽에 있는 산으로 최고봉은 5,137m이다. 노아 방주가 닿았다는 전설이 전해 온다. '아라랏'이란 이라크의 아시리아 인들이 인도-이란의 왕국 '우라르투'를 부른 아카드어이다. 우라르투 왕국은 BC 590년 경에 근동지방에 많은 영향을 끼친 왕국으로 초기에는 터키 고원과 러시아 아르메니아 공화국 사이의 '반' 호(湖) 부근에 살았으며 점차 영토를 넓혀 북쪽으로는 코카서스 산맥, 서쪽으로는 시리아 북부까지 이르는 광대한 지역을 통치했다. 따라서 '아라랏 산'이란 장소는 오늘날 아르메니아, 이란, 이라크, 터키 사이의 어느 지역에 있는 산 가운데 하나를 가리키는 말로 오늘날 아라랏 산을 가장 유력시하고 있다.

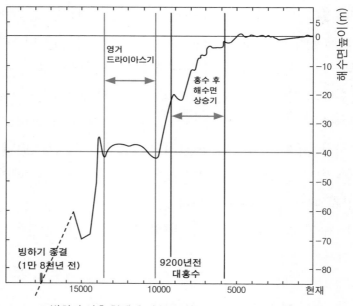

빙하기 이후 현재에 이르기까지 해수면 변화 그래프

깊음의 샘들이 터진다는 것은 화산이 폭발하여 깊은 땅속의 용
암이 솟구친다는 것이고, 하늘의 창문이 열린다는 것은 빙하가
녹아 대량의 수증기 증발로 두껍게 덮여 있던 구름층이 화산재
로 인해 응결되면서 무너져 내렸다는 뜻이다. 그러므로 폭우가
사십 일 주야를 내렸던 것이다. 강우량이 6,800mm(6.8m)에
이르니 물이 강을 빠져 나가지 못하고 산을 덮었다. 그 기간이
150일이고 물이 줄어들기까지 7달(280일)이다.

물이 280일을 빠져나가지 못했다면 이 홍수는 국지적인 홍수
라고 볼 수 없다. 국지적인 홍수로는 280일 동안 물이 빠져나가
지 못할 수가 없다. 그러므로 당시 전 세계적으로 여기저기 화산

폭발이 있었고 두껍게 덮고 있던 구름층이 무너지면서 세계적인 홍수가 닥쳐왔을 것이다. 강수량 7m에 이르는 대홍수가 밀어닥쳤다면 아마 저지대에 있었던 인류는 모두 물에 휩쓸려 내려가 멸절하였을 것이다. 그리고 해수면은 높아졌고 문명을 가진 도시들은 영원히 바다 아래로 수몰되고 말았을 것이다.

결국 야훼(반고)는 자신이 창조한 인간 중에 노아와 그의 아내 그리고 세 아들과 세 며느리만 추수하게 된 것이다. 결국 창조인간의 씨종자는 8명이었다.

이 전설은 후대 중국역사상 서방민족 서이(西夷) 족의 우두머리였던 문왕(文王)에게까지 전해졌고, 문왕(文王)이 지은 주역(周易)의 팔괘에 여덟 식구를 새겨 넣었으니 부(父)·모(母)·장남·장녀·중남·중녀·소남·소녀로 표현하였으며, 노아 방주를 의미하는 '배 선(船)' 자는 배[舟]에 여덟[八] 식구[口]가 타고 넘어왔다고 표현하였던 것이다.

이 시기에 한웅은 일단의 추수를 마치고 다가오는 겨울시대를 대비하여 12한국의 백성들을 인도하였다. 하지만 자연의 대변환의 시점에서 벌어진 엄청난 환란 속에서 모든 무리를 다 구하지는 못하였다. 인류는 1만 2천 년의 역사의 순환주기 속에 또 한 번의 대 멸절기를 맞이하게 되었던 것이다.

이때 살아남은 백성들은 9한(桓)에 64민족이라고 표현하였는데 그 수가 얼마인지는 알 수 없다. 『태백일사』「삼신오제본기 1」에는 이를 다음과 같이 표현하고 있다.

천해(天海) · 금악(金岳) · 삼위(三危) · 태백(太白) 은 본디 구한(九桓)에 속한 것이며, 9황(皇)의 64민(民)은 모두 그 후예이다. 그러나 일산일수(一山一水)가 각각 한 나라가 되매, 사람들도 역시 서로 따라가 경계를 나누니 경계에 따라서 나라를 달리하게 되었다.

… 대저 구한(九桓)의 족속은 나누어 다섯 인종(人種)이 되고, 피부의 색과 모양을 가지고 구별을 짓게 되었다. … 색(色)과 족(族)은 다음과 같다. 황부인(黃部人) 은 피부가 좀 누렇고 코는 튀어나오지 않았고 머리털은 검고 눈은 펑퍼짐하며 청흑색이요, 백부인(白部人)은 피부는 밝고 뺨은 높고 코도 크며 머리털은 회백이며, 적부인(赤部人)은 피부가 녹 쓴 구리색이요, 코는 낮아 뭉퉁하며 이마는 넓고 뒤로 기울고 머리털은 곱슬머리로 황부인과 비슷하며, 람부인(藍部人)은 풍족(風族)이라고도 하며 또 야자나무 색깔의 인종이라고도 한다. 그 피부는 암갈색으로 모양은 오히려 황부인과 같다.

원래 다섯 인종이었으나 여기서는 네 인종을 기술하였다. 그리고 그 피부색이나 모양의 구분을 보면 9한(桓)은 전 세계의 인종을 거의 모두 포함하고 있음을 알 수 있다. 그런데 여기서 12한국(桓國) 중 9한(桓)만을 언급한 것은 수밀이국을 포함한 3개의 나라는 모두 서방에 속했기 때문으로 보인다.

홍수에서 살아남은 소수의 인류들은 이후로도 계속되는 폭우와 해빙으로 지상의 낮은 곳에 살 수 없게 되자 한웅을 따라 모두 북쪽으로 이동하였다. 그곳은 오늘날 바이칼호 부근으로 추정하고 있다. 북쪽은 비록 추운 지방이기는 하였지만 지속적으로 일어나고 있었던 해빙기의 홍수를 피할 수 있는 곳이었다. 뿐만 아니라 바이칼호 주변은 넓은 초원지대와 천혜의 자원들이 풍부하였으므로 목축과 수렵 등이 비교적 용이한 곳이었다. 한웅은 이곳에 다시 신시(神市)를 열고 배달국을 이어갔다.

5. 겨울시대 시련의 시기-새로운 정착지를 찾아서…

홍수 후 약 9천 년 전에서 약 6천 년 전까지는 계속된 해빙으로 해수면은 계속 증가했고 잦은 홍수로 한 곳에 정착하여 농사를 짓는 것은 매우 어려웠다.

그래서 그들은 고지에서 소규모 농업에 종사하면서 수렵에 의존하여 살아가거나 아니면 대부분 초원을 떠돌며 유목생활에 길들여지기 시작했다. 고지의 소규모 촌락 위주의 수렵·농업생활이나 유목생활은 체계적인 교육과 지식의 누적이 일어나기가 매우 어려우므로 문명의 발전은 일어나지 않고 오랜 암흑기를 보내야만 했다. 그 기간이 약 3,000년간이다. 이때는 1회년(會年)의 겨울시대에 해당하는 시기였다.

바이칼 호 부근에 자리 잡고 새롭게 열었던 신시(神市)는 과거 태백산에서 열었던 신시와는 규모나 여러 면에서 비교가 될 수 없었으나 여전히 신선의 후예들이 살아가는 신선문화가 있었고, 그 신시의 지배하에 9한(桓) 64족의 백성들이 일산일수(一山一水)에 흩어져 살고 있었다. 그러나 대부분은 바이칼 호 주변에 모여들어 집단촌을 형성하며 살았던 것으로 추정되며, 이들을 배달족이라 부른다. 이 배달족들이 이후 동이족의 원류가 된다. 배달족들은 홍수 후 어느 정도 기후가 안정되자 점차 남쪽으로 이동한 것으로 보인다. 이 시기는 대체로 홍수가 끝나고 200여 년이 지난 지금으로부터 약 9,000년 전에서 8,000년 전 사이에 점차 따뜻한 남쪽으로 이동이 시작된 것으로 보인다.

바이칼 호 주변엔 여러 소수민족이 살고 있는데 이중 부리야트 족은 최대의 소수민족으로 현재 인구 약 40만 명이 살고 있다. 이들은 유전적으로나 풍습 등이 우리 한민족과 매우 닮은 점이 많다.

오리를 조각하여 나무 꼭대기에 꽂아 놓는 '솟대'나 '서낭당' 등 우리와 유사한 풍습을 간직하고 있고, 아기를 낳으면 탯줄을 문지방 아래 묻는 전통이나, 천한 이름을 지어주어야 오래 산다고 믿어 개똥이와 같은 '개'의 뜻인 '사바까'란 이름이 흔하다. 이는 한민족의 토속신앙과 샤머니즘의 기원이 바로 이곳에서 비롯됨을 알 수 있게 한다.

부여는 원래 북방에서 내려왔다고 하는데 그렇다면 부여의 근원지가 바로 바이칼 호에 근거지를 둔 부리야트 족일 가능성을 볼 수 있다.

부리야트(Buriyat)에서 '~트'는 원래 단체, 족속을 나타내는

바이칼 호의 일혼 섬에 있는 불한 바위산(바이칼 샤먼의 중심지가 된 곳이다)

말로써 복수형의 접미사이다. 그렇다고 '~족'이라고 표현한 것이 아니라 '한국사람들'과 같이 '~사람들' 정도의 의미로 볼 수 있다. '부리야~'는 '불랴~'로 부여(夫餘)의 초기 표기인 불여(不黎 : 만주어로는 부려)이다. 여기서 'ㄹ'음이 탈락되어 '부여'가 되었다. 즉 부리야트(Buriyat)는 '부여 사람들'이란 뜻이 된다.

배달국의 후손이 세운 나라가 단군조선이고, 훗날 단군조선은 '대부여'가 되었다가 다시 '북부여'로 이름을 바꾸고, 이후 고구려와 백제로 이어지게 된다.

그러므로 한민족의 근원은 바로 바이칼 호에서부터 남하해 내려왔다고 볼 수 있겠다. 유전적으로도 부리야트 인과 한민족은 매우 유사하다는 것이 조사되었다. 혈액 속의 감마(Gm)항체를 만드는 유전자를 조사하는 방법으로 하는 연구에서 'ab3st'라는 감마유전자는 북방계 아시아 인의 특징을 나타내는 지표이다. 남방계 아시아 인에게 많이 나타나는 유전자는 'afb1b3'이다. 북방계 유전자 'ab3st'의 비율이 가장 높은 사람들은 바이칼 호 주변에 살고 있는 부리야트 인으로 드러났다. 이것은 북방계유전인자의 근원이 바로 바이칼 호임을 입증해 주는 과학적인 증거라 하겠다. 이러한 유전인자는 몽골·만주·한국·부리야트를 비롯한 동시베리아 인에게 높은 비율로 나타나며 생김새와 풍습 등이 매우 비슷하다.

한국인은 북방계 감마항체(Gm)가 약 80%, 남방계 감마항체(Gm)가 약 20%정도이며, 몽골인은 북방계 감마항체(Gm)가 약 90%, 남방계 감마항체(Gm)가 약 10%정도 차지한다고 한다. 감마항체의 높은 비율의 순서대로 나열해보면 부리야트, 몽골, 일본, 한국, 중국북부, 중국남부 순이다. 중국남부는 북방계 유전자 비율보다 남방계 유전자 비율이 높게 나타난다. 그런데 일본이 한국보다 높게 나타난다. 이것은 섬에 고립되어 있으므로 외부에서 유입되어 일어나는 혼혈이 적게 일어났기 때문으로 보인다. 한국도 남부지방이 오히려 북부지방보다 북방계 유전자 비율이 더 높게 나타난다.

이러한 민족이동의 양상은 당시 가장 대표적인 유물인 빗살무늬 토기의 이동경로와 분포를 보아 짐작할 수 있다. 빗살무늬 토

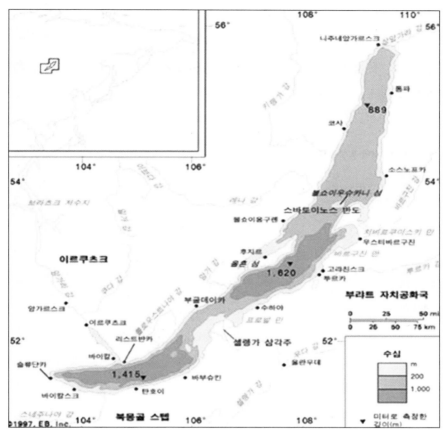

바이칼호의 위치와 주변 지명

기는 대략 BC 8000년경부터 BC 1500년(1만 년 전~3,500년
전)까지 제작되었던 것으로 대홍수 이후 바이칼호를 중심으로
민족이 뻗어 나간 경로를 알아볼 수 있는 좋은 지표가 된다.
　빗살무늬 토기는 주로 수렵·채집과 아울러 소규모 농업을 위
주로 하였던 동이족들의 대표적인 유물이다. 이 역시 바이칼호

를 중심으로 동남쪽으로 요하, 만주, 연해주, 한반도, 일본까지 분포하며, 서북쪽으로는 시베리아의 오브 강 유역에서 우랄산맥을 넘어서 볼가 강 상류를 거쳐 핀란드와 스칸디나비아 반도에까지 이른다.

빗살무늬토기는 요하문명의 홍산문화(紅山文化) 유적지에서도 발굴되었으며, 특히 싱룽와문화(興陸窪 홍룡와文化) 유적 최하층에서 대거 발견되어 이곳이 바로 동이 문화의 본산임을 알 수 있게 했다. 싱룽와문화(興陸窪文化) 유적에서 발견된 토기들은 대체로 BC 6000년(약 8,000년 전)에 제작된 것으로 추정되는데, 거의 동시대에 한반도에서도 이러한 빗살무늬 토기가 발견되었다.

강원도 양양군 손양면 오산리 신석기 유적지에서 발견된 빗살무늬 토기 역시 BC 6000년 경(약 8,000년 전)에 제작된 것이다.

좌로부터 양양 오산리 유적지 토기(BC 6000),
싱롱와문화 유적지 토기(BC 6000~BC 5000), 홍산문화 토기(BC 4700~BC 3000)

홍산문화나 싱롱와문화가 나타나는 지역은 요하강을 중심으로 일어나는 요하문명이다.

요하문명이 발견되기 전까지는 황하문명이 4대문명의 발상지로 동양에서 문명이 가장 먼저 일어난 문명의 발상지로 알고 있었다. 그러나 요하문명이 발굴되면서 이곳이 가장 이른 시기에 일어난 문명임이 밝혀졌다.

마치 서양의 메소포타미아 지역의 수메르 문명이 서양문명의 토대가 된 것처럼 동양문명의 기원이 되는 곳이 바로 요하문명이다. 대륙에는 크게 세 곳에서 문명이 일어났는데 요하문명은 BC 7000년에서 BC 1500년(약 9,000년 전에서 3,500년 전)까지이고, 황하문명은 BC 4500년에서 BC 3000년(약 6,500년 전에서 약 5,000년 전)까지, 그리고 장강문명은 BC 5000년

에서 BC 2600년(약 7,000년 전에서 약 4,600년 전)까지 일어
난 문명으로 이 세 문명은 모두 다른 특징을 가지고 발전하였
다. 산동지방에서 일어났던 대문구문화(BC 4100년~BC 2600
년)는 요하문명의 홍산문화의 영향을 그대로 받은 곳으로 한반
도와 마찬가지로 동이족이 이동하여 세운 문명권이다. 따라서
황하문명은 요하문명의 영향력을 받으며 형성된 문명으로 보아
야 한다. 그러므로 요하문명, 황하문명, 장강문명 이 세 가지 문
명이 혼합되면서 훗날 중국의 문명이 일어나게 되었던 것이다.

그러나 한반도는 주로 요하문명의 영향 내지는 이동에서 일어난 동일한 문명권이라고 볼 수 있다. 요하문명 중에 특히 홍산문화는 청동기 문명은 보이지 않고 주로 정밀하게 옥기를 가공한 옥기문화인데 이 옥의 원산지가 바로 압록강에서 머지 않는 수암(岫岩)이란 곳이다. 이것은 한반도와 동일문명선상에 있음을 의미한다.

그리고 홍산문화의 꽃이라면 '우하량' 유적(BC 3500년)이다. 이곳에는 거대한 적석총과 여신묘(女神廟)가 나왔는데, 이 적석총은 제단을 갖춘 피라미드 형태를 띠고 있었다. 이곳에는 이런 형태의 적석총이 많이 발견되는데 가장 큰 것은 한 변이 60m가 넘는 거대한 적석총이다.

피라미드식 거대 적석총. 먼 거리 사진(왼쪽)과 가까운 거리 사진(오른쪽).
7층 피라미드 구조의 적석총이다.
밑변이 60m×60m이고 남쪽에는 60m×40m의 제사터가 있다.(우실하 교수 제공)

이러한 형태의 적석총은 고구려 수도였던 집안의 국내성 터에 수십 기가 널려 있다.

이들 중 가장 대표적인 것이 바로 한 변이 30m의 장군총이다.

홍산문화 우하량 적석총 복원도(KBS 방송국제공)

중국 집안시 산성하 고분군의 피라미드식 적석총

그런데 이 장군총보다 우하량의 적석총이 2배나 큰 규모이다.

이 적석총에 이어 중요한 유적이 바로 여신묘(女神廟)인데 이
곳은 여신을 모시는 사당을 말하는 것으로 홍산문화 당시 성소
였던 것으로 보인다.

제단을 갖춘 한변의 길이가 60m에 달하는 거대한 피라미드

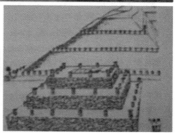

피라미드식 적석총 고구려 장군총(위)과 서울시 송파구 석촌동 백제의 피라미드식 적석총 조감도 (왼쪽 사진)과 일본의 피라미드식 적석총(오른쪽 사진). (우실하 교수 제공)

적석총과 여신을 모시는 사당을 갖춘 형태라면 이미 부족단계를 넘어선 초기 국가형태를 갖춘 상태라고 보아야 한다. 지금으로부터 약 5,500년 전 이곳 홍산문화는 이미 초기 단계의 국가를 갖추고 있었으며, 여신을 모시는 것으로 보아 고대로부터 전승되어 내려왔던 모계사회의 풍습을 따르고 있었다고 볼 수 있다.

당시 웅족이나 호족들은 모두 모계사회를 기반으로 하고 있었으며, 이러한 모계사회가 성장하여 초기단계의 국가를 형성하기에 이른 것으로 보인다.

웅족이나 호족 등 여러 부족국가들은 당시 신시(神市)의 가르침을 따르던 배달국의 9한(桓) 64족의 무리들이었다.

여신상의 실제 얼굴형상과 여신상을 복원한 모습(실물의 3배 크기)

한편 홍수 후에 노아의 자식들인 셈·함·야벳의 후손이 다시 번성하였다.

『성경』「구약성서」창세기 제 9장에 이들에 관하여 적혀 있다.

『방주에서 나온 노아의 아들들은 셈과 함과 야벳이며, 함은 가나안의 아비노라. 노아의 세 아들로 좇아 백성이 온 땅에 퍼지니라.

노아가 농업을 시작하여 포도나무를 심었더니 포도주를 마시고 취하여 그 장막 안에서 벌거벗은 지라. 가나안의 아비 함이 그 아비의 하체를 보고 밖으로 나가서 두 형제에게 고하매 셈과 야벳이 옷을 취하여 자기들의 어깨에 메고 뒷걸음쳐 들어가서 아비의 하체에 덮었으며 그들이 얼굴을 돌이키고 그 아비의 하체를 보지 아니하였더라.

노아가 술이 깨어 그 작은 아들이 자기에게 행한 일을 알고 이에 가로되 가나안은 저주를 받아 그 형제의 종들의 종이 되기를 원하노라. 또 가로되 셈의 하나님 야훼를 찬송하리로다. 가나안은 셈의 종이 되고 하나님이 야벳을 창대케하사 셈의 장막에 거하게 하시고 가나안은 그의 종이 되게 하시기를 원하노라.』

- 구약, 창세기 9장 18~27절 -

노아의 세 아들이 포도주 사건을 계기로 장차 그 행보를 달리하게 될 것임을 나타내고 있다.

이들 삼형제의 후손들이 포도주 사건을 계기로 곧바로 행보를 달리한 것은 아니라고 본다. 이것은 노아가 장차 삼형제의 후손들이 살아가게 될 미래에 대한 예언과 같은 말이었다고 볼 수 있다.

홍수 후 초기에는 노아가 정착하였던 아라랏 산 인근에서 삼형제의 후손들이 번성하였던 것으로 짐작된다. 노아는 처음 포도 농사를 지었다고 구약성서에 기록되어 있는데 아라랏 산 아래 아르메니아 지역은 세계에서 가장 오래된 포도주 양조장으로 사용되었던 동굴이 발견되었다. 그 년대는 약 6,000년 전까지 거슬러 올라간다. 그리고 최근 아나톨리아 반도의 다마스커스에서 포도를 압착하는 데 사용한 것으로 추정되는 약 8,000년 전의 유물이 발견되었다.

포도 농사가 노아로부터 짓기 시작했다고 본다면 홍수 직후 약 9,200년 전부터 아라랏 산 아래 아르메니아 고원에서 포도 농

제1장 잃어버린 인류 역사를 찾아서 · 111

사가 행해졌다고 볼 수 있다. 이것이 이후 노아의 자손들에 의해 다른 지역으로 퍼져나갔을 것이다.

메소포타미아는 포도 농사에 적합지가 아니므로 메소포타미아 북부지역에서는 약 6,000년 전에 포도 농사가 행해졌음이 밝혀졌고 남부 수메르 지역에서는 이보다 훨씬 후에 포도 농사가 행해졌다. 그리고 이집트에서도 약 6,000년 전 포도 농사가 행해졌다고 한다.

이후 셈과 야벳, 그리고 함의 후손들이 번성하자 목축을 위한 초원이나 적합한 농경지를 찾아 다른 지역으로 이동해 가면서 이들의 후손들이 동서남북으로 흩어져 나가게 되었다.

처음에는 아라랏 산에서 가까운 아나톨리아 고원지대(소아시아 터키지역)나 흑해 북부, 그리고 메소포타미아 등지로 이동해 나갔을 것이다.

중앙 아나톨리아 지방의 꼰야(konya) 시 남동쪽 42km 지점

에서 발견된 차탈휘이크 고대 유적지는 약 9,000년 전의 대규모 집단 거주지임이 밝혀졌다.

약 4만 평 지역에 인구 약 8,000명이 집단적으로 거주했으며 이들은 농경 정착민으로 간단한 관계농업을 실시하였고, 사슴이나 가젤 등을 사냥했다. 유물로는 도끼머리, 맷돌, 가죽제품, 도기, 흑요석으로 된 거울 등이 있으며, 납을 제련하여 납 비드(Bead, 구멍뚫린 구슬)를 제조하였다. 이들이 이미 발전된 문명을 지녔음을 짐작케 한다.

이들은 두 곳의 취락지를 형성했는데 동쪽 언덕은 BC 7400년에서 BC 6000년까지 약 1,400년간을 살았고 이후 서쪽 언덕으로 옮겨 BC 6200년에서 BC 5500년까지 약 700년간을 이곳에 거주하였다. 다시 말해 약 9,400년 전부터 7,500년 전까지 1,900년간 이곳에서 대규모 도시를 형성하고 살았던 셈이다.

이 취락지에서 대규모 홍수의 흔적은 발견되지 않기 때문에 적

차탈휘이크 유적지 발굴 현장과 도시 모양을 복원한 상상도

어도 노아홍수 이후에 지어진 건물들로 보아야 한다. 이것이 지금까지 발견된 세계 최초의 대규모 집단 주거지역이다. 노아의 후손들이 이곳으로 이동하여 왔는지는 확실치 않다. 그러나 이곳에서 다산과 풍요를 상징하는 풍채가 좋은 여신상이 발견되었는데 이를 미루어 짐작컨대 홍수 이전 초고대로부터 이어져 내려오는 전통적인 모계사회 풍습이 남아 있으며, 이것은 적어도 노아 후손들의 풍습은 아니라는 것이다.

차탈휘이크에서 발견된 풍요와 다산을 상징하는 대모신(大母神)상

　그렇다면 노아의 홍수에서 인류가 멸절되었다는 것은 아담의 후예들을 말함이고, 다른 족속들은 홍수의 피해는 보았으되 살아남은 자들이 다수 있었음을 의미한다. 하늘은 언제나 씨종자를 남기는 법이다. 아담의 후손들 중에는 노아의 가족 8명이 씨종자로 남았듯이 다른 종족 역시 그 씨종자가 남아서 명맥을 유지해 왔다고 보아야 할 것이다.

그러므로 소수였던 노아의 후손들이 이곳 아나톨리아 지역으로 이주하여 왔다고 할 지라도 결국 기존의 원주민들과 교류 내지는 혼인 혼혈로 맺어지는 과정을 거치면서 종족이 뻗어 나갔으리라 보여진다.

노아의 후손들은 노아의 조상들에 비해 그 수명이 급격히 짧아지고 있다. 노아는 950세를 살았던 반면 그 아들 셈은 600세를 살았고, 셈의 아들 아르박삿은 438세를 살았으며, 아르박삿의 아들 셀라는 446세, 셀라의 아들 에벨은 474세, 에벨의 아들 벨렉은 302세, 벨렉의 아들 르우는 249세, 르우의 아들 스룩은 230세, 스룩의 아들 나홀은 178세, 나홀의 아들 데라는 205세, 데라의 아들 아브라함은 175세를 살았다. 이것은 바로 혼혈로 인한 유전자 혼합에서 비롯된 것으로 보아야 한다.

차탈휘이크 지역으로 이주해 온 노아의 후손은 야벳 족의 달시스이다. 달시스는 노아의 증손자이다.

원래 노아는 아담의 셋째 아들 셋의 후손들로 유목민족이었다. 이러한 유목민족의 특성은 항상 목초지를 따라 이동하는 습관상 농경민족처럼 오랫동안 한 곳에 정착하지 않고 빠른 속도로 여러 지역에 걸쳐 종족이 퍼져 나가게 된다.

불과 몇 대를 내려가지 않아 노아의 후손들은 각기 다른 지역으로 뻗어 나가게 된다.

먼저 야벳의 후손의 분포지역을 살펴보면 아라랏 산의 서쪽과 북쪽으로 흩어져 이동하였으며 아나톨리아(소아시아)지역에 정착하였으며, 이후 더욱 북쪽으로 뻗어 나가 유럽까지 진출하게

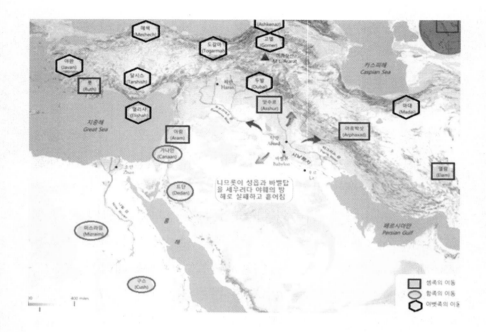

된다.

　그리고 셈의 후손은 아라랏 산의 동남쪽과 티그리스 강의 상류 지역, 그리고 아시리아 지역으로 나아가 이후 아시리아 인과 유대 인의 조상이 되었다. 셈의 아들 엘람은 페르시아(이란)지역으로 이동하였고, 앗수르는 티그리스 상류 즉 지금의 이라크 북쪽에 자리 잡았다. 아람은 메소포타미아 북쪽 즉 지금의 시리아 지역에 정착했다.

　그리고 아르박삿은 동쪽 자그로스 산맥쪽으로 갔으며, 룻은 아나톨리아(소아시아) 서부 해안가에 정착하였다.

　마지막으로 함의 아들은 구스와 미스라임과 붓과 가나안인데, 구스는 북아프리카 오늘날의 에티오피아 지역에 정착했고, 미스라임은 애굽(이집트), 붓은 아프리카 홍해 연안에 정착했으며, 가나안은 수리아의 팔레스타인에 정착했다.

구스가 스바, 하윌라, 삽다, 라아마, 십드가 등 여러 아들을 낳고 또 니므롯을 낳았는데 그는 당시 흩어진 족속들을 모으고 제국을 건설하고 최초의 왕이 되었던 인물이다. 이에 대해『구약성서』에 언급되어 있다.

『구스가 또 니므롯을 낳았으니 그는 세상에 첫 용사라. 그가 여호와 앞에서 용감한 사냥꾼이 되었으므로 속담에 이르기를 아무는 여호와 앞에 니므롯 같이 용감한 사냥꾼이로다 하더라.

그의 나라는 시날(수메르) 땅의 바벨과 에렉(우르)과 악갓(아카드)과 갈레(니프르)에서 시작되었으며, 그가 그 땅에서 앗수르로 나아가 니느웨와 갈라 사이의 레센을 건설하였으니 이는 큰 성읍이라 …』

－「창세기」 10장 8~12절 －

니므롯은 그의 용맹과 지혜로 당시 메소포타미아에 흩어져 있던 족속들을 통합하고 스스로 왕이 되었던 인물로 보인다.

그 지역은 고대 바빌론제국(BC 2000년~BC 1595년)에 필적할 만큼 넓은 지역으로 각 도시에 성읍을 구축하고 모두 자기의 지배하에 두려고 하였던 것으로 보인다.

그런데 여기서 한 가지 의문점은 니므롯은 노아의 증손자로, 노아로부터 겨우 3대에 걸쳐 내려왔을 뿐이다. 아무리 많은 자

손들을 번성시킨다 하더라도 불과 몇백 년 사이에 제국을 형성
할 만큼 많은 인구는 번성시키지 못했을 것이다. 이 역시 당시
이미 이 지역에는 셈 족, 야벳 족, 함 족 외에 다른 민족들이 번
성하고 있었다고 보아야 한다.

니므롯이 지배하였던 성읍들과 니므롯 제국의 예상 영역

　니므롯이 메소포타미아 남부 시날로 들어올 당시 이미 야벳 족
과 셈 족들은 다른 지역으로 이동이 일어나고 있었던 시기이다.
니므롯이 노아의 증손자이고 구스의 여섯 번째 아들이므로 홍수
로부터 약 200여 년이 지난 시기로 볼 때 이때는 대략 BC 7000
년(약 9,000년 전)으로 추정할 수 있다.
　이 시기에 니므롯은 대부분 함 족들을 통솔하여 시날로 들어

갔을 것이다. 이곳에서 그는 매우 뛰어난 사냥솜씨로 주위 다른 족속들의 추앙을 받게 되고 결국 나라를 세우게 되었다고 보여진다.

그리고 메소포타미아 여러 지역에 성읍을 건설하고 흩어진 백성들을 성읍으로 집중시켜 도시를 형성케 하고 그들을 다스려 나갈 강한 구심점을 세우고자 하였다. 그것은 바로 종교의 통일이었을 걸로 보여진다.

니므롯은 종교를 통일하기 위해 거대한 바벨탑을 건립했던 것이다.

그런데 니므롯이 바로 이 바벨탑을 건립하면서부터 문제가 발생되게 된다.

여기에 대한 내용이 『구약성서』에 기록되어 있다.

『온 땅의 구음(말)이 하나이요 언어가 하나이었더라. 이에 그들이 동방으로 옮기다가 시날 평지를 만나 거기 거하고 서로 말하되 자, 벽돌을 만들어 견고히 굽자 하고 이에 벽돌로 돌을 대신하여 역청으로 진흙을 대신하고 또 말하되 자, 성(城)과 대(臺)를 쌓아 대(臺) 꼭대기를 하늘에 닿게하여 우리 이름을 내고 온 지면에 흩어짐을 면하자 하였더니 여호와께서 인생들이 쌓는 성과 대를 보시려고 강림하셨더라. 여호와께서 가라사대 이 무리가 한 족속이요 언어도 하나이므로 이같이 시작하였으니 이후로는 그 경영하는 일을 금지할 수 없으리로다. 자, 우리가 내려가서 거기서 그들의 언어를 혼잡케하여 그들로 서로 알아듣지 못하게 하자 하시고 야훼께서 그들을 온 지면에 흩으신 고로 그들이 성 쌓기를 그쳤더라. 그러므로 그 이름을 바벨이라 하니 이는 여호와께서 거기서 온 땅의 언어를 혼잡하게 하셨음이니라. 여호와께서 거기서 그들을 온 지면에 흩으셨더라.』

- 「창세기」 11장 1~9절 -

여기서 말하는 바벨탑은 서양인들이 상상으로 그린 둥글고 높은 탑 모양이 아니라 바로 신을 모시는 신대(神臺)를 말하는 것으로 지구라트를 말하는 것이다. 지구라트는 피라미드와 비슷한 형태로 지어진 것으로 바로 신을 모시고 제사를 지내는 신대(神臺)를 의미한다. 즉 신(神)을 모시고 종교의식을 하기 위해 그들이 바벨탑을 쌓아 올렸는데 문제는 니므롯이 이 바벨탑에 안치하고 섬길 신이 야훼가 아니라 '마르두크'였다는 점이다.

이러한 점은 훗날 신바빌로니아를 건립한 나보폴라사르 왕에게 마르두크가 나타나 무너진 바벨탑을 다시 세우라고 명령하였고, 이에 따라 그는 다시금 한 변의 길이가 91m, 높이가 90m에 달하는 거대한 지구라트를 세우게 된다.

신바빌로니아 시대에 나보폴라사르와 그 아들 네부카드네자르 2세(느브갓셀)에 의해 지어졌던 지구라트는 바로 고대 니므롯이 세웠던 바벨탑을 다시 재건한 것이었다.

마르두크(Marduk)는 바벨론 지역의 수호신으로 고대 바빌로니아와 신바빌로니아에서 신앙했던 지역신이다. 바빌로니아 신

피테르 뷔르헬(1525년~1569년)의 바벨탑 상상도와 네부카드네자르 2세
비석의 실제 설계도를 바탕으로 그린 바벨탑의 모습

화에서 '태양의 아들'이자 주신(主神)으로 주술과 주문의 신이기도 하다. 뜻은 "태양의 어린 황소(숫송아지)" 벨(Bel)이라는 칭호가 있다. 벨(Bel)은 원래 히브리어로 '주인'이란 뜻으로 신을 지칭하는 의미로 사용되었다. 이것은 가나안 지역에서 수호신으로 믿는 바알(Baal)과 동일한 의미이다. 훗날 모세를 따라 애굽(이집트)를 탈출했던 유대민족이 우상으로 송아지 상을 만든 것은 바로 가나안에서 믿어 왔던 수호신인 바알(Baal)을 상징한 것으로 볼 수 있다. 송아지와 바알은 구약성서에는 우상의 대표적인 표징이다. 그것이 바로 마르두크(Marduk)를 상징했던 것이다.

여호와의 입장에서는 니므롯이 자신을 섬기지 않고 바벨론 지역의 지역신인 마르두크를 섬긴다는 것이 도저히 용납될 수 없는 일이었을 것이다.

왜냐하면 니므롯의 선조인 노아와 함을 대홍수로부터 구출하여 다시금 지상에 번성케 한 장본인은 다름 아닌 여호와인데 니므롯은 그 은혜도 모른 채 다른 신을 섬기기 위해 높은 바벨탑을 쌓아올린다고 하니 어찌 용납될 수 있었겠는가. 그리고 이것을 묵과하고 방치했다가는 훗날 돌이킬 수 없는 결과를 낳게 될 것이므로 여호와는 니므롯 족속, 즉 니므롯을 추종하는 함 족들을 흩어버리기로 작정했던 것이다. 그리하여 여호와는 북쪽의 셈 족의 나라를 시켜 니므롯 제국을 파멸시키고 니므롯을 추종하였던 함 족들을 여러 지역으로 흩어버림으로써 다시는 자신 외에 다른 신을 섬기지 못하게 하려했다.

당시 여호와가 어떻게 니므롯을 멸망시켰는지에 대한 기록은 남아 있지 않다.

하지만 『구약성서』「창세기」의 내용을 보면 유추해석할 부분이 등장한다.

『그의 나라는 시날땅의 바벨과 에렉과 악갓과 갈레에서 시작되었으며 그가 그 땅에서 앗수르로 나아가 니느웨과 르호보딜과 갈라와 및 니느웨와 갈라 사이의 레센을 건축하였으며…』

- 창세기 10장 10~12절 -

이 부분을 살펴보면 '그' 라고 칭하는 이가 바로 니므롯인데 바로 함의 손자이며 구스의 아들이다. 여호와 앞에서 특이한 사냥꾼으로 묘사된 니므롯은 주변세력을 규합하여 함 족을 통일하고 강력한 니므롯 제국을 건설하였다. 그런데 니므롯은 셈의 아들인 앗수르의 영토를 침범하고 그곳을 자신의 영토로 만들어 버린다. 이에 성서학자들은 성경의 내용상 자신들의 영토를 빼앗긴 셈 족이 힘을 규합하여 니므롯의 제국을 멸망시켰다고 하는 데 큰 이견이 없다고 한다.

성경에는 아브람의 조상이 되는 셈의 아들 아르박삿에 대하여는 자세히 기록했지만 둘째 아들인 앗수르의 후손에 대한 자세한 기록은 없다. 아마도 앗수르가 함의 후손인 니므롯의 영토 확장 때 맞서 싸우지 못하고 니므롯의 추종자로 전락하였기 때문이라고 추측된다. 여호와는 셈의 후손들에게 힘을 실어주어 니므롯을 멸망시키고 함족들을 흩어버렸을 것으로 추정된다.

그렇다면 여호와가 말한 '언어를 혼잡케하여 그들이 서로 알아듣지 못하게 하자'라고 한 것은 무엇을 의미하는 것일까?

니므롯과 그 족속들, 즉 함 족들이 언어가 동일하면 또다시 뭉쳐서 니므롯과 같은 일을 저지를까 두려워 그들의 언어를 혼잡케하여 다시는 뭉치지 못하게 하려는 의도가 보인다. 사람들이 사용하고 있는 언어를 어떻게 인위적으로 혼잡하게 만들어 버릴 수 있겠는가? 그것은 니므롯을 따르던 함 족들을 파멸시켜 다른 이방의 족속들에게 종으로 팔아넘김으로서 자신들의 언어를 사용치 못하게 했다고 볼 수 있다. 노아가 자신의 수치를 본 함에게 '가나안은 저주를 받아 그 형제의 종들의 종이 되기를 원하노라.'고 한 것이 바로 이를 두고 한 말로 볼 수 있다. 가나안은 함의 아들로서 함 족을 대표한다고 볼 수 있다. 당시 노아의 후손들은 다른 지역으로 뻗어 나가 그 지역의 원주민들을 지배해 나갔으므로 그들을 형제의 종들로 본다면 함 족들을 그 원주민의 종으로 만들어 자신의 언어조차 사용하지 못하게 함으로써 그 민족성을 말살시켜 버리려 했던 것으로 볼 수 있다. 따라서 니므롯이 무너지고 난 후 그 성읍에 살던 함 족들은 포로로 잡혀 이집트나 기타 다른 이방인들에게 노예로 팔려 나갔을 가능성을 예측해볼 수 있다.

그러나 훗날 가나안의 후손인 아모리 족이 다시금 고대 바빌로니아를 세우고 마르두크를 그들의 주신으로 모셨으니 여호와의 입장에서는 통탄할 노릇이 아닐 수 없었을 것이다.

고대 바빌로니아에서 마르두크를 주신으로 삼게 된 계기는 BC 1800년경 함무라비 왕이 바빌로니아의 제 6대 왕으로 즉위하면서 부터이다. 그는 수도 바빌론에 성벽을 쌓고 마르두크를 주신으로 하고 각지에 신전을 세워 이를 통해 중앙집권제도를 확립했다. 이후로 마르두크은 근동지역에서 주신(主神)의 자리를 획득하여 '벨 마르두크' 또는 '바알 마르두크'라 불리며 숭배의 대상이 되었다.

따라서 여호와는 끝없이 노아 후손들에게 신앙심의 고취를 강조해 왔고 또 한편으론 끝없이 다른 이방인이 믿던 지역신의 도전을 받아 왔던 것이 당시의 상황이었다. 이 역사가 훗날 모세에 의해 하나의 종교서로 집대성되면서 『구약성서』가 나오게 되었고, 유대종교가 형성되기에 이른 것이다.

한편 니므롯이 무너지고 함 족들이 흩어질 그 시기에 셈의 아들 아르박삿의 후손이 3대에 이르러 에벨에게 벨렉과 욕단이라는 두 아들이 있었다. 이들은 바벨탑의 사건이 일어날 무렵 그들의 무리를 이끌고 서로 다른 방향으로 이동하였다.

『에벨은 두 아들을 낳고 하나의 이름을 벨렉이라 하였으니 그때에 세상이 나뉘었음이요, 벨렉의 아우의 이름은 욕단이며 … 욕단은 알모닷과 셀렙과 하살마웻과 … 요밥을 낳았으니 이들은 다 욕단의 아들이며, 그들의 거하는 곳은 메사(이란 동북부에 있는 메샷)에서부터 스발로 가는 길의 동편 산이었더라. … 이들은 노아 자손의 족속들이요 그 세계와 나라대로라. 홍수 후에 이들에게서 땅의 열국 백성이 나뉘었더라.』

- 구약, 창세기 10장 25~32절 -

벨렉은 아르박삿이 있던 자그로스 산맥에서 다시 서쪽으로 이동을 하여 이후 아브라함으로 혈통이 이어지며, 욕단과 그의 무리들은 험준한 동쪽의 산악지형으로 이동을 시작하였으니 이들이 바로 동방으로 건너온 서이(西夷), 즉 서융(西戎) 또는 견융(犬戎)의 원류가 된다.

그러므로 서이(西夷)족들의 먼 조상들은 중앙아시아에 널리 분포한 셈 족의 일파로써 동방으로 건너온 셈 족계열로 볼 수 있다.

『상서(尙书)』「우공(禹贡)」편에

三危旣宅 《孔傳》 三危爲西裔之山也
삼 위 기 댁　공 전　삼 위 위 서 예 지 산 야

라고 하였는데 '삼위는 그들의 본 고향이다.'는 뜻이다. 공안
국(孔安國)이 붙인 주석인 《공전》은 '삼위는 서쪽 후예들의 산이
다.'고 하였으니, 서이(西夷)의 출발점이 바로 곤륜산 서쪽에 있
었던 삼위산, 즉 아라랏 산이었음을 알 수 있다.

욕단은 13명의 아들을 데리고 동방으로 옮겨갔다. 욕단의 후
손들은 원래 목축을 하며 살았으므로 그들은 초원을 따라 이동
하는 방목생활을 하였다.

당시 초원지대는 메소포타미아 지역에서부터 천산산맥 북쪽을
경과하여 오늘날 몽고지역까지 길게 펼쳐져 있었다. 오늘날은
거대한 사막이지만 고비 사막도 당시는 초원지대였다.

따라서 이들은 방목을 하며 목초지를 따라 점차 동쪽으로 건너
가다 보니 천산산맥을 넘어 우루무치와 돈황 쪽으로 이동해 왔
던 것이다. 훗날 그들이 정착한 땅에 다시 삼위산의 이름을 붙였
으리라. 그것이 오늘날 돈황의 삼위산이다.

이들이 이동해 온 경로가 바로 훗날 비단길이 되었다. 사마르
칸트─타라즈─우루무치에 이르는 길을 천산북로 비단길이라고
한다.

서방으로부터 이동해 온 반고의 후손들은 대륙의 서쪽에 자리
잡고 유목(遊牧)을 위주로 하였다. 유목에서 가장 중요시 하는
것은 양과 소를 몰고 다니는 개[견(犬)]이다. 개로써 가축 농사를

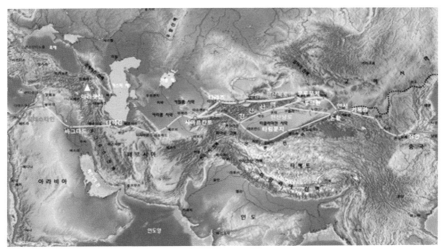
욕단 후손의 이동경로와 실크로드

짓는다 하여 견(畎)이라고 하는 것이다.

그러므로 이들을 견이(畎夷, 犬夷)라 하며 견융(犬戎)·서융
(西戎)·서이(西夷) 라고 불렀던 것이다. 주(周)나라를 세운 주족
(周族)의 조상들은 서이족(西夷族)이다.

『맹자』「이루장구(離婁章句)」편에 보면 '문왕은 기주(岐周)에
서 태어나고 필영(畢郢)에서 죽었는데 서이(西夷)의 사람이다.'[21]
라는 구절이 나온다.

중국 25사(史) 중 사마천의 『사기(史記)』에는 주나라가 화족
(華族)이라고 기록하고 있으나, 『사기』를 제외한 나머지 24사
(史)는 공손 헌원의 후손인 구려족, 묘족, 곤오족 등의 국가로 적

---

21) 孟子曰 文王生於岐周 卒於畢郢 西夷之人也.

고 있고 중국역사학계에는 동이족계의 선비족에서 나온 서융(서이)국가로 설명되어 있다. 이러한 주나라 민족원류의 혼란상은 주나라가 주족(周族)과 동이족(東夷族)이 결합되어 이루어졌기 때문에 일어나는 혼란상이다. 그러나 주족과 동이족은 엄연히 다른 두 가지 혈통으로 보아야 한다. 왜냐하면 주족(周族)은 서방에서 건너온 셈 족계열이며, 동이족(東夷族)은 원래 대륙에 터전을 잡고 있던 배달족의 후예들이기 때문이다.

현재 발굴된 주나라 때의 묘 중에서, 특히 초기의 서주(西周) 시대 묘는 자주 백인종의 특징을 지닌 두상(頭像)과 벽화, 복식 등이 발견된다.

이는 은나라 묘의 전형적인 황인족계 동이족의 특징을 지닌 청동기 인면상과는 확실히 구분되는 점이다.

1975년 북경 창평 백부의 서주(西周) 초기 묘에서 출토된 청동인면상은 인도유럽인의 특징을 나타내며, 1976년 감숙성 영대현(靈臺縣) 백초파(白草坡)의 서주(西周) 묘에서 출토된 청동인면상은 명백히 백인종의 특색을 나타낸다.

그리고 1980년에 발견된 섬서성 부풍현(扶風縣)의 서주궁전유적지(西周宮殿遺跡址)에서 출토된 두 개의 서주시대 방조(蚌雕) 인두상은 코가 높고, 눈이 깊으며[高鼻深目], 머리에 단단하고 높은 모자를 쓰고 있다. 이는 중앙아시아에 거주하는 셈 족의 인면상과 완전히 일치한다.

그리고 그중 하나의 머리에 '十'자 ['巫'자]를 새기고 있는데 이 부호는 BC 5,500년 전 서아시아 할라프(Halaf) 문화[22]에서

16. 蚌雕人头像   17. 蚌雕人头像

섬서성 부풍(扶風) 서주(西周) 궁전유적지 출토된 방조(蚌雕) 인두상

유래하는 것이다.

주나라 후기(동주)로 가면 초기(서주) 때와 같은 백인계 특징이 사라졌다고 한다. 소수의 주족(周族)이 다수의 동이족(東夷族)과 동화되어 수백 년을 흘러오는 동안 혼혈이 거듭되면서 초기 주족들이 가지고 있었던 서양인의 특색을 사라졌을 것이다. 그러나 비록 외형은 변했을지라도 그들의 혈통 속에 남아 있는 문화적인 특징은 민족의 혼(魂)이 되어 면면히 이어져 내려왔으므로 아직까지 자신들을 '반고의 후손'이라고 하는 것이다.

그리고 최근 인간의 식습관에 따라 달리 나타나는 위 속에서 기생하는 헬리코박트균의 유전형질을 조사하여 민족의 이동을 연구한 사례가 2003년 『사이언스지』에 발표되었다.

1번은 한국인인데 오로지 동북아시아 고유의 유전자만 나타내

---

22) 레바논과 이스라엘, 팔레스타인, 시리아, 아나톨리아 그리고 북메소포타미아 지역에서 등장하였고, 건조한 대지에서 농경생활을 영위하였다.

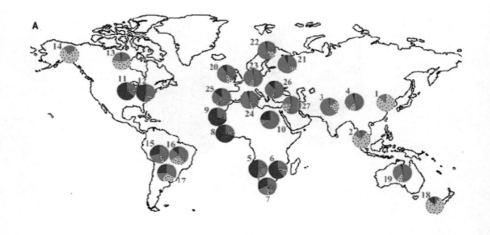

며, 2번의 동남아시아에도 많이 나타나고 있다. 그리고 18번 뉴질랜드에도 같은 경향이 나타나고 있다. 이는 9,200년 전 홍수 이전 순다 대륙이 하나의 대륙으로 붙어 있을 시 민족이 서로 교류되고 있었음을 나타낸다고 볼 수 있다. 그리고 13번과 14번의 북아메리카에도 한국인과 같은 형태의 헬리코박트균을 가지고 있는데 이는 홍수이전에 베링 해협이 떨어지기 전 건너간 동이족이라고 볼 수 있다.

그리고 남미의 15, 16, 17 번에 다시 한국인과 같은 헬리코박터균이 많이 나오는걸 알수 있다. 이미 중남미 역사학계에서는 베링 해협을 통하여 건너온 아시아의 고대 민족들이 자신들의 조상일 가능성이 매우 높다고 인정하고 이 사실을 거의 정설로 받아들인다. 아메리카 인디언의 DNA유형을 세계 DNA유형 분포도와 비교해 본 결과 그들의 DNA염기서열이 대만과 한국의 고대 인종과 관련있음이 밝혀졌다.그것을 뒷받침해주는 연구결과가 1996년 미국 게놈과학 연구소(TIGR)에서 남미 페루 아레키파 암파토 화산 주변에서 발견된 화니따 미라의 심장조직을 연구한 HV2 DNA검사이다. 고대 해수면의 변화 지도를 보면 베링 해협이 1만 2천 년 전까지는 붙어 있었지만 9,000년 전에는 해수면이 상승하면서 떨어져 있음을 볼 수 있다. 약 9,200년 전 대홍수로 해수면이 급격히 상승하면서 베링 해협이 떨어졌을 것으로 예상된다. 이로부터 아시아와 아메리카 대륙은 분리되게 되었고 더 이상 교류는 끊어지게 되었다.

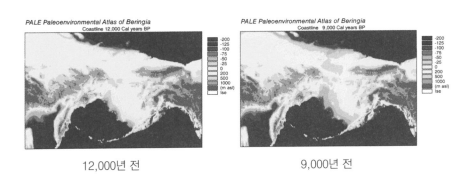

12,000년 전   9,000년 전

　그런데 27번 메소포타미아 지역에서 가장 많이 나타나는 헬리코박트균이 4번 중국에 많이 나타나고 있는데 이것은 홍수 이후 노아의 후손들이 건너와 혼혈을 이루었기 때문으로 분석된다. 27번의 메소포타미아 형태는 소아시아(26) 유럽(23), 아프리카 북부 이집트(10), 지중해(24, 25) 등지에 많이 분포되어 있는 것으로 보아 노아의 후손들이 많이 퍼져 나가 혼혈을 이루었음을 나타내는 것이다. 그리고 3번은 인도-유럽(아리안 족)인들이 이

러한 양상을 많이 보이는데 중국(4)과 메소포타미아(27), 유럽 (20, 21, 22, 23), 지중해(24, 25) 등지에 많이 보인다. 이는 노 아의 후손들과 유럽인도계가 혼혈을 이루었음을 나타내고 있다.

이처럼 동방의 배달족은 바이칼 호를 중심으로 점차 남하하면 서 요하지역과 길림의 목단강 지역과 연해주 등으로 뻗어 갔고, 그리고 한반도로 이동하여 훗날 동이족이 되었다. 그리고 서방 의 노아의 후손들은 아라랏 산을 중심으로 남쪽으로는 메소포타 미아 지역과 북아프리카 지역으로 뻗어 갔고, 서쪽으로는 아나 톨리아 고원을 거쳐 지중해 연안과 유럽으로 뻗어 갔으며, 북쪽 으로는 흑해와 카스피 해 주변으로 뻗어 갔고, 동쪽으로는 천산 을 넘어 중국서부에까지 진출하여 훗날 서이족이 되었다.

6. 새로운 역사가 시작되다.

한편, 이 유목민의 견이(畎夷)족들이 동방으로 이동할 즈음, 12한국중 하나인 수밀이국의 수메르 족들은 아라랏 산으로부터 계속해서 남쪽으로 이동을 한다. 유목을 위주로 하던 욕단의 후 손들이 풀을 따라 동방으로 이동해 갔듯이 농업을 위주로 하였 던 가인의 후예들은 비옥한 토지를 찾아 이동하였기 때문이다.

이들은 밀 농사를 위주로 하였는데 밀 농사의 특징은 연작을 하면 다음해 소출이 절반수준으로 떨어져버린다. 따라서 밀 농 사를 짓기 위해서는 계속 새로운 경작지를 찾아 다녀야만 했다.

따라서 이들은 비옥한 토지를 찾아 계속 남쪽으로 이동하여 비옥한 초생달의 삼각지 메소포타미아까지 이동하게 되었다.

이들이 바로 현대사에 그 신비함을 나타내는 수메르 문명을 탄생시킨다.

그러나 남부 메소포타미아 지역에 수메르 족들이 들어오기 훨씬 이전 이곳에는 원주민들이 문명을 이루고 있었다. 그것을 우바이드(Ubaid) 문화라고 한다. 우바이드 문화는 BC 6500년~BC 3800년(약 8,500년 전에서 5,800년 전)까지 남부 메소포타미아 지역의 우르에 인접한 우바이드 지역에서 번성하였던 문명이다. 그리고 더 나아가 이 우바이드 문화에 영향을 준 할라프(Halaf) 문화와 하수나(Hassuna), 사마라(Samarra) 문화와 같은 농경문화가 시리아 북부지역에 있었다.

할라프 문화는 BC 6100년에서 BC 5400년까지 번성한 농경문화로 보리재배, 가축사육과 함께 구리 제품과 칠무늬 토기를 만들었던 문화였다. 이 문화를 이룬 주역들은 노아의 후손인 셈족들의 일파로 보고 있다.

할라프 문화와 거의 동시대인 BC 6000년경에 하수나 문화가 있었다. 이러한 문명이 남부 메소포타미아 우바이드 문화에 영향을 끼쳤고 우바이드 문화는 BC 5300년부터 시작되어 BC 3800년경(약 5,800년 전)의 수메르 족들이 일으킨 우루크기까지 이어진다. 즉 수메르 족들이 메소포타미아의 원주민들을 지배하고 그 후 일으킨 수메르 문명이 바로 우르크기의 문명이다.

수메르 인들은 창조인간의 후손인 가인과 수밀이국의 인종들이 혼혈을 이룬 족속들이었다. 이들은 매우 발달된 농업기술과 도자기 제조기술 그리고 축성기술들을 갖추고 있었으며, 이 수메르 문명은 차후 서양문명의 기본 바탕이 되었다.

기나긴 3천 년의 겨울시대가 지나고 다시금 지구는 봄시대를 맞이하게 된다.

그들이 다시 정착하고 농경생활을 하며 문명을 발전시키게 되는 시기는 바로 지금으로부터 6,000년 전 해빙이 끝나고 본격적으로 날씨가 좋아지기 시작한 시점부터이다. 바로 이때 다시금 지상에 문명이 태동되기 시작했으니 흔히 오늘날 4대 문명 발상지라 불리는 곳은 모두 이때 일어난 곳들이다.

홍수가 있은 후 한웅은 살아남은 족속들을 이끌고 다시 신시(神市)를 열고 약 4,000년간을 교화하였다. 한웅이 오신지 약 2,800년 후에 홍수가 일어났으니 약 7,000년간을 교화한 셈이다.

한웅께서는 이렇게 오랜 세월을 교화하며 지상에 머무를 수 있었던 것은 신선(神仙)으로 화선(化仙)하여 불로불사하는 몸이 되셨기 때문이다. 여기서 우리가 한 가지 알고 넘어가야 할 것은 천상에서 내려온 천상종족이 신선의 삶을 영위한다고 하여 완전한 신선이 된 것은 아니다. 천상종족은 단지 수명이 1,000세에 가까워 지상종족보다 오래 장수하고 또한 고도의 과학문명을 가졌으며, 신선의 삶을 살아가는 신선문화가 있다는 것이지 모두 불로불사의 신선이 된 것은 아니다. 그들도 역시 수명의 한계가 있어 죽음을 맞이하였던 것이다. 그런데 한웅께서 신선이 되셨다고 하는 것은 바로 이 불로불사(不老不死)의 존재가 되셔서 완전한 신선으로 화선(化仙)하였다는 것이다. 이에 대한 내용이 『삼성기 전 상』편에 나와 있다.

『3.7일을 택하여 천신께 제사 지내고 밖의 물건을 꺼리고 근신하며, 문을 걸어 잠그사 스스로 주문을 외우며 몸을 닦아 공이 이루어지기를 바라더라. 약을 드시고 신선(神仙)이 되시니, 팔괘를 그으사 올 것을 알며 상을 잡으사 신(神)을 움직였다.』

이처럼 한웅께서 신선으로 지상에 살고 계시던 어느 날 웅족(熊族)의 여족장과 호족(虎族)의 여족장이 신시(神市)의 신단수(神檀樹)를 찾아와 그들도 천계(天界)의 무리에 속하게 해달라고 애원했다. 이에 한웅께서 그들에게 쑥 한 다발과 마늘 스무 개를 주며 경계하여 말하길 "너희들이 이를 먹고 백일동안 햇빛을 보지 않으면 쉽사리 인간다움을 얻으리라." 하니, 웅족 여인과 호족 여인이 삼칠일 동안 기(忌)하였는데 웅족 여인은 기한을 잘 지켜서 타이름을 따르며 인간다운 모습을 얻게 되었지만, 호족 여인은 게으르고 참을성이 없어서 금지하는 바를 제대로 시행하지 못하니 좋은 결과를 얻지 못하였다. 이는 두 종족의 성질이 서로 닮지 않았기 때문이다.

한웅께서 웅족의 여인과 호족의 여인에게 쑥 한 다발과 마늘 스무 개를 주면서 '이것을 먹고 백일동안 햇빛을 보지 않으면 쉽게 인간다움을 얻을 수 있다.'는 말은 오늘날 상식으로는 이해가 가지 않는 말이다. 그러므로 훗날 이러한 점을 이해하지 못한 역사학자들이 이 중대한 사건을 신화(神話)의 일부로 치부해 버렸던 것이다. 이것은 바로 지상의 종족이 신시(神市)의 천상종족과 교류하고 신시(神市)만의 신선문화를 지상종족에게도 받아 내리겠다는 의도가 내포되어 있는 것이다. 즉 지상 종족도 신선 문화를 배워 신선의 삶을 살려는 도전이었다는 것이다. 앞서 언급하였지만 천상의 종족들은 그 수명이 1,000세에 이르고 하늘을 마음대로 오르고 내리는 고도의 과학문명을 지녔으며, 불로 불사하여 영생을 얻는 신선술을 가지고 있었고, 신선의 풍류를 즐기는 신선문화를 지니고 있었던 것이다. 그것이 바로 신시(神市)에서의 삶이었다. 지상의 종족들이 어찌 그 천상의 삶이 부럽지 않았겠는가? 그러나 당시 지상종족들은 천상종족들을 신(神)으로 보고 있었기 때문에 감히 그러한 삶을 살아야겠다는 엄두를 내지 못했던 것이다. 그러나 오랫동안 한웅(桓雄)의 교화를 듣고 깨달음을 얻었던 배달족들은 드디어 지상종족도 신선이 될 수 있다는 자신감을 얻었을 것이다.

그래서 자신들도 신선의 삶을 살기 위해 신시(神市)로 한웅(桓雄)을 찾아가 그 방법을 물었던 것이다. 그러나 오랜 세월 수렵과 목축을 위주로 살아오며 짐승의 살과 피로 배를 채우던 그들의 혈통은 마치 짐승에 가까운, 어리석고 탐욕스러운 성품을 지니게 되었던 지라 쉽게 신선의 성품을 지니고 신선의 삶을 습득하기가 어려웠다. 따라서 한웅께서 그러한 성품을 없애고 신선

요녕성 평강(平崗)지구에서 출토된 금동출토장식(BC 2세기), (좌) 호랑이, (우)곰,
(중) 마늘과 쑥, (상) 삼족오(사진출처−박선희 저『고조선 복식문화의 발견』p319)

요녕성과 길림성 경계지역에 위치한 평강(平崗),
기원전 2세기 평강은 북부여(北夫餘 : BC 239~BC 38) 진조선 지역이었다.

의 삶을 가르치기 위해 이들 족속들에게 쑥 한 다발과 마늘 스무
개 만으로 백일을 견디고 수련할 것을 명하셨던 것이다.

호족들은 이를 참지 못하고 뛰쳐나가 버림으로써 다시는 신선의 삶을 배우고 신시의 가르침을 받을 기회를 영영 놓치고 말았지만, 웅족들은 잘 견뎌서 드디어 신시(神市)의 신선문화를 배우고 공유할 수 있게 되었던 것이다. 신선수련의 어려움을 극복하고 신선의 삶을 살게 된 웅족의 공주가 있었으니 그가 바로 웅녀이다.

이후 웅녀가 혼인할 곳이 없었으므로 신단수(神壇樹)에서 빌며 배필을 구하므로 한웅께서 그와 더불어 혼인하여 아들을 낳았으니 그가 바로 단군(檀君)이다. 그러므로 단군(檀君)은 신선(神仙)의 자식으로 태어났으니 그 후대 자손들은 모두 신선(神仙)의 혈통을 받은 것이다.

한웅(桓雄)은 안파견(安巴堅) 한인(桓因)의 직계 자식이요, 단군(檀君)은 한웅(桓雄)의 직계 자식이다. 그러므로 단군(檀君)의 혈통을 이어 받은 자손들은 모두 천계(天界) 사백력에서 내려온 한웅의 자손들이니 이를 일러 천손(天孫)이라 한다. **천손민족(天孫民族)**은 이에서 유래된 말이다.

한웅께서 이 땅으로 내려와 신선(神仙)이 되셨으니 7,000년을 다스리며 교화하신 것이다. 이제 지구는 새로운 봄시대가 태동되기 시작했으니 한웅께서도 다시 가을시대의 완성기를 기약할 수밖에 없었다. 그래서 자신의 직계 혈통을 남겨두고 자신이 내려온 사백력으로 돌아가시게 되었다.

신선(神仙)은 불로불사의 존재이니 지금도 한웅께서는 사백력에 계시며 이 땅이 다시 광명이세(光明以世) 이도여치(以道與治)

의 홍익인간(弘益人間) 되길 기다리고 계신다. 이에 대해 『규원사화』「단군기」에는 다음과 같이 전한다.

하늘궁전은 모든 선함이 열리고 모든 덕화의 근원이 되는 곳으로 뭇 영(靈)들이 보호하고 받드는 크게 길(大吉祥)하고도 크게 밝은(大光明) 곳이니, 이름하여 신향(神鄕)이라 한다. 생각건데 하늘의 천제(天帝)께서는 하늘 궁전으로부터 3천의 무리를 거느리고 내려와 우리들 임금의 조상이 되더니, 공덕을 온전히 함에 이르러 하늘로 향하여 신향(神鄕)으로 돌아가셨도다.

여기서 말하는 신향(神鄕)이란 바로 사백력을 말함이다.

지금까지 살펴본 대로 우리 천손민족의 역사는 그 시발점을 1만 2천 년 전으로 본다. 한웅천왕께서 7,000년을 다스리고 다시 천계로 되돌아가셨고, 그 직계 혈통인 단군이 지금으로부터 4,370여 년 전에 그 국통을 이어받았으니 도합 1만 2천 년의 역사가 되는 것이다. 『삼국유사』의 기록에 의하면 〈단군(檀君)은 … 아사달(阿斯達)에 숨어서 산신(山神)이 되니, 나이는 1,908세였다고 한다.〉라고 되어 있다. 상식적으로는 상상도 할 수 없는 사실이지만 『4차원 문명세계의 메시지』에 의하면 실제 단군은 불로불사의 신선으로 화선(化仙)하여 1,908세에 그의 부친의 고향인 사백력[23]으로 올라가 아직도 살아 계시며 지구수호신으로서의 역할을 다하고 계신다고 하였으니 『삼국유사』의 내용은 허구가 아니라 실제의 역사적 사실을 기록하고 있는 것이다. 유한한 틀 속에 갇힌 인간의 생각으로는 이해할 수 없는 사실이겠지만 이제 가을시대를 맞아 우리 인류도 신선을 직접 눈으로 보는 날이 오게 될 것이다.

　이러한 기록을 남겼던 천손민족의 역사서는 수없이 많았으나 많은 국란과 세월 속에 불타거나 소실되어 버렸다. 만약 이러한 역사서가 있었더라면 1만 2천 년의 천손민족의 역사를 고스란히 찾아낼 수 있을지도 모르겠지만 그 대부분을 잃어버린 현시점에서는 몇몇 남아 내려오는 사료(史料)를 바탕으로 우주변화의 법칙에 맞추어 그 역사를 증명할 수밖에 없다.

　인간은 순환하는 우주환경 속에 살고 있고, 그 영향을 벗어날 수 없으므로 인류역사와 문명은 반드시 우주변화의 법칙 속에 이루어지게 되어 있다.

　그러므로 옛사람들은 역사를 알면 도(道)를 알 수 있다고 역설하였던 것이다.

　이 말은 반대로 도(道)를 알면 역사를 알 수 있는 것이다.

　우주는 순환하는 주기 속에 돌아가므로 인류역사는 반드시 반복되게 마련이다.

　1회(會)는 1만 2천 년을 주기로 반복되므로 그 역사 역시 1만 2천 년을 주기로 반복되게 되는 것이다. 이것을 4철(哲)로 나누어 각 3,000년씩 새로운 환경이 돌아온다는 원칙을 알면 우리

---

23) 『4차원 문명세계의 메시지』에서는 '샤르별'이라고 기재되어 있음.

는 쉽게 시간의 흐름을 거슬러 그 역사를 파악할 수 있게 되는 것이다.

한웅천왕께서 이 땅으로 오신 때는 바로 지금과 마찬가지로 1회년(會年)의 가을을 맞이하여 인간 추수를 하기위해 오셨던 것이므로 우리 천손민족의 역사는 1만 2천 년 전에 시작되었음이 자명한 사실이다.

『삼성기』의 기록에 한웅천왕이 내려온 시기에 이 땅에는 이미 한인께서 감군하시던 12한국이 있다고 하였으니 그 역사는 증명되는 셈이다.

또한 『한단고기』의 내용은 거발한 한웅의 배달국 시기부터 단군시대에 이르기까지 비교적 정교한 역사적 사실을 주변국과의 교류내용을 통하여 기록하고 있으나, 실제 한웅이 다스린 시기에 대하여 한인(桓因)께서 이 땅에 오시어 12한국을 다스렸다고 기술한 것과 천손민족의 전체 역년이 9천 2백여 년의 기록으로 표현한 부분에 아쉬움이 남는다. 만약 역년을 9천 2백 여 년으로 잡는다면 12한국(桓國)의 광역을 동서 2만 리, 남북 5만 리라고 한 부분을 해석할 길이 없다. 이로 인해 12한국(桓國)의 실체가 의심스럽게 되어버린다. 12한국(桓國)의 광역이 이렇게 넓게 분포하려면 지금은 해저에 수몰되어 버린 남태평양의 순다 대륙[24]이 건재해야만 가능하게 된다. 순다 대륙은 적어도 소빙하기(영

---

24) 필리핀, 인도네시아, 호주, 뉴질렌드가 한 덩어리로 이루어지고 현재 동남아시아와 연결되었던 대륙

거드라이아스기)가 끝나는 시점인 10,500년 전까지 건재했으며, 이후 9,200년 전에 일어났던 대홍수로 수몰된 것으로 보여진다. 따라서 한인(桓因)에 의해 12한국이 시작된 시점은 9천 200년 전이 아니라, 전기 우주의 봄이 시작되었던 1만 8,000년 전으로 보아야 마땅할 것이다. 그리고 한웅(桓雄)께서 12한국을 다스리기 위해 이 땅으로 내려왔던 시기는 5,900년 전이 아니라 1만 2천 년 전이 되어야만 합당하다. 『한단고기』에서 우리 역사의 기원을 9,200년 전(BC 7199년)으로 잡은 것은 아마도 대홍수로 인류가 멸절하고 이때 다시금 인류 역사가 새롭게 시작되었기 때문으로 짐작된다.

인류의 시작이었던 우리 천손민족의 역사는 대홍수 이후 안정적인 문명과 역사가 지속되던 천존시대까지 기록으로 전하였으나, 지존시대의 진나라 시황제가 분서갱유를 하여 1차 소실(消失)되었고, 이후 AD 660년 당나라 장수 소정방에 의하여 백제가 멸망하면서 서고가 불태워지고, AD 668년 당나라 장수 설인귀에 의하여 고구려가 멸망하면서 서고가 불태워지니 2차 소실(消失)되었으며, 일제강점기에 다시 한 번 민족말살정책의 일환으로 단군을 설화로 치부하면서 천손민족의 거의 모든 역사적 기록이 수탈되거나 소실되었으니 실로 통탄할 일이다.

지금까지 알려진 역사서의 이름만 하더라도 수십 권이 넘는다. 먼저 시대별로 역사서를 간단히 나열해 보면 다음과 같다.

단군조선시대 제 3대 가륵단군 신축 3년(서기전 2180년)에 신지 고글이 『배달유기』를 지었고, 신라 박제상(서기 415년경)이 『부도지』를 지었으며, 신라 진평왕 22년(서기 600년)에 안함로가 『삼성기』를 지었다. 『단군기』, 『해동고기』, 『선사』 등은 신라 경애왕 4년(서기 927년)에 소실되었고, 『신지비사』, 『해동비록』, 고구려 대영홍이 지은 『신지비사역술』 등은 조선 태종 13년(서기 1413년)에 소각되었다.

대진국(발해) 고왕 때(서기 710년)에 대조영의 동생인 반안군왕 대야발이 돌궐, 거란 등지를 13회 이상 왕래하면서 『단기고사』를 지었고, 신라 때 최치원이 서기 890년에 『제왕연대력』을 지었고, 서기 926년에 발해의 대광현이 고려에 망명하면서 『조대기』를 가지고 왔다.

고려 때 『고조선비기』, 『삼성밀기』, 『표훈천사지공기도증기』, 『삼한습유기』, 『동천록』, 『지화록』, 『대변설』, 『삼성기』, 『진역유기』, 고려 말기 이암선생이 지은 『단군세기』, 범장이 지은 『북부여기』가 있었는데 일제 때 압수되어 소실되고 말았다.

고려 때 김부식이 지은 『삼국사기』, 김일연이 지은 『삼국유사』, 이승휴가 지은 『제왕운기』가 현존하고 있다. 그러나 김부식이 편찬한 『삼국사기』는 상고시대 역사를 생략해 버렸으니 머리와 몸통은 잘라 버리고 꼬리만 적은 격이다. 그런데 김일연이 지은 『삼국유사』에는 여러 고기(古記)를 인용하여 한인-한웅-단군에 이르는 역사가 간략하게나마 기록되어 있어 겨우 그 명맥만은 잃지 않고 파악할 수 있게 되었으니 천만다행이라 하겠다.

그리고 후대에 내려와 조선시대에 일십당(一十堂) 이맥은 중종 때 찬수관이 되어 궁궐 서고에 비장되어 있던 많은 서적을 접하게 되었고 이때 읽은 많은 고기(古記)를 바탕으로 『태백일사』를 편찬하였으니 한인-한웅-단군에 이르는 상고사를 가장 많이 담고 있는 역사서라고 할 수 있다. 그러나 상고사 부분에 있어 그 역사적 사실은 기록하였으되 그 시기에 대한 기록이 없어 1만 2천 년을 이어 내려오는 역사의 흐름을 파악할 수 없어 아쉬움이 남는다.

이외에도 서기 1675년 북애자가 지은 『규원사화』, 서기 1758년 안정복이 지은 『동사강목』, 서기 1840년 한치윤이 지은 『해동역사』 등이 있다.

그리고 일제 때 1911년 계연수가 자칫 잃어버릴 뻔한 상고사 『삼성기』, 『단군세기』, 『북부여기』, 『태백일사』를 하나로 묶어 『한단고기』를 편찬하였으니 천만다행이라 아니할 수 없다. 만약 『한단고기』마저 없었다면 우리의 상고사는 영영 잃어버리고 그 명맥을 파악할 수 없었을 지도 모른다.

이상에서 보면, 그 역사책은 수없이 많았으나, 고구려와 백제가 당나라에 망하면서 수없이 없어졌고, 신라에 있던 책들이 후삼국전쟁 때 많이 없어졌으며, 조선시대 때 상당수 소각 소실되었고, 일제 때는 약 20만 권이 없어졌다고 하니 통탄할 노릇이 아닐 수 없다. 그러나 그나마 내려오는 사료들을 바탕으로 1만 2천 년 인류역사의 맥락은 파악할 수 있게 되었으니 심히 다행스런 일이라 하겠다.

이제 우리는 1만 2천 년 전 한웅천왕이 내려오신 때와 마찬가지로 다시 가을시대를 다시 맞이하고 있다. 이것은 우리 인류가 새로운 우주 환경을 맞이하는 것이고, 세상은 새로운 삶의 구조가 형성되며, 우리 인류는 새로운 법리에 맞추어 살아가야 함을 의미한다.

앞서 도입부에서 설명한 바와 같이 우리 지구는 우주 환경의 영향을 받지 않을 수 없으며, 또한 우리 인류는 이 우주 환경의 영향력을 거부할 수 없다. 따라서 우리는 이제 변화되는 우주 환경이 어떤 환경인지 알아야 되며, 이것을 간파함으로써 새로운 환경변화에 적응하여 천리에 순응할 수 있게 된다.

그러나 작은 지구 1년 안에 계절의 변화는 누구나 알 수 있지만 우주의 철(哲) 변화에서 주어지는 환경변화는 알 수가 없다.

그렇지만 이러한 환경변화를 알 수 있는 근거는 있으니 그것은 바로 우리 인류가 살아왔던 역사의 기록이다. 왜냐하면 인류의 역사는 그냥 무심코 흘러오는 것 같지만 실은 우주 환경변화의 영향력 속에서 이루어져 왔기 때문에 마치 퇴적암 속의 화석처럼 시대의 변화와 우주로부터 주어지는 환경변화가 역사의 기록 속에 묻혀 있는 것이다. 따라서 앞으로 서술할 우리 인류의 역사를 통하여 이러한 우주 환경의 변화와 시대의 변화를 살펴보고자 한다.

페루의 수도 리마에서 북쪽으로 200km 떨어진 카랄(Caral) 유적에 있는
카랄 피라미드. BC 2600년경(약 4,600년 전)에 건립된 것으로
이집트 최초 피라미드인 사카라 피라미드(BC 2650년)와 거의
동시대에 지어진 피라미드이다.
현재 카랄문명은 고대 잉카문명의 발원지로 보고 있다.

제 2 장

천존시대(天尊時代)

1. 천존시대의 개시(開始)와 태산 영대(靈臺)

겨울이 지나면 또다시 봄이 오는 것이 자연의 법칙이다. 지금으로부터 6천여 년 전, 우리 인류는 새로운 시대를 맞이하게 된다. 문명의 암흑기였던 겨울시대 3,000년간 인류는 홍수로부터 겨우 목숨을 부지한 64종족이 일산일수(一山一水)에 흩어져 살아가고 있었다. 따라서 인간들은 보다 안전하고 풍족한 먹거리를 확보할 수 있는 땅으로 모여들게 되었다. 아직 농사를 짓기는 어려운 시기였으므로 이들은 주로 수렵과 목축에 의지한 삶을 살아야 했다.

과거 12한국(桓國) 시절 비록 그들이 어느 정도 문명을 이루었다고는 하나 이미 문명을 상실해 가고 있었다. 문명인이 문명이 없는 자연 상태에서 300년을 경과하면 거의 원시상태로 되돌아간다고 한다. 따라서 대홍수 이후 수렵과 목축에 의지하며 살아온 그들은 거의 문명을 상실하고 원시상태로 되돌아갔을 것이다. 이러한 상태에서 수렵과 목축을 위해 그들은 목초지를 찾아 여기저기 흩어져 살아가고 있었다.

이들이 이동하여 족속이 갈라지니 구한(九桓)이라 한다. 혹은 9황 64민족이라 하는데 9황(皇)이란 바로 9한(桓)을 일컫는 말이다. 이들은 한웅께서 다스리던 배달국의 족속으로 각기 흩어져 정착하기에 이른 것이다.

다시 말해 과거 12한국은 대홍수로 와해되고 그 남은 족속들이 다시 결집하여 9한 64족을 이루었던 것이다.

한웅을 사서(史書)에서 거발한(居發桓)[25]이라 칭한다. 거발한(居發桓) 천왕께서는 지금으로부터 약 6,000년 전 다시금 배달국을 정비하였다. 이것은 1만 2천 년 전 12한국을 모두 다스렸던 전기 배달국에 이은 후기 배달국으로 보아야한다.

거발환 천왕의 뒤를 이어 5세 태우의(太虞儀) 천왕 때에 이르러 다시 일산일수(一山一水)에 흩어져 살아가던 인류에게 문명이 주어졌다. 6,000년 전 봄시대가 열리고 실로 500여 년이 지난 후의 일이다. 배달국 5대 태우의 천왕은 열두 아들이 있었는데 그중 12번째 아들이 복희(伏羲 : 재위 BC 3528년~BC 3413년)였다. 복희가 하늘로부터 용마부도(龍馬負圖)를 얻어

---

25) 거발한이라 함은 천·지·인을 하나로 정한다는 뜻의 이름이라고 『태백일사, 삼신오제본기』에 적혀 있다.

팔괘(八卦)를 긋고 희역(羲易)을 지었으니 인류문명은 이로부터 주어지게 되었다. 이에 대해 『태백일사』 「신시본기」에 다음과 같이 적고 있다.

한웅천왕으로부터 다섯 번 전하여 태우의(太虞儀) 천왕이 계셨으니 … 아들 열둘을 두었으니 맏이를 다의발이라 하고 막내를 태호 또는 복희씨라고 한다. 어느 날 삼신(三神)이 몸에 내리는 꿈을 꾸어 만가지 이치를 통찰하고 곧 삼신산(三神山)으로 가서 제천(祭天)하고 괘도(卦圖)를 천하(天河)에서 얻으시니, 그 획은 세 번 끊기고 세 번 이어져 자리를 바꾸면 이치를 나타내는 묘가 있고 삼극(三極)을 포함하여 변화무궁하였다.

《밀기》에서 말한다. '복희는 신시(神市)에서 태어나 우사(雨師)의 자리를 세습하고 뒤에 청구와 낙랑을 거처 마침내 진(陳)에 옮겨 수인, 유소와 나란히 그 이름을 서방에 빛내었다. 후예는 갈리어 풍산(風山)에 살았으니 역시 풍(風)을 성씨로 가졌다. 뒤엔 마침내 갈라져 패(佩) · 관(觀) · 임(任) · 기(己) · 포(庖) · 이(已) · 사(姒) · 팽(彭)의 여덟 가지 성이 되었다. 지금 산서성의 제수(濟水)에 희족(羲族)의 옛 거처가 있다. 임 · 숙 · 수구 · 수유의 여러 나라는 모두 여기에 모여 있다.

이 기록에 따르면 복희는 신시(神市)에서 태어나서 우사(雨師)의 일을 맡았으며 이후 신시를 떠나 남쪽으로 내려와 진(陳 지금의 하남성 회양(淮陽)의 땅에 나라를 세우고 백성을 다스렸다. 그리고 풍산(風山)에서 살았기에 성(姓)을 풍(風)이라 하였다.

당(唐)나라 사마정(司馬貞, 656년~720년)이 저술한 삼황본기(三皇本紀)에는

太皡庖 犧氏, 风姓。 代燧人氏, 継天而王。 … 都于陳。東封泰山。

태호(太皡) 포희씨(庖犧氏)는 풍성(風姓)이다. … 진(陳)에 도읍을 정하고 동쪽 태산에서 봉신(封神)을 하였다.

고 되어 있으며, 중국역사학자 판원란(范文瀾, AD 1893~AD 1969년)이 지은 『중국통사간편(中國通史簡編)』에는

居住在東方的人统被称为 "夷族"。 太皡是其中一族的著名酋长。 太皡姓风, … 陳(河南淮陽縣), 相傳是 "太皡之墟"。春秋时期, 山東還有任, 宿, 须句, 顓臾四个小国, 说是太皡的后裔。

동쪽에 거주하는 사람들을 통틀어 '이족'이라 부른다. 태호는 그 중 한 종족의 추장이었다. … 진(지금의 하남 회양현)에 "태호의 옛 유적"이 전해 내려온다. 춘추시대에 산동에는 임(任), 숙(宿), 수구(须句), 전유(顓臾) 4개의 소국이 있었다고 하며 태호의 후예라고 한다.

고 하였다. 우리 역사서인『태백일사』의 내용과 중국 역사서에서 나오는 내용이 거의 비슷하다.

한편, 복희가 남쪽으로 내려오게 된 것은 삼신(三神)의 명에 의한 것이며, 이곳에서 새로운 인류 문명을 열기 위함이었다.

그리고 복희가 천하(天河)에서 괘도(卦圖)를 얻었다고 하였으니 이 괘도는 바로 용마하도(龍馬河圖)를 말함이다.

용마하도(龍馬河圖)란 용마(龍馬) 등에 그려진 그림이란 뜻으로 『태백일사』에는 용마(龍馬)를 신룡(神龍)이라고 표현하고 있다.

《대변경(大辯經)》에서 말한다. 「복희(伏羲)는 신시(神市)로부터 나와 우사(雨師)가 되었다. 신룡(神龍)의 변화를 보고 괘도(卦圖)를 그리고 신시의 계해(癸亥)를 바꾸어 갑자(甲子)를 처음으로 하였다.

신룡(神龍)이란 다름 아닌 말의 형상을 한 용이란 뜻으로 큰 도마뱀을 말하는 것이다. 『설문(說文)』에는 '역(易)', '석척(蜥蜴)', '수궁(守宮)'이라고 되어 있다. 수궁(守宮)은 도마뱀의 다른 이름이다. 도마뱀은 흔히 변색룡(變色龍)이라 말하며 날씨나 주위 배경의 변화에 적응하여 피부가 보호색으로 바뀌게 된다.

이러한 내용이『태백일사』「소도경전 본훈 제 5」에 표현되어 있다.

한역(桓易)은 우사의 관리로부터 나왔다. 때에 복희는 우사가 되어 여섯 가축을 기르게 하였으며, 또 신룡(神龍)이 해를 쫓는 것을 살펴 하루에 열두 번 색을 바꾸는 것을 보고 이에 한역(桓易)을 만들었다. 한(桓)은 곧 희(羲)와 같은 뜻이고 역(易)은 옛날 용(龍)자의 본 글자다.

'역(易)은 옛날 용(龍)자의 본 글자다' 라고 한 것은 역(易)자가 신룡이란 도마뱀에서 비롯된 글자이기 때문이다. 복희는 큰 도마뱀의 등에 새겨진 36개의 점으로 된 문양(文樣)을 보고 이치를 깨달아 희역(羲易)을 짓게 되었던 것이다.

복희가 용마하도를 보고 하늘의 이치를 깨달아서 팔괘(八卦)를 지었으니 이는 인류 최초의 역(易)이다.
박우당 도전(朴牛堂 都典, 1917년~1995년)의 말씀에서

용마부도(龍馬負圖)

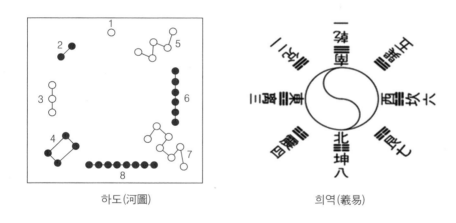

하도(河圖)　　　　　　　　　희역(羲易)

　복희팔괘의　이동감서(離東坎西)·건남곤북(乾南坤北)　세상은
봄시대(春時代)에　속하고…

– 대순전경, 교운2편 2장 43절 –

　라고　밝히셨는데,　복희　때는　봄시대가　도래되었음을　밝히신

것이고, 복희가 팔괘를 지어 천존시대를 열었음을 밝히심이다. 박우당 도전께서 이 원리를 밝혀 주실 때까지는 정확한 역(易)의 의미를 아는 자가 없었다.

혹자는 역(易)에 자연의 이법이 담겼으므로 앞날을 예견하는 오묘한 철학원리로 이해하고 있으나 이는 한 부분이요, 사실은 세상을 지배하는 이법(理法)이 담긴 세상의 조판이었다. 농사꾼이 봄·여름·가을·겨울에 따라 농사짓는 법을 달리하듯 하늘은 1만 2천 년 우주 4철 변화에 따라 인간농사를 지으며 각 시대 3,000년 마다 인간세상을 다스리는 이법(理法)을 달리하게 된다. 따라서 세상을 다스릴 법을 세우기 위해 새로운 조판이 필요하게 되는데 그것이 바로 역(易)의 팔괘였다.

이 팔괘의 조판(組版)[26]은 신명을 배치하는 방위이다. 이 팔괘의 조판에 따라 자연을 지배하는 신명들을 배치하게 되는데 그렇게 되면 자연의 모든 조화가 이 조판에 따라 배치된 신명에 의해 일어나게 되어 있었다.

자연을 지배하는 요소를 복희는 8가지로 분류하였으며 그것이 바로 하늘(天)·연못(澤)·불(火)·우레(雷)·바람(風)·물(水)·산(山)·땅(地)이었다. 하늘은 건(乾)이고, 연못은 태(兌), 불은 이(離), 우레는 진(震), 바람은 손(巽), 물은 감(坎), 산은 간(艮), 땅은 곤(坤)으로 표시하였다.

이 팔괘의 배치방법에 따라 각 요소를 담당하는 신(神)을 배치

---

26) 원고에 따라 골라 뽑은 활자로 인쇄판을 짜는 것을 말하는 것으로 여기서는 신명을 배치하여 새롭게 운행질서를 짜는 것을 말함.

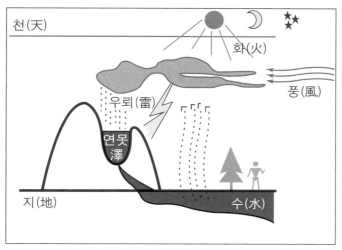

자연조화를 지배하는 8가지 요소

하면 자연의 모든 조화가 이 이법에 의해 일어나게 된다.

팔괘를 맡은 신명들(중국 하남성 안양 유리성(羑里城) 소재)

역(易)에 자연조화를 일으키는 이법이 담겨 있었으므로 옛 선인들이 역의 이치를 파악하여 세상의 변화를 꿰뚫어 보았던 것이다.

대저 역(易)은 인간이 짓는 것이 아니라 하늘에서 내리는 것이니 복희가 하늘의 계시에 의해 천하(天河)에서 나온 신룡(神龍)으로부터 하도(河圖)를 얻어 역(易)을 지었던 것이다.

복희가 지은 희역(羲易)은 새롭게 열린 봄시대를 다스려 나갈 조판이었고 그 조판이 바로 이때 주어졌던 것이다. 복희는 이후 이 조판에 따라 신명들을 하늘에 배치하게 되는데 이로써 천존시대(天尊時代)가 열리게 된다. 천존시대란 자연의 조화를 주관하는 신명들이 하늘에 봉(封)하여 졌으므로 하늘에 모든 권한이 있고 하늘이 지극히 높임을 받던 시기라는 뜻이다. 따라서 이 봄시대는 바로 천존시대였던 것이다.

복희에 의해 천존시대가 열림으로써 인류는 하늘에 있는 신명들의 영향 하에 놓이게 되고, 인류의 문명(文明)과 역사(歷史)는 이러한 영향력 아래서 이루어지게 되었던 것이다.

그러므로 실로 이때부터가 인류에게 정식으로 문명이 주어지기 시작한 때이다. 따라서 인류문명의 개조(開祖)는 바로 태호복희씨가 되는 것이다.

그리고 복희가 하늘로부터 역(易)을 받음은 신명(神明)을 봉(封)하여 봄시대의 조판을 짜기 위함이니 복희는 먼저 천지에 흩어져 있는 신들을 한곳에 모아 봉신(奉神明)해 둘 장소가 필요했다. 그것이 바로 영대(靈臺)였다.

복희의 재위기간은 BC 3528년~BC 3413년으로 115년이며, 그가 150세에 붕(崩)하였다고 하니 진(陳)나라를 세울 때 나이는 35세가 됨을 알 수 있다.

복희는 희역(羲易) 팔괘를 짓고 신명을 봉신명(奉神明)하기 위해 영대(靈臺)를 지었다. 그리고 하늘에 봉(封)할 신명들을 찾아 약 100여 년의 세월을 보냈으며 그동안 영대(靈臺)에 봉신명(奉神明)하고 제사를 지내며 받들어 왔던 것이다.

당시 신명(神明)들은 정해진 자리가 없이 천지에 흩어져 있었으며, 각기 자기 능력을 발휘하고 있는 혼란한 상태였다. 복희는 이들을 찾아 설득하고 영대(靈臺)에 하나 둘 회집시켜 봉신(奉神)해 두었으니 그 시간이 약 100년이다.

복희가 희역을 얻어 영대를 지을 때는 역사상 봄시대에 해당하므로 목신(木神)이 사명(司命)하는 때이다. 목신(木神)이란 만물이 생기(生氣)를 발휘하여 새싹을 틔우도록 하는 기운을 부여하는 신명을 말하는 것으로 목신사명(木神司命)이란 봄시대를 당하여 인류문명이 싹트도록 목신이 명을 맡았다는 말이다. 이 목신(木神)은 동방(東方)의 기운을 뜻하기에 동방의 영산(靈山)인 태산(泰山)에 영대를 지었다. 그리고 당시는 신명을 하늘에 봉(封)해야 하므로 하늘과 가까운 높은 산 정상에 영대(靈臺)를 짓고 봉신명(奉神明)을 하였던 것이다. 영대에 신명을 모셔서 받들고 있으므로 이를 봉신명(奉神明)이라 하고, 태산 영대에 봉신명(奉神明)을 하고 있었으니 이를 일러 봉신어태산영대(奉神於泰山靈臺)라 한다.

오악중의 하나인 동악 태산(泰山). 복희가 영대(靈臺)를 지어 봉신명(奉神明)했던 정상은
현재 옥황전(玉皇殿)이 지어져 있다.

"봉(封)"이란 글자는 '흙[土]으로 마디마디[寸] 단(壇)을 쌓아
올린다.'는 뜻으로, 복희가 흙으로 단을 쌓아 영대(靈臺)를 지어
신명(神明)의 자리를 정함에서 비롯되었음을 짐작할 수 있다.

그리고 역대 역성(易姓)을 하고 새로운 왕조를 세운 왕들이 봉
선(封禪)을 할 때 문무백관을 거느리고 높이 치솟은 태산 꼭대기
에 올라 돈대를 쌓고 하늘에 고하는데 이것을 봉(封)이라 하였으
며, 태산 기슭에 양부(梁父)라는 낮은 산에서 제사를 올렸는데
이것을 선(禪)이라 하였다. 그들이 태산 꼭대기에 흙으로 단을
쌓고 '봉(封)'이라고 칭한 것은 바로 복희가 태산 위에 흙으로
단(壇)을 쌓고 영대를 지어 봉신명(奉神明)을 한 후 봉신(封神)을
행한 행위에서 비롯된 것이다. 그 근거가 『태백일사』「신시본
기」에 나온다.

태산 정상에 지어진 옥황전과 옥황전 옆에 세워진 고 등봉대(古登封臺)의 석비

《진역유기》에서 말한다. 「제(齊)의 풍속에 8신(神)의 제(祭)가
있다. 8신(神)이란 천주(天主), 지주(地主), 병주(兵主), 양주(陽
主), 음주(陰主), 월주(月主), 일주(日主), 사시주(四時主)를 말한
다. 천(天)은 음을 좋아한다. 반드시 높은 산의 밑인 작은 산
위에서 한다. 곧 하늘을 태백산(太伯山) 기슭에서 제사 지내는
유법인 것이다. 땅은 양을 좋아한다. 그래서 땅에 제사 지낼 땐
반드시 못 가운데의 네모진 언덕에서 제사 지냄은 역시 곧 천
(天)을 참성단(塹城壇)에서 제를 지내던 습성이라 할 것이다.」

「천주(天主)로서 삼신(三神)에 제사하고, 병주(兵主)로서 치우
를 제사하니, 삼신은 천지만물의 조상이고, 치우는 만고무신으
로서 용강(勇强)의 조(祖)라 할지니 …

제(齊)나라 사람들이 8신제(神祭)를 행함이나, 역대 역성을 한
왕들이 봉선(封禪)을 행함은 복희가 태산에 영대를 짓고 봉신(封

태산 태안시에 건립된 대묘(岱廟, 또는 東岳廟), 고대 제왕들이 태산신에게 제사를 받들었던 장소. 진(秦)·한(漢) 때부터 있었으며, 이후 수차례 걸쳐 중건되었다.

神)을 하였던 것을 본받은 것이나 그 의미는 모른 체 단지 그 행위만 흉내낸 것에 불과한 것이다.

이렇게 영대(靈臺)로 신명들을 회집한 후 복희는 희역(羲易)의 팔괘방위에 따라 하늘에 신(神)을 봉(封)했으니 이것을 일러 신봉어천(神封於天)이라 한다. 즉 신(神)을 팔괘방위에 따라 하늘에 배치했다는 뜻이다.

복희가 하늘에 신(神)을 봉함으로부터 봄시대의 섭리(攝理)는 모두 하늘에 봉(封)해진 신들에 의해 관장되었다. 그래서 하늘에 제사를 드려 비·바람을 빌고, 또 가을에 제천(祭天)하여 추수감사제를 올렸다. 또 국가에 중대사가 있으면 복서(卜筮)를 행하여 하늘에 그 뜻을 물었다. 따라서 이때는 풍운상설뇌우(風雲霜雪雷雨)의 모든 권한이 하늘에 있었다. 하늘에 모든 권한이 있고 하늘이 지극히 높았기에 천존시대(天尊時代)라 하는 것이다. 이로써 천존시대(天尊時代)가 열리고 모든 일은 하늘에 봉(封)해진 신(神)에 의해 주관되었다.

천존시대가 열리면서부터 인간들은 하늘에 있는 신명들의 영향 하에 놓이게 된다. 쉽게 말하면 하늘에 봉(封)해진 신명들이 인간들이 살아가는 자연조건과 문명에 직접 관여하여 인간을 성장시켜 나가는 시대였던 것이다.

봄시대 [春]-목신사명(木神司命)-태호 복희(太昊伏羲)-천하(天河)-용마(龍馬)·하도(河圖)-희역(羲易)-봉신어 태산영대(奉神於 泰山靈臺)-신봉어천(神封於天)-천존시대(天尊時代)

비 오고, 바람 불고, 눈 오고 하는 모든 권한은 하늘에 있는 신명들에 의해 주관되었고, 국가의 흥망성쇠와 심지어 인간 개인의 운명까지도 하늘의 신명들에 의해 주관되었으므로 일체의 권한은 하늘에 있었다.

이것은 아직 인간의 정신이 어리고 판단력이 흐리므로 하늘에 있는 신명이 인간들을 보살피고 키워 나갔던 때였다.

이때는 사람이 개인의 운(運)뿐만 아니라 국운(國運)까지도 하늘의 뜻에 따라 결정하였다. 인간은 국운을 묻기 위해 팔괘를 긋고 복술(卜術)을 행하면 신명이 답을 내려주는 형식인데, 이후 사람들은 거북 껍질이나 소뼈 등에 글을 새기고 그것을 태워 복술을 행하였다.

그리고 사람이 나쁜 일을 하면 하늘이 뇌성벽력으로 징벌하니

갑골문과 수골문 그리고 점복에 사용하고 폐기시킨 갑골무더기(안양 은허殷墟 유적지 소재)

이때는 사람들이 하늘을 두려워하였고 죄지은 사람은 뇌성소리
만 들어도 가슴을 조이며 두려워하였다. 이런 연유에서 지금까
지도 시속에는 '하늘이 두렵지 않느냐!' 하는 말이 전해 오고 있
다. 때문에 사람들은 하늘을 우러러 공경하고 신명을 두려워하
여 하늘에 제사(祭祀) 지내고 복(福)과 운(運)을 빌었다.

 서양에서는 이때를 신화시대라고 칭하며, 각종 자연신을 정하
여 신전을 짓고 제사를 지냈다. 그리스 신화에 제우스, 포세이
돈, 아폴론, 아테네 등등이 이때 믿어졌던 신들이며, 이들은 원
래 메소포타미아 지역의 수메르 판테온 신전의 신들이 전파되어
형성된 신들이다. 수메르에서는 바람의 신은 엔릴, 물의 신은 에
아, 태양의 신은 우투, 달의 신은 난나 등이며 각 도시국가들 마
다 섬기는 신이 달랐다. 그리고 이 신들을 위하여 거대한 신전을
지었는데 그것이 바로 지구라트이다.

 이처럼 천존시대가 열림으로써 동서양의 인류는 이제 새로운
역사의 장(場)을 펼쳐가게 되었던 것이다.

2. 천존시대의 인류 역사

1)천존시대 초반기 역사형성기

(1) 배달국시대와 삼황(三皇)시대에 동양문명의 기초성립

천존시대가 열리면서부터 본격적으로 인류의 문명이 열리기 시작했다.

봄이 되면 만물이 싹을 틔우듯이 이제 봄시대의 새로운 환경을 맞이한 인류는 지난 3,000년간 겨울시대의 원시생활을 벗어나 새로운 문명의 싹을 틔우는 문명의 태동기에 도달되었던 것이다.

당시 배달국은 신시(神市)의 다스림으로 신선문화(神仙文化)가 전파되고 그 전통이 오랫동안 이어져 내려오고 있었다. 여기서 말하는 신선문화란 우리가 일반적으로 상상할 수 있는 그런 문화가 아니다. 고도의 정신세계에서 이루어지는 자연상태의 삶을 말한다. 어쩌면 과학문명에서 주어지는 문명의 도구가 불필요한 삶을 말하는 것일 수도 있다. 자연상태에서 삶에 필요한 모든 것을 스스로 취득하여 삶을 영위할 수가 있고, 만물과 교류하며 풍류를 즐기고 신선의 삶을 살아가는 아무 거리낌이 없는 삶을 말한다. 어쩌면 문자조차도 필요 없는 삶을 말한다. 굳이 말하자면 도술문명이나 텔레파시와 같은 것들이 일상에서 사용되고, 무병장수하고 불로장생하는 그러한 문화가 바로 신선문화라고 표현할 수 있을 것이다. 이러한 신선문화를 신시로부터 받아 내리고 그러한 삶을 살아가고자 노력했던 종족이 바로 앞서 언급한 웅족(熊族)들이었다. 그러나 신선문화를 받아 내리기를 포기하였던 호족(虎族)과 같은 종족들은 여전히 초원이나 수림 속에서 목축과 수렵으로 삶을 이어가고 있었다. 더구나 남쪽 먼 곳에는 그러한 문화가 전혀 전파되지 못하였고 원시에 가까운 삶을 살아가고 있었다. 따라서 복희가 삼신의 명을 받들어 신시(神市)로부터 남쪽으로 내려와 진(陳)에 이르러 새롭게 나라를 세우고 백성들을 가르치고 다스려 나갔다.

당시 세상에는 고대로부터 내려오던 12한국은 대홍수로 사라져버리고 9한 64족이 합쳐져 배달국이라는 하나의 나라만 세상에 존재하였다. 그러나 배달국도 그 지배권이 주로 요동과 요서지방을 거점으로 한 북부지방에 미치고 있었고 남방 황하유역에까지는 다다르지 못했을 것으로 본다.

요하문명에서 가장 이른 시기의 것은 소하서문화(小河西文化)로 1,987년 내몽고 적봉시(赤峰市)에서 서북쪽으로 조금 떨어진 오한기(敖漢旗) 小河西(소하서) 유적에서 발견되었다. 여기서 가장 오래된 흙으로 만든 얼굴상(陶塑人面像)이 출토되고 반지혈식(半地穴式) 주거지가 발굴되었다. 이는 BC 7000년(약 9,000년 전)까지 올라가는 동북아시아보다는 2,500년 이상, 장강 문명의 중심이라고 칭하는 하모도문화(河姆渡文化 BC 5000년~BC 4500년)보다는 2,000년 이상 앞선다.

이러한 북방문화의 원류는 대부분 바이칼 호에서부터 남하하였던 배달족들에 의해 이루어진 것으로 보이며, 그 주류가 바로 웅족으로 보인다.

1982년 요하문명의 일부인 대릉하(大凌河)의 지류인 망우하 상류 우측 연안 구릉에 위치한 흥륭와촌에서 대규모 집단 주거지가 발견되었다. 이름하여 흥륭와문화이다. 이것은 BC 6200년까지 올라가는 신석기 문화 유적으로 현재 중국 국경 내에서 가장 규모가 크고 오래된 신석기 집단 거주지로 알려져 있다. 여기서 발굴된 옥 귀걸이는 세계 최고(最古)로 확인되었으며 이곳에서 5,300년 전의 것으로 추정되는 '도소남신상(陶塑男神像 : 흙으로 구운 남신상)'이 발견되었다.

소하서 도소 인면상　　　흥륭와 도소 남신상　　　홍산 도소 여신상

그리고 내몽고 적봉시를 중심으로 발견되는 요하문명의 홍산

문화는 BC 4700년 전 것으로 그 대표적인 우하량(牛河梁) 유적은 BC 3500년 전 것으로 거대한 제단, 여신묘(女神廟), 적석총(積石塚)을 갖추고 있다.

여기서 한가지 주목할 점은 이들 남신상이나 여신상이 바로 정신수련을 할 때 취하는 결가부좌 자세를 하고 있다는 점이다. 이것을 신상(神像)이라고 표현하였지만 남신상의 경우 머리의 모양을 보면 신(神)의 모습이 아니라 일반 서민의 모습을 하고 있다. 이것은 당시 일반인들이 이미 정신수련을 하고 있었다는 증거이며, 이러한 정신수련은 바로 신시(神市)로부터 받아 내렸던 신선문화의 일환으로 볼 수 있을 것이다.

요하문명의 소하서 문명과 흥륭와문명 그리고 홍산문명은 서로 연결되어 있으며 이것이 바로 배달국에 의해 이루어졌던 문명이다.

그리고 홍산문화에서 가장 대표적인 유물은 정교하게 다듬어진 옥기인데 여기에는 많은 문자가 새겨져 있다. 이 글자들은 한자의 원형으로 일부는 알아볼 수 있는 글자로 되어 있다. 이러한

홍산문화(紅山文化) 오규(玉圭) 28x11.5cm   홍산문화(紅山文化) 옥기(玉器)

홍산문화(紅山文化) 신뉴기도 옥기(神鈕祈禱 玉器)

대문구문화(大汶口文化) 옥선기 배면 (玉璇璣 背面)

대문구문화(大汶口文化)

팔각성 옥벽(八角星 玉璧)

옥기문화는 다시 산동의 대문구문화와 연결되는데 대문구문화는 BC 4100년에서 BC 2600년의 문화로 바로 복희에 의해 일어났던 문화의 연장선상에 있는 문화이다.

이 두 문화에서 발견되는 옥기에서 동일한 모양의 글자가 발견되고 있어 같은 문화권으로 연결되어 있음을 알게 한다.

복희씨는 지금의 하남성 회양현(淮陽縣)인 진(陳)에 내려와 나라를 세우고 백성들을 가르치고 문명을 열기 시작했다. 그 나라를 진국(陳國)이라 했다.

복희가 도읍을 정한 진(陳) 땅은 황하(黃河)가 흐르는 곳이었다. 지금은 이 회수가 황하의 지류로 변했으나 당시는 황하의 원류가 이곳으로 흐르고 있었다.[27]

세계 4대 문명의 발상지 중의 하나인 황하문명은 이렇게 복희로부터 일어나기 시작했던 것이다.

그를 두고 인두사신(人頭蛇身)이라 하여 사람 머리에 뱀의 몸을 한 벽화나 부조로 표현한 것이 많은데 이는 그가 신룡(神龍)[28]의 변화를 보고 팔괘(八卦)를 지었으므로 용(龍)을 숭상하고 몸을 용의 문양으로 치장하였기 때문에 전해진 형상이다. 흔히 복희를 이은 여와(女媧)를 짝으로 하여 한 쌍의 인두사신(人頭蛇身)의 형상을 표현하고 있다.

또 그를 두고 '태호(太昊)'라고 칭함은 목덕왕(木德王)으로 동

---

27) 과거에는 황하가 회양(淮陽)을 거쳐 강소성 연운항(連雲港) 부근으로 흐르고 있었다. 즉 산동성은 과거 황하 이북에 있었다. 그러나 1837년부터 황하는 북쪽으로 흐르기 시작했고 1855년 청나라 때 대규모 토목공사를 해서 지금의 발해만으로 흘러가도록 했다.
28) 용마(龍馬)

사천성에서 출토된 복희 · 여와 일월숭경 벽돌판화

방에 떠오르는 태양의 밝음을 취하였기 때문이라고 하였다.

　당나라 때 사마정(司馬貞, AD 656년~AD 720년)이 지은 『삼황본기(三皇本紀)』에는

木德王 … 按位在東方 象日之明 故稱太皡 皡明也
목덕왕이다. … 살펴보건데 동방에 자리하여 있고,
상(象)이 태양(日)의 밝음이니 고로 태호라고 칭하였다.
호(皡)는 밝음이다.

라고 하였다.

　복희는 역(易)의 팔괘(八卦)를 고안하였고, 60갑자(甲子)를 사용하는 새로운 역법(曆法)을 고안하였으며, 거미가 거미줄을 치는 것을 보고 그물을 만들어 백성들에게 수렵과 어로(漁撈)의 방

법을 가르쳤으며, 짐승을 길러서 이것을 희생하여(신에게 제사
지내기 위해) 포주(庖廚)[29]를 만들었기 때문에 그를 포희(庖犧)
라 부르게 되었다.

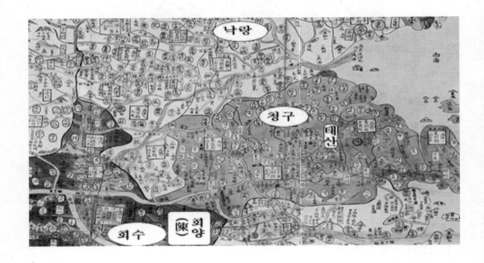

대들보를 올리고 지붕을 이고, 방을 만들고 집짓는 법을 가르
쳐서 비바람을 피하도록 하여 주거를 편히 해 주었고, 여피(儷
皮)[30]를 납폐의 예물로 삼아 시집 가고 장가 드는 제도를 만들어
가정을 이루게 하였다.

또 결승(結繩) 문자(文字)를 만들어 정치를 하니 백성들은 질
서가 잡혀 편안하였다. 60갑자(甲子)는 십간(十干)과 십이지(十
二支)를 교차하여 60을 한 주기로 세월의 단위를 정한 것이다.

---

29) 희생물을 잡아 요리하는 요리장.
30) 한 쌍의 가죽인데 혼례의 납폐(納幣)로 쓰임.

쉽게 말하자면 60진법을 사용하여 세월의 주기를 계산한 것이다. 이것은 원래 배달국에서는 계해(癸亥)를 그 첫 머리로 사용해 왔으나 복희 때에 이르러 비로소 갑자(甲子)를 첫머리로 사용하게 되었다. 하루는 12시진(時辰)으로 나누고 일 년은 360일이 되는 것은 모두 12진법과 60진법을 사용하여 시간을 계산한 것이다. 이것은 이미 배달국 때부터 사용되어 왔던 역법(曆法)이었다.

그러나 복희가 가르쳤던 이 문화는 신선문화가 아니라 봄시대를 맞이하여 인류의 미래를 준비하는 태동기의 인간문화였던 것이다.

복희가 진국(陳國)을 세웠던 때는 지금으로부터 약 5,500년 전인 기원전(BC) 3528년의 일이다. 기록에 의하면 복희는 진국을 세우고 115년간을 다스려 내려갔다고 한다. 『삼황본기(三皇本紀)』에는 '진(陳)에 도읍을 하고 동쪽 태산에서 봉(封)하고 111년간 제위에 있다가 붕하였다.'고 기록하였으니 대동소이하다. 이 진국(陳國)은 이후 임(任), 숙(宿), 수구(須句), 수유(須臾)[31]의 4개의 소국(小國)으로 나누어져 춘추시대까지 존속했었다고 한다.

복희는 이곳에 나라를 세우고 인류 최초의 성씨인 풍씨(風氏) 성을 가졌다.

---

31) 중국 역사서에는 전유(顓臾)라고 되어 있다. 산동성 태산아래 있었던 소국으로 춘추시대까지 존속했다고 기록되어 있다.

풍씨(風氏)는 인류 최초의 성씨였다.

당시 사람들은 일산일수(一山一水)에 흩어져 사회를 구성하지 못하고 단지 가족집단으로 흩어져 살다가 복희에 의해 천존시대가 열리고 문명이 열리면서 점차 부족단위로 사회가 구성되고 부족국가가 형성되면서 각 씨족의 혈통구분이 필요하게 되었다. 따라서 이때부터 성씨가 나오게 되었다.

복희의 후예들이 풍산(風山)으로 건너가 살았으므로 성(姓)을 풍씨(風氏)라 하였다. 그러나 이 성(姓)은 전하여 오지 못하고, 다만 풍채(風采), 풍신(風身), 풍골(風骨) 등으로 몸의 생김새의 칭호만으로 남아 올 뿐이다.

풍씨(風氏)는 이후 패(佩)·관(觀)·임(任)·기(己)·포(庖)·이(巳)·사(姒)·팽(彭)의 8개로 나누어졌다고 한다.

복희씨에 의해 남쪽에 진국이 건립될 때 북쪽에는 여전히 배달국이 건재했다. 따라서 복희가 건립한 진국은 하나의 제후국으로 보아야 마땅할 것이다. 이때부터 남쪽 황하유역에는 복희에 의해 새로운 문명이 일어나기 시작했던 것이다. 이후 황하유역에 복희에 의해 일어났던 진국은 여러 개의 부족국이 되어 흩어지고, 또 세력을 가졌던 각 성씨의 부족국이 여기저기 난립하며 우후죽순 격으로 생성되기에 이른다.

복희에 의해 봄시대를 열어가는 법(法)이 새롭게 나타났으나 우매한 백성들이 알 길이 없으므로 하늘에서는 문명을 열어 줄 스승을 내렸으니 복희에 이어 신농씨가 왔다.

신농씨가 왔던 시기는 배달국 8대 안부련(安夫連 BC 3240년
~BC 3167년) 천왕의 즉위시대에 해당한다. 안부련 천왕의 신
하인 소전(小典)은 원래 배달국 고시(高矢)씨의 방계인 웅씨족의
후예로서 강수(姜水)에서 군사를 감독하는 일을 맡았는데, 이때
소전의 아들인 신농(神農)이 섬서성 천주산 아래 강수(姜水)에
태어나 성장하였으므로 그의 성을 강(姜)씨라 하였다.
『태백일사』「신시본기(神市本紀)」와「삼한관경본기(三韓管境
本紀)」에 신농씨에 대한 기록이 나온다.

神農起於列山 列山列水所出也 神農少典之子 少典與少皞皆高
矢氏之傍支也
신농(神農)은 열산(列山)에서 일어났는데 열산은 열수(列水)가
흘러나오는 곳이다.
신농은 소전(少典)의 아들이다. 소전은 소호(少皞)와 함께 모
두 고시(高矢)씨의 방계이다.

熊氏之所分曰少典 安夫連桓雄之末 少典以命 監兵于姜水 其子
神農 嘗百草制藥
後徙列山 日中交易 人多便之
웅(熊)씨가 갈라져 나간 자에 소전(少典)이라고 있었는데 안부
련(安夫連)의 말기에 소전은 명을 받고 강수(姜水)에서 병사를
감독하게 되었다. 그의 아들 신농(神農)은 수많은 약초들을 혀
로 맛보아 약을 만들었다. 뒤에 열산(列山)으로 이동하였는데 낮

에는 교역을 하게 하여 사람들로 하여금 편리하게 하였다.

강씨는 원래 배달국의 기반이 되었던 웅족(熊族)으로부터 갈라져 나왔다고 되어 있다. 웅족(熊族)이었던 소전(少典)의 아들이 강신농(姜神農)이었고, 이로부터 강씨(姜氏)가 생겨났다. 최초의 성씨였던 풍(風)씨는 없어졌으므로 강(姜)씨가 지구상의 성씨 중 가장 오래된 성이며 성(姓)의 원시(元始)가 된다.

신농(神農, 재위 BC 3218년~BC 3078년)이 세상에 나온 때는 복희로부터 약 300여 년이 지난후의 일이다. 신농은 강수(姜水 : 지금의 섬서성 봉상현(鳳桑縣) 북쪽 기산(岐山))에서 태어났지만 이후 성장하여 열산(列山)으로 옮겨가 살았다. 열산은 오늘날 호북성 수현(隨縣)의 북쪽으로 여산(厲山)이라고도 한다.

이때는 이미 백성들이 더 이상 수렵을 위해 떠돌지 않고 한 곳에 정착하고자 하였으니 체계적인 농사법이 필요하였던 시기이다.

따라서 신농은 쟁기와 보습(쟁기의 날)을 발명하여 천하 사람들에게 밭가는 법을 가르쳤고, 시기에 맞추어 곡식 씨 뿌리는 법을 가르쳤다.

이러한 방법들은 당시 원시상태의 백성들에게는 혁명과도 같은 일이었고 가히 신(神)과 같은 능력이었다. 따라서 그를 신농(神農)이라 부르게 되니 농자천하지대본(農者天下之大本)의 시작이 바로 신농(神農)으로부터 비롯되었다.

여기서 먼저 농자천하지대본(農者天下之大本)의 본래 뜻을 좀 알고 넘어가고자 한다. 이 글귀를 두고 혹자는 '농사짓는 자' 또는 '농사짓는 것'이 천하의 큰 근본이므로 매우 중요하다고 풀이한다. 그런데 이 농(農)자에 숨겨진 뜻을 살펴보면 일반적인 곡식을 키우는 의미를 넘어 매우 오묘한 이치가 숨겨져 있다. 즉 농(農)자는 '노래 곡(曲)'자에 '별 신(辰)'자를 조합해 놓은 글자로 '별을 노래한다'는 의미가 담겨 있다. 하나의 별을 칭할때는 별 성(星)으로 표현하지만, 별이 무리지어 있을 때는 별 신(辰)으로 표현 한다. 즉 하늘 높이 무리지어 떠 있는 별들을 노래한다는 의미가 바로 농(農)자 속에 담겨 있는 의미이다. 가수 윤형주가 부른 두 개의 작은 별이란 노래 가사에 보면 "저 별은 나의 별 저 별은 너의 별 별빛에 물들은 밤같이 까만 눈동자…"란 구절이 나온다. 이 글을 읽는 독자들 대부분이 아련한 추억으로 간직했던 시절에 유행가 가사 속의 대사를 한 번 쯤 읊었을 것이다. 이 가사 내용을 들여다보면 순수함과 신비함이 묻어 있다. 아직은 우리가 어느 별에서 왔는지 알지 못하지만 우리는 분명 신선(神仙)이 되기 위하여 우주의 어느 별에서 출발하여 지구라는 별에 온 것은 분명하고 그것이 잠재의식 속에 남아 있기 때문에 모두가 추억으로 간직한 유행가 가사로 널리 알려진 것이다. 별을 영어로 스타(Star)라고 한다. 스타(Star)의 사전적 의미를 살펴보면 "장성(將星)이나 그 계급을 이르는 말, 또는 높은 인기를 얻고 있는 연예인이나 운동선수"를 지칭하는 말로 되어 있다. 오늘날 흔히 슈퍼스타, 톱스타, 간판스타 등의 말로 대중들에게 사용되고 있다. 즉 최고로 높고 귀한 존재가 바로 별인데, 이것이 농(農)자에 숨겨진 의미이다. 과거 선천시대에는 영웅들이 스타(Star)였다. 그러나 영웅이 사라져 버린 현대에서는 대중들로부터 높은 인기를 얻고 있는 연예인들이 스타(Star)가 되어 있다. 그러나 실재 스타(Star)는 영웅도 아니요, 그렇다고 장성(將星)도 아니며 더구나 연예인은 더더욱 아니다. 궁극적으로 인간으로써 바라보는 최고 높은 경지, 가장 높은 이상은 다름 아닌 불로불사의 신선(神仙)일 것이다. 따라서 인간들이 우러러보는 진정한 스타(Star)는 바로 신선(神仙)이다.

그러므로 후천 오만 년에 영롱한 별이 되어 세상을 밝게 비추는 스타(Star)를 키우는 것이 바로 '농(農)'자에 담긴 의미이다. 신농(神農)이란 '신(神)이 농사(農事)를 짓는다.'는 의미이다. 사람은 곡식농사를 짓지만 하늘[신(神)]은 신선농사를 짓는 것이다.

복희와 신농씨 때에는 배달국의 환웅께서 신시(神市)에서 신선으로 계시며 신선문명을 펼치셨기 때문에 신선과 신선문명에 대한 모든 것들이 전해져 내려왔고, 드디어 봄시대를 맞이하였으니 복희와 신농은 그 신선농사의 준비를 한 것이다. 따라서 후천 하늘에 찬란하게 빛날 별들이 태어나기를 노래하며 이 지상에 신선(神仙)의 씨를 뿌렸던 것이고, 그 씨앗들은 여름시대를 거치며 왕성하게 번성한 후 가을시대를 맞이하면 신선의 씨종자를 갈무리하게 되는 것이 하늘의 법리인 것이다. 봄시대 그 신선의 씨앗이 풍(風)씨가 먼저 있었으나 없어지고 강(姜)씨로부터 시초가 되었다. 이로부터 세상에는 많은 성씨들이 뿌려졌으니 이것이 바로 하늘이 신선농사를 짓는다는 '농자천하지대본(農者天下之大本)'의 본래 의미이다.

신농이 곡식 농사 짓는 법을 가르쳤다 하여 신농(神農)이란 칭호를 얻었지만 그 본래의 뜻은 인간들을 키워 신선을 결실하는 신선농사를 짓는다는 의미라고 볼 수 있다. 따라서 신농은 새로운 인간의 삶을 개척해 나가게 된다. 그는 인간들을 키우기 위해 농사뿐만 아니라 기타 공업과 상업까지 일으킨 장본인이다.

약속과 장소를 정하여 사람을 모이게 하고 필요한 물건들을 서로 교환하여 가게 하니 이로써 시장이 형성되었다. 시장이 형성되자 농업과 공업 그리고 상업이 일어났고 백성들은 생업의 기초가 형성되었다.

그리고 신농은 산과 들에 나는 온갖 풀을 직접 혀로 맛을 보아 그 약성을 시험하여 약초를 찾아냈다. 이로써 백성들은 병으로부터 구제될 수 있었으니 이것이 의약의 시초이다. 그러므로 염제 신농씨로부터 농·공·상(農工商)의 뿌리가 되며 의약의 시초가 되는 셈이다.

강증산 성사(AD 1871년∼AD 1909년)께서 말씀하시기를

「신농씨(神農氏)가 농사와 의약을 천하에 펼쳤으되 세상 사람들은 그 공덕을 모르고 매약(賣藥)에 신농유업(神農遺業)이라고만 써 붙이고, 강태공(姜太公)이 부국강병의 술법을 천하에 내어 놓아 그 덕으로 대업을 이룬 자가 있되 그 공덕을 앙모하나

보답하지 않고 다만 디딜방아에 경신년 경신월 경신일 강태공 조작(庚申年庚申月庚申日姜太公造作)이라 써 붙일 뿐이니 어찌 도리에 합당하리요. 이제 해원의 때를 당하여 모든 신명이 신농과 태공의 은혜를 보답하리라.」고 하셨다.

- 대순전경, 예시 65절 -

즉 농·공·상(農·工·商)의 직업이 형성되어 원시산업사회가 형성되었고, 물물교환과 시장이 형성되자 물산이 풍부해지고 삶이 보다 편리해지고 윤택해졌다.

그러나 세상 사람들은 이러한 신농의 공덕으로 삶을 영위해 가는 것을 모르고 심지어 그가 세상에 무슨 업적을 남겼는지 조차 알지 못한다.

신농씨를 염제(炎帝)라고 한다. 이것은 불 화(火)자에서 취한 이름이다. 그가 남쪽으로 내려와 열산(列山 : 지금의 호북성 수현)에서 자리잡았으므로 남방 화(火)기운을 표방하여 화덕왕(火德王)이 되었기 때문이다.『삼황본기』에는 〈火德王 故曰炎帝 以火名官－화덕왕이다. 고로 염제이다. 불로써 관직을 이름하였다.〉라고 하였다. 그는 즉위한지 120년에 붕하였고 장사(長沙)에 그 릉이 있다고 한다.

신농씨에 의해 원시산업의 발전으로 부족별로 집단화되고 패쇄적인 소규모 부락이 붕괴되고 필요에 의해 각지에서 직업별로 모여들면서 마을이 형성되고 또 마을이 모여 도시가 형성되기에 이르렀다.

그러나 도시가 형성되고 의식주는 풍부하다 해도 산업을 다스릴 제도와 규율이 없었으니 사회는 혼란스러웠다. 이에 황제(黃帝) 헌원이 일어났다.

황제 헌원(軒轅, 재위 BC 2694년~BC 2592년)은 배달국 안부련 천왕 때 신하였던 소전의 후손으로 소전의 아들 중 신농과 공손이 있었는데, 이들은 배다른 형제였다. 『태백일사』「삼한관경본기(三韓管境本紀)」에 그 내용이 나온다.

少典之別派 曰公孫 以不善養獸 流于軒丘 軒轅之屬 皆其後也
소전의 별고에 '공손'이라는 이가 있었는데 축산을 잘하지 못하므로 헌구로 유배되었다. 헌원의 무리는 모두 그의 후손이다.

이들은 원래 웅씨족의 후예였으나 신농(神農)은 강수(姜水)에 살았으므로 강(姜)씨족이 되었고, 공손(公孫)은 웅씨족을 그대로 계승하였으니 헌원은 웅씨족의 후손이며 그의 성(姓)인 희씨(姬氏)는 어머니의 성이었다. 공손이 헌구로 들어가 희씨성을 가진 모계사회에 흡수되었음을 알게 하는 대목이다. 당시는 대부분 모계사회의 씨족단위의 소규모 부족사회를 형성하였으나 복희로부터 점차 부계사회가 형성되면서 부계의 성씨들이 형성되기 시작했다.

황제 헌원이 등장한 때는 염제 신농씨로부터 약 500년 후의 일이다.

헌원(軒轅)은 유웅(有熊 : 지금의 하남성 정주(鄭州) 신정시(新鄭市))[32]에 도읍을 정했다. 따라서 헌원을 유웅씨(有熊氏)라고도 한다. 황보밀(黃甫謐)의 『제왕세기』에서 밝히길 '유웅씨(有熊氏)는 웅(熊)씨인 소전(少典)의 집안과 염제의 어머니 집안인 유교(有喬)씨의 집안이 혼인하여 후대가 내려온 고로 성(姓)을 병칭했다.'고 하였다. 이는 헌원이 원래 웅씨(熊氏)였음을 뜻한다. 또 헌원(軒轅)을 '황제(黃帝)'라 칭함은 중원(中原)에서 등극을 하여 토덕왕(土德王)이 되었기 때문이다. 중앙 오십 토(土)의 색이 황색(黃色)인 까닭에 황제(黃帝)라고 하였다. 황제 헌원은 BC 2694년 정묘년(丁卯年)에 등극하였다.

도주 조정산(趙鼎山, AD 1895～AD 1958년)께서 말씀하시길

萬像萬事皆有是 諸法諸書總此源
만 상 만 사 개 유 시　 제 법 제 서 총 차 원

按 天文地理人事 皆黃帝之所始敎而 史記記年亦自黃帝始也
안　천 문 지 리 인 사　개 황 제 지 소 시 교 이　 사 기 기 년 역 자 황 제 시 야

만상만사가 모두 이로써 바로잡히게 되었고, 모든 법과 모든 글이 이로부터 근원이 된다. 살피건데 천문·지리·인사 모두를 황제가 비로소 가르치기 시작했으며, 역사의 기록 역시 황제로부터 시작된다.

---

32) 『제왕세기(帝王世紀)』에 말하길 "新鄭縣 故有熊氏之墟, 黃帝之所都也-신정현은 유웅씨의 옛터이므로 황제의 도읍지가 있던 곳이다."라고 했다.

고 하였다.

헌원이 용성(容成)에게 명하여 책력(冊曆)[33]을 만들게 하여 백성들로 하여금 씨 뿌리고 거두어 들이는 때를 알게 하고, 예수(隸首)에게 명하여 산수(算數)를 만들게 하여 넓이와 무게와 크기를 정하게 하자 비로소 농·공·상에 제도와 규율이 생겨 산업은 안정이 되었다.

그리고 영륜(伶倫)에게 명하여 궁상각치우(宮商角徵羽) 오음(五音)을 만들어 각종 예식에 쓰일 음율과 음악을 만들었다.

또 창힐[蒼爲]이 새나 짐승의 발자국을 보고 문자(文字)를 만들었으니[34] 이로부터 만 가지 일을 기록할 수 있게 되었다.

황제가 각 산업분야를 관리하는 관직[사(士)]을 두게 되자 세상은 힘쓰지 않아도 저절로 다스려지게 되었다.

이로써 세상에는 백성이 살아갈 수 있는 기본제도인 사(士)·농(農)·공(工)·상(商)이 완비된 것이다. 사·농·공·상(士·農·工·商)이 자리 잡히고 각자 자기 분야에서 본분을 다하게 되자 세상은 번성하고 평화가 찾아왔다.

이처럼 복희(伏羲)와 신농(神農)과 황제(黃帝)는 인류문명의 기초를 마련하신 분들이므로 이들을 일컬어 삼황(三皇)이라 한다.

---

33) 일월(日月)의 움직임과 절기를 기록한 책
34) 창힐이 만든 문자는 조족(鳥足)문자라고 하며, 창힐이 조족문자를 만들기 이전 이미 홍산문명이나 대문구문명 등에서 한자의 원형으로 보여지는 문자가 발견되었기 때문에 창힐이 한자를 만든 것이 아니다. 아직까지 해독되지 못하고 있는 우왕의 치수비문이 바로 창힐의 조족문자로 쓰여졌다는 설이 있다.

황제 헌원이 일어난 시기는 배달국 9대 양운(養雲)천왕, 10대 갈고(葛古)천왕, 11대 거야발(居耶發)천왕, 12대 주무신(州武愼) 천왕, 13대 사와라(斯瓦羅)천왕이 지나고 14대 자오지(치우, BC 2707년~BC 2598년) 천왕이 치세하던 시대였다.

당시 배달국에서는 부족국가들이 일어나면서 배달국의 도읍인 신시(神市)는 점차 힘을 잃고 천왕의 권력은 약화되어 유명무실 해지고 제후들이 임의대로 나라를 다스리고 있었다. 당시 배달국의 신시(神市)는 동북방에 위치했었고 복희의 후예들에 의해 일어났던 부족국가들은 오늘날의 하남과 산동 일대에 분포했으며, 신농에 의해 일어난 강씨의 부족들은 오늘날의 호북 일대에 위치했다. 그리고 황제 헌원에 의해 일어난 부족국가들은 하남과 산서 일대에서 일어났다. 따라서 우후죽순 격으로 대륙의 넓

은 지역에서 여기저기 생성되고 있었던 여러 부족국가들을 동북에 위치한 신시(神市)에서 지배권을 행사하기에는 무리가 있었던 것이다.

그러므로 신시는 권위를 잃게 되었고 천왕의 권력은 약화되어 있으나마나 한 존재가 되어 버렸다.

강씨의 부족국가가 8대 유망(楡岡)에 이르렀을 때 신시(神市)에는 제 14대 자오지 천왕이 일어났으며 일명 치우(蚩尤)라 불린다.

그는 무너진 신시(神市)의 위엄을 세우기 위해 형제와 친척으로 구성된 81명의 장수를 배치하고 군사를 양성하는 한편, 청동기 무기를 발명하여 당시로서는 무적의 군대를 만들어 정복전쟁에 나서게 되는데, 그 첫 대상이 바로 실정(失政)으로 백성들의 원성이 높았던 강씨족의 8대 통치자 유망(楡岡)이었다.

신농으로부터 8대를 계속하여 530년이 지났을 때 유망(楡岡)이 제위에 올랐으나 그는 정치를 잘못하여 백성들로부터 신임을 잃어버렸다.

유망은 모든 성읍을 둘로 묶으려 하였으나 백성들은 모두 흩어져 떠나갔고 세상의 도(道)는 매우 어지러워졌다.

이때 치우천왕은 배달국의 신시(神市) 건국이념을 계승하고 흩어진 백성들을 규합하여 제도를 고치고 삶의 터전을 가꾸어 내부 정세를 안정시켰으며, 용감한 병사를 양성시키고 세상의 변화를 관찰하였다.

마침내 강씨족의 유망(楡岡) 정권이 쇠약해지자 군대를 일으켜 정벌에 나섰다.

이미 선발된 81명을 장수로 삼고 갈로산(葛盧山)의 쇠를 캐내어 도개(긴 칼), 모극(양날 창), 대궁(큰 활), 호시(화살)를 많이 만들어 한결같이 잘 다듬더니 탁록(涿鹿)[35]으로 진격하여 구혼(九渾)의 전투에서 큰 승리를 거두어 1년 만에 아홉 제후의 땅을 점령하였다. 다시 옹호산(雍狐山)에 자리를 잡고 구야(九冶 : 대장장이)로 하여금 수금(水金 모래속의 금속)과 석금(石金 돌속의 금속)을 뽑아내어 예과(날카로운 창)와 옹호극(삼지창)을 만들어 냈다. 그 후 다시 군사를 정비하고 몸소 군사를 이끌고 양수(洋水)에 진을 치고 적을 섬멸하여 공상(空桑 : 하남성 개봉 남쪽)에 이르렀다.

공상(空桑)은 지금의 진류(陳留 : 하남성 개봉과 섬서성 서안 지역)이니 유망이 도읍했던 곳이다. 치우천왕은 이 해에 12부족국을 모두 병합하였는데 쓰러진 시체가 들판을 가득 메울 정도였다.

놀란 유망은 소호(少暤)[36]로 하여금 마주 싸우게 하였으나 치

---

35) 치우천왕과 황제 헌원이 전쟁을 치룬 탁록의 위치는 역사적으로 두 가지 설이 있어 왔다. 하나는 현재 하북성 탁록현이라는 설인데 이것은 현재 그 지명이 남아 있기 때문이다. 그리고 또 하나는 산서성 운성시 해주현 옛 염지(鹽池)부근이라는 설인데 현재는 이것이 더 유력시 되고 있다. 그 염지의 동남 방향에 치우촌이 있으며 이것은 송대의 〈태평환우기〉에 기재되어 있다. 그리고 황제의 릉은 섬서성 연안시(延安市)에 있고, 도읍을 한 유웅(有熊)은 지금의 하남성 정주의 신정시에 있다. 치우천왕이 산동아래 회대지역까지 차지하고 서쪽으로 진격하였다고 하니 현재 하북성 탁록현은 지리적 위치가 맞지 않다.
36) 여기서 말하는 소호는 오제(五帝)의 한명인 소호 금천씨를 말함이 아니다. 유망의 장수 중의 한 명으로 그 이름이 소호였다. 태백일사 신시본기에는 소호가 원래 유망의 장수였으나 치우천왕에게 항복하였다고 되어 있다. "공손헌원(公孫軒轅)이란 자가 있었는데… 병마를 크게 일으켜 가지고 와서 싸우고자 하므로 천왕(天王)은 먼저 항복한 장수 소호를 보내어 탁록을 포위하여 압박하고 그곳을 멸하였다."

우천왕이 예과와 옹호극을 휘두르며 소호와 크게 싸우고, 또 큰 안개를 일으키니, 적 병사들은 스스로 혼란에 빠져 결국 소호는 대패하였다. 소호는 간신히 목숨을 보존하여 공상으로 들어가 유망과 함께 도망쳐 버렸다.

이로써 당시 가장 강력했던 부족국가였던 강씨 부족국은 치우천왕에 의해 정벌되었다. 이후 치우천왕은 도읍을 청구(靑丘 : 산동성)부근으로 옮기고 세상을 다스렸다. 치우천왕 역시 북쪽에서 남쪽 청구로 내려왔다. 그의 초기 정착지는 오늘날 북경 위의 탁록이 아닐까 생각된다. 치우천왕이 일어나기 전까지는 배달국의 정권이 남북 둘로 나누어져 있었다고 보아야 한다. 북쪽의 천왕이 다스리던 신시(神市)와 남쪽에는 복희씨의 진국이 쇠퇴하고 강신농이 일으켰던 강씨 부족국이 가장 강력한 국가로 남쪽을 다스리고 있었다.

한편, 이때 강씨 부족국의 세력이 쇠퇴하자 공손의 후손인 웅씨족의 헌원(軒轅)이 일어나 주변의 부족들을 통합하고 강력한 부족연맹체를 형성하였다.

새로운 부족연맹의 황제 헌원과 신시의 법을 내세운 배달국의 치우천왕과의 일전은 필연이었다.

황제 헌원과 치우 천왕이 벌인 전쟁은 10년 동안 모두 73차례에 걸쳐 벌어졌으니 천존시대의 최초의 전쟁이었다. 황제 헌원과 치우 천왕이 만나 대전을 치룬 곳은 바로 탁록(涿鹿)이다. 오늘날 탁록이라는 지명이 중국 하북성 장가구시 탁록현(河北省

張家口市 涿鹿縣)에 있지만 이곳은 황제 헌원과 치우 천왕이 결전을 치룬 탁록이 아니라 동일한 지명일 뿐이다. 『태백일사』「삼한관경본기」에서 이곳을 산서(山西) 대동부(大同府)라고 기록하고 있으니 지금의 산서성 최남단 운성시 해주현(解州縣)과 일치한다. 아마도 하북의 탁록은 원래 치우천왕이 청구로 내려오기 전에 거점으로 자리 잡았던 지역이 아닐까 생각된다.

　『태백일사』「신시본기」에는

　이에 정예병을 나누어 파견하여 서쪽으로 예(芮)와 탁(涿)을 지키게 하시고, 동쪽으로 회대(淮垈 : 회수와 태산)를 취하여 성읍(城邑)을 만들어 헌원이 동쪽으로 침투할 길을 막으셨다.

　라고 하였으니, 예(芮)와 탁(涿)은 지금의 산서성 운성시 예성현(芮城縣)과 해주진(解州鎭)을 말함이다. 산서성과 하북성을 가르는 큰 산맥인 태항산맥(太行山脈)이 바로 이 예성과 해주를 지난다. 그리고 그 아래 화산(華山)이 자리하고 있다. 다시 말해 치우 천왕은 이 태항산맥을 경계로 동쪽을 다스렸고, 황제 헌원은 서쪽을 다스렸다. 황제 헌원의 릉이 섬서성 연안시(延安市)에 있다고 하니, 황제 헌원이 섬서성과 산서성을 다스렸음을 알 수 있게 하는 대목이다.

　황제헌원이 원래 일어났던 중원 땅 정주(鄭州)에서 치우와의 전쟁으로 인해 서쪽 지역으로 이동하였음을 알 수 있게 한다.

　탁록 전투에서 치우천왕이 안개를 크게 일으켜 지척을 분간하

치우 릉과 헌원 릉의 위치

지 못하게 하면서 전투를 혼란에 빠뜨리자 황제 헌원은 지남거(指南車)를 만들어 치우와 일전을 벌였다.

하지만 치우천왕은 헌원씨의 부족연맹을 멸하지 못하였고, 헌원씨의 부족연맹 역시 치우를 정벌하지 못하였다. 황제 헌원과 치우천왕은 마지막 탁록대전 이후 더 이상의 전쟁을 벌이지 않았다.

사마천이 쓴 『사기(史記)』에는 〈황제 헌원이 치우를 죽였다.〉고 기록되어 있으나 『태백일사』「신시본기」에는 〈이 싸움에서 우리 장수 치우비(蚩尤飛)가 공을 서둘다가 진중에서 죽게 되었다.《사기》에서 말하는 '치우를 잡아 죽이다.' 라고 기록한 대목은 아마도 이를 말하는 것인 듯하다〉라고 기록되어 있다. 또 『사기』에도

치우를 잡아 죽였다. 치우무덤은 동평군 수장현 관향성(東平郡 壽張縣 關鄕城 : 산동성) 가운데 있고 … 황보밀은 '황제가

치우를 죽였다고도 하고 또 황제가 참수한 사람은 치우 중(81
명의 장수) 다른 사람이라고도 한다.'고 하였다.

고 기록하였으니, 황제가 치우 천왕을 죽이지 못했음은 확실
하다.
이로써 배달국은 두 개의 지배권으로 분리되었다. 산동성 그
리고 회대지역 그리고 북방의 요하지역과 길림지역, 또 한반도
지역을 아우르는 동북방의 배달국과 서남쪽 현재의 산서성과 섬
서성의 황하 상류 지역을 다스렸던 황제 헌원의 후손들이 이루
는 서남쪽의 '부족연맹'이 나누어 다스리게 되었다. 이후로 이
두 개의 정권은 영영 통합되지 못하고 결국 후대에 단군조선과
하나라의 양국으로 분리되게 된다.

이 두 개의 정권이 분리되었던 시기가 BC 2600년 경으로 지
금으로부터 약 4,500년 전 일이였다.
당시 헌원의 부족연맹은 아직 정식 국가로써 출범하지는 않았
지만 이미 정치적 제도와 군대, 문자 등을 갖추고 사 · 농 · 공 ·
상을 갖추어 문명의 기초를 확립하고 이미 국가 단계에 접어들
게 되었던 것이다. 그러나 당시로써는 유구한 전통을 자랑하는
신선국인 배달국으로부터 독립하여 나가서 또 다른 나라를 세운
다는 것은 생각하기 어려웠던 시절이었다.
그렇다고 독자적인 정권을 수립하고 전쟁까지 치룬 마당에 다
시금 배달국의 지배하에 들어가기는 거부하였던 것으로 보인다.

따라서 정권만 분립된 채 국가는 수립하지 않고 후대로 이어져 내려가게 되었다.

이후 배달국은 청구(靑丘)에 도읍을 두고 이후 약 300년을 다스려 내려가다가 BC 2333년 단군에 의해 단군조선(고조선)으로 이어졌고, 부족연맹은 헌원의 후손들에 의해 오제(五帝)시대를 이어가다가 우왕(禹王) 때에 이르러 하(夏)나라로 이어지게 된다.

(2) 메소포타미아 지역에서 수메르 문명이 일어나다.

수메르 문명(BC 3500년～BC 2500년)

복희에 의해 천존시대가 열리게 되자 동양과 마찬가지로 서양에서도 문명이 열리기 시작했다.

이 시기에 서양은 메소포타미아 지역을 중심으로는 수메르 인들이 등장하여 문명을 일으키고, 나일 강을 중심으로는 이집트 메네스 왕조가 성립되면서 봄시대의 문명은 시작되었다. 이렇게 펼쳐진 문명이 이후 지중해연안과 유럽의 본토로 확산되었다. 그 교두보적 역할을 한 것이 바로 에게 해의 크레타 섬을 중심으로 일어난 에게 문명이다. 따라서 봄시대 서양문명은 메소포타미아 문명, 이집트 문명, 에게 문명 세지역이 서로 밀접한 관계를 이루며 발전을 하게 된다.

이 중 가장 먼저 일어난 문명은 수메르 인들이 일으킨 메소포타미아 문명이다.

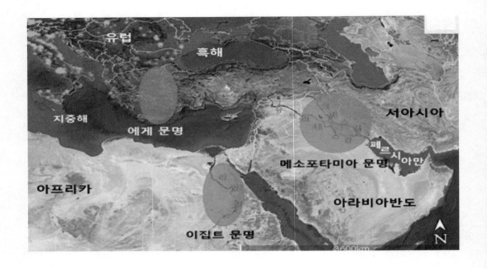

메소포타미아는 그리스 말로 '메소(meso)'와 '포타미아 (potamia)'의 합성어이다. '메소(meso)'는 중간(middle)의 뜻이고, '포타미아(potamia)'는 '강(江)'의 뜻으로 유프라테스 강과 티그리스 강 사이의 '비옥한 초생달 지역'을 말한다.

페르시아 만으로 흘러들어가는 유프라테스 강과 티그리스 강

은 비옥한 평원을 만들어 냈는데 이곳에 정착한 사람들은 오래전부터 정착 생활을 하며 뛰어난 문명을 이루었다.

이곳에는 원래 메소포타미아 하부 에리두를 중심으로 BC 5300년경부

터 우바이드 문명을 열고 농업을 시작했던 원주민들이 있었다. 이들은 티그리스 강 상류에서 BC 6100년경부터 할라프 문명을 열었던 자들이 이주해 내려온 것으로 보고 있으며 이들은 부락 단위의 소규모 농경지를 이루며 살고 있던 원시부족들이었다.

그러나 이곳에 BC 3800년경부터 수메르 인들이 이주해 오면서 BC 3500년경부터는 대규모의 도시국가가 성립(우르크)되고 농업과 공업을 발전시키면서 높은 수준의 문명을 열기 시작했다. 이때를 우르크기(BC 3500년~BC 3200년)라고 명명한다.

그들은 농기구를 사용하였으며 제방을 쌓고 수문을 만드는 등 수로를 만들어 관개농업을 하였고 바퀴를 만들어 수레를 사용하였다. 이러한 농경법은 많은 양의 곡식을 소출할 수 있었고 저장법을 터득하여 사시사철 풍요롭게 생활할 수 있었다. 뿐만 아니라 배를 만들고 운하를 만들어 각 도시국가간에 물물교환의 교역도 가능했다.

수메르 인들은 이 메소포타미아 지역에 갑자기 나타나 당시로써는 다른 문명들과는 비교도 되지 않을 만큼 고도의 문명을 이룬 민족으로 그들이 어디서 왔으며, 또 어떻게 이런 문명을 이루었는지 그 근원에 대해서는 아직 명확한 답이 없이 온갖 추측만이 난무하고 있다. 하지만 이들은 12한국의 하나인 수밀이국의 후예일 가능성이 가장 높다.

오늘날 메소포타미아 지역에서 고대 수메르 인들의 역사가 기록된 점토판이 발견되면서 수메르 인들의 역사가 『구약성서』

「창세기」에 기록된 역사와 상당부분 일치하고 있음이 밝혀졌다. 이러한 역사의 동일성은 바로 창조인간의 후손인 가인이 수밀이국으로 들어가 정착함으로써 그 혈통의 원류가 동일함에서 빚어진 현상으로 분석된다.

즉 아담의 장남인 가인과 아담의 셋째 아들인 셋의 혈통의 원류가 동일하기 때문이며, 가인의 후예들은 수메르에서 그들 조상의 역사를 점토판에 기록하였고, 셋의 후손들은 훗날 『구약성서』를 통해서 그들 조상의 역사를 기록하였기 때문이다.

그리고 『구약성서』 「창세기 4장 21절과 22절」에 보면 가인의 후손들은 뛰어난 재주를 가진 것으로 기록되어 있으며, 이들은 아마 수밀이국의 문명 발전에 상당한 기여를 하였을 것으로 보인다. 가인의 자손 중 유발은 수금과 퉁소를 잡는 모든 자의 조상이 되었고, 두발가인은 동철로 각양 날카로운 기계를 만드는 자라고 하였다. 가인의 후손들이 농업과 공업에 종사하며 수밀이국의 농업과 공업에 획기적인 발전에 기여하였을 것으로 보이며, 수밀이국은 당시 이미 뛰어난 문명을 가졌을 것으로 보인다.

그 수밀이족의 후손들 중 일부가 대홍수 때 아라랏 산 부근에서 화를 면하고 3,000년간의 겨울시대를 보낸 후 봄 시대를 맞이하여 메소포타미아 지방으로 남하해 내려오게 된 것으로 보인다.

수메르 인들이 이곳에 정착한 것은 복희가 황하에 진국(陳國)을 세웠던 시기와 거의 비슷한 시기인 BC 3500년경(약 5,500년 전) 우루크라는 도시국가를 세우면서부터 시작되었다. 우루크는 농업을 기반으로 토기와 농기구를 만들어 강줄기를 따라 주변으로 무역을 하며 급속히 성장하기 시작했다.

이러한 우루크의 문명을 본받아 BC 3천 년경(약 5,000년 전) 에는 이미 여러 개의 도시국가가 형성되었다. 도시국가(city state)라는 것은 한 개의 도시가 하나의 국가로서 기능하는 경우를 말하는 것으로 수메르는 문명의 초기에 이미 도시 국가 체제를 가지고 있었다. 대표적인 도시 국가들에는 우루크(Uruk), 우르(Ur), 이신(Isin), 라르사(Larsa), 라가쉬(Lagash), 시파르(Sippar), 니푸르(Nippur), 에리두(Eridu), 키쉬(Kish) 등이 있었다.

'수메르 인'이란 말은 BC 2000년경 메소포타미아 지역을 점령했던 셈 족계의 아카드 인이 메소포타미아 남부지방에 사는 사람을 부르던 말이었다.

왜 아카드 인들이 그들을 '슈메루'라고 불렀는지는 알 수 없다. 구약성서에는 '시날(Shinar)', 이집트 인들은 '신그르(Sngr)', 히타이트 인들은 '산하르(Sanhar)'라고 불렀다. 이것은 외부인들이 그들을 가리키는 고유한 이름이었음을 알 수 있다. 따라서 그 어원이 '수밀이'에서 유래되었으리라 본다.

수메르 인들은 자신들을 웅 상 기가(ùĝ saĝ gíg-ga) 즉, '검은머리 사람들'이라 불렀다. 수메르의 고대도시 니푸르(Nippur)에서 발견된 『에리두 창세기』 점토판 기록에 의하면 엔키(Enki)가 사람을 창조할 때 '검은 머리 사람'을 창조했다고 되어 있다.

엔키는 바다의 신 남무와 출산의 신 닌마(Ninmah)를 시켜 진흙을 가지고 검은 머리 사람들(ùĝ saĝ gíg-ga)을 만들었다.

자신들을 '검은머리 사람들'이라 부른 이유는 '하늘이 창조한 인간'의 대명사로 주변의 타민족에 대한 자부심을 가지기 위해 칭했던 명칭으로 보여진다. 일종의 선민사상(選民思想)의 발로라고 볼 수 있다.

그리고 그들의 땅은 키엔기르((Ki-en-gir)라 했다. '키(Ki)'는 땅을 의미하고 '엔(En)'은 지배자, 통치자, 제사장의 뜻이며, '기르(gir)'는 고귀한, 신성한, 문명의 의미이다. 즉 '대사제의 고귀한 땅', '문명화된 통치자의 땅'이라고 불렀다.

원시적 야만에서 벗어나 문명화된 나라라는 뜻이 담겨 있다.

그리고 달리 말하면 '엔키의 신성한 땅'이란 의미가 담겨 있다. 이들은 BC 3000년경부터 점토판에 문자를 기록하기 시작했는데 그것은 한자와 마찬가지로 상형문자였다. 상형문자는 뜻을 함유한 뜻글자로 앞뒤가 바뀌어도 그 뜻은 같다. 즉 '엔(en)-키(ki)'나 '키(ki)-엔(en)'이나 그 의미는 동일하다는 것이다.

자신들을 창조한 엔키를 신성시 하고 섬겨 왔음을 알게 하는 대목이다.

그런데 이들이 사용한 언어는 굴절어[37]를 사용하는 셈 족계의 중동언어와는 전혀 다른 교착어를 사용하고 있었다. 교착어란

한국어와 비슷한 어순[38]을 갖는 언어로 몽고, 만주(여진, 말갈), 한국, 일본, 터키, 헝가리인들이 사용하고 있는 우랄알타이어계 언어이다. 수메르 어에서는 한국어와 비슷한 어휘가 많이 발견되는데, 그 예를 들어보자면 하느님에 해당하는 신의 이름이 Anu(아누)인데, 이는 한국어의 '하느'님과 유사하다. 한국말에서 하느님은 '하누님'이라고도 쓰인다. 그리고 수메르 어에서 'An Ur(안울)'은 '하늘 지평선'을 뜻한다. 이외에도 'umun(우문)'은 우물의 뜻이고, '움마(Umma)'는 엄마의 뜻이다. 이같은 언어의 일치는 같은 문화권에 있었음을 뜻한다.

그런데 노아의 후손인 셈 족과 가인의 후손인 수메르 족이 한 혈통이라면 어찌해서 전혀 다른 언어체계를 가지게 된 것일까? 그것은 아마도 아담과 그 후손들이 에덴동산으로부터 추방되었을 당시 그 주위에는 이미 12한국을 이루고 있었던 토착민들이 있었고 그들은 그 사회에 동화되어 들어갔기 때문일 것이다.

당시 12한국은 모계사회를 위주로 하고 있었고 따라서 그들은 모계사회의 규율과 습성을 따를 수밖에 없었을 것이다. 가인이 에덴의 동편으로 갔을 때 그곳에는 이미 모계사회가 형성된 수밀이국이 있었고, 그 수밀이국은 우랄알타이어계의 언어를 사용하는 민족들이 자리하고 있었을 것이다. 카스피 해의 북쪽과 서

---

37) 셈 어족을 말하는 것으로 히브리어, 아람어, 아랍어, 앗수르어, 에티오피아어 등이 여기에 속한다.
38) '주어+목적어+동사'의 어순을 사용하는 언어.

쪽에서 이 우랄알타이어가 발견된다고 한다. 이곳에서 가인은 장가를 들고 자식을 낳았으며 자신의 뛰어난 기술을 발휘하여 그 세상에 큰 변혁을 가져왔을 것이다. 가인의 후손인 두발가인은 이미 그 당시 동과 철을 사용하여 낫이나 칼 등 날카로운 기계를 만들었으니 이것은 약 1만 년 전의 이야기이다.

그들의 후손들이 대홍수의 환란을 겪은 후 기나긴 3,000년간의 겨울시대를 아르메니아 고원 일대에서 수렵과 농업에 종사하다가 이후 메소포타미아 지역으로 이동하여 수메르 문명을 일군 주인공들이 되었다고 볼 수 있다.

그들은 이미 완숙된 문명을 다 가지고 들어와 수메르 문명을 세웠다고 한다.

그들은 당시 사람들로서는 상상도 하지 못했던 천문학의 지식과 달력이 있었으며, 60진법을 사용했고, 도시건설기술을 갖추고 있었다. 따라서 그들은 도시국가를 세우고 군대가 있었으며 화폐를 사용하였다. 설형문자를 만들어 문서 기록을 하였으며, 원통형 인장을 사용하였다. 도시 간의 연방제를 시행하였고 민

BC 3300년 전 우르크기 古型 설형문자와 원통형 인장

회와 장로회의 민주적인 운영을 통해 왕을 선출하는 제도까지 시행하고 있었다.

당시 동양에서 삼황(三皇)에 의해 국가가 형성되고 사·농·공·상(士·農·工·商)이 정립되었듯이 수메르 문명도 사·농·공·상(士·農·工·商)이 정립되고 정상적인 국가와 사회가 운영되기에 이른 것이다. 이러한 수메르 문명은 훗날 서구유럽 문명의 바탕이 되었다.

약 5,300년 전에 만든 것으로 추정되는 우르크(Uruk) 지구라트와 수메르 인의 조각상

그리고 수메르 도시국가들은 각기 자기들의 도시를 수호하는 수호신을 섬겼는데 예를 들면 니푸르는 번개와 바람의 신인 엔릴, 키쉬는 산파신이며 모신인 닌후르상, 에리두에는 물과 땅의 신인 엔키, 우르에는 달의 신 난나를 섬겼다. 그리고 이들은 수호신을 위한 거대한 제단(祭壇)을 지었는데 그것이 바로 지구라트이다. 수메르는 도시마다 수호신은 다를지라도 여러 신이 세

상을 다스린다는 판테온의 다신관을 가지고 있었으며 이 신들은 인간과 같이 결혼도 하고 자식도 낳는 인격화된 신으로 많은 신화를 남겼으며, 이 신화가 이후 지중해 인근으로 전파되어 그리스·로마 신화의 바탕이 되었다.

수메르 문명은 BC 2334년까지 도시국가들이 번영을 누렸으나 이후 북부 셈 족의 후손인 아카드 인들이 일어나면서 수메르의 도시국가들을 차례로 점령하여 통일국가인 아카드왕국(BC 2334년~BC 2154년)을 이루게 되고, 1천 년 동안 번영을 누렸던 수메르의 도시국가들은 역사의 무대에서 사라지게 된다.

(3) 나일 강 유역에서 이집트 문명이 일어나다.

이집트 초기 왕국(BC 3300년~BC 2686년)

한편, 메소포타미아 지역에서 수메르 문명이 일어날 즈음 지중해 동남쪽 나일 강 유역에서도 이집트 문명이 일어났는데 BC 5000년~BC 4000년 사이에 나일 강 유역을 따라 농경생활이 시작되면서 씨족중심의 부족집단들이 형성되기 시작했다. 이후 보다 넓은 토지와 풍족해진 수확물을 지키기 위해 보다 큰 규모의 공동체가 필요하게 됨에 따라 점차 이러한 부족집단들이 합쳐진 소왕국들이 탄생하게 되었다. 이러한 소왕국들은 외적의 침략을 막기 위한 군대와 군비를 갖추었으며 이들을 지배하는 왕권도 갖추었고, 각 소왕국 마다 수호신을 내세우고 사원을 갖추었다.

이집트의 이러한 소왕국은 메소포타미아 지역과는 달리 도시 중심국가가 아니라 전원적(田園的) 형태의 소규모 국가였다. 즉 소왕국은 여러 촌락의 부족들이 합쳐진 부족국가를 말하는 것이다. 이러한 소왕국들이 BC 3500년경에는 이미 중류 지역에 20개, 하류의 삼각주 지역에 22개가 분포되어 있었다. 나일강 중류지역의 소왕국 집단을 상(上)이집트라 하고, 하류 삼각지의 소왕국집단을 하(下)이집트라 했다.

상 이집트는 좁은 나일 계곡에 위치했으며 교통은 오직 남북을 관류하는 나일 강에만 의존해야 했으며 농경을 생업으로 삼았다. 따라서 그들은 보수적 경향이 강했고 지배권은 그 지역의 중심지였던 테베에 집중되었다. 반면 하 이집트는 남북의 길이가 약 200km, 동서는 약 220km에 달하는 광대한 평지에 운하와 수로가 종횡으로 뻗어 있는 나일 삼각주를 중심으로 넓게 펼쳐진 초원에는 농지와 포도원이 있었고 양과 염소가 방목되었으며 물자가 풍부하였다.

따라서 상 이집트는 통합이 잘되고 안정된 사회였던 반면 하 이집트는 각 소왕국의 지배권 경쟁이 심했고 쉽게 분열되었다. 이러한 지리적 여

건과 정치적 배경은 이후 이집트가 하나의 통일왕국을 이루는 과정에도 영향을 미쳤다.

BC 3150년경, 상(上)이집트를 통일한 메네스 왕은 결국 하(下)이집트까지 정복해 하나의 통일왕조를 이루게 되었다.

이집트의 본격적인 역사는 바로 이 초기왕국이 성립되면서 부터 시작된다.

메네스가 최초 통일왕조를 이룬 BC 3150년부터 BC 2686년까지 2왕조가 내려가게 되는데 이 시대를 초기왕조시대라 한다.

최초의 파라오가 된 메네스는 상 이집트와 하 이집트의 국경을 이루는 삼각주 하단 꼭지부분에 수도를 정하고 멤피스라고 했다. 맴피스란 '백색의 벽'이란 뜻으로 그곳은 죽음과 소생의 비밀을 관장하는 오시리스 신이 묻힌 곳이라고 했다. 왕의 호칭은 '파라오'라고 불렀는데 이것은 멤피스에 세워진 궁전의 이름을 '위대한 거처'라는 뜻의 '페르-아'라고 하였는데, 파라오는 이 '페르-아'라는 궁전의 이름에서 파생되었다고 한다.

메네스는 정복자로서 뿐만아니라 위대한 행정가였다. 그는 나라를 '노모스(nomos)'라 불리는 여러 지방들로 나누었다. 노모스는 지리와 경제, 종교적인 행정단위이다. 노모스의 책임자를 노마르크라 부르는데, 그들은 담당하는 지방에서 숭배하는 신을 모시는 고위사제를 겸했다. 메네스는 노마르크를 장악하여 강력

나르메르(메네스)왕의 팔레트. 지금까지 서양에서 발견된 가장 오래된 상형 문자 비문.
메네스 왕의 전승기념과 통일업적을 기리는 내용을 부조한 것.

한 중앙집권체제를 만들었다.

　메네스는 이집트 전역에 제방을 쌓고 운하를 팠다. 그리고 언덕을 깎아 평지로 만들고 웅덩이는 충적토로 메워 농지로 만들었으며 관개농업을 실시했다. 그리고 강에 산재한 섬들을 경작하고 목초지에는 방목을 하였다. 제 2왕조 말엽 이집트는 완전한 체계가 잡힌 부유한 통일 왕국이 되었다. 제 1왕조[39] 8명, 제 2왕조는 9명의 파라오가 다스려 내려왔으며 이 시기 약 460년간 초기왕조시대(BC 3150년~BC 2686년)가 이어져 내려오게 된다.

　이 시기에 이미 왕권이 확립되고 국가 조직이 완비되어 있었으며, 토목·건축의 기술도 크게 진보하였다. 그리고 당시 이미 히에로글리프(hierogrlyph)라는 상형문자가 있었고 왕의 이름과 업적 등을 기록하는 데에 사용되었다. 그리고 석제용기·동제품

---

39) 하나의 왕가가 다스리는 통치자 계열. 신라왕조, 고려왕조, 조선왕조 등과 같이 하나의 성씨가 대를 이어 다스려 내려오는 통치자 계열을 말함.

(銅製品)·귀금속·보석 가공 등의 공예도 높은 수준에 이르렀다. 이외에도 이집트에는 태양력과 태음력을 병행하여 사용했으며, 기하학과 건축술, 천문학이 발달되어 있었다.

이집트인들의 삶은 전적으로 나일 강에 의존해 있었다. 나일 강의 범람은 비옥한 진흙의 침전물을 남기게 되고 이것을 거름으로 농작물이 무성하게 자랐다. 따라서 나일 강의 홍수 시기나 양을 측정하거나 치수사업을 하기 위해 이집트인들은 기하학과 천문학, 역법(歷法) 등의 지식을 발전시켜 왔다. 하루를 낮 12시간, 밤 12시간으로 나누는 방법은 이집트인들이 태양력에 기초를 두고 고안한 것이다. 이집트에서는 흐린 날이 거의 없으므로 태양의 그림자를 사용하여 시간을 측정하는 해시계가 발달되어 있었다. 그리고 농사에 있어서 파종의 시기와 성장 그리고 결실과 휴경하는 시기는 달의 주기적인 현상에 따라 결정되는 것임을 그들은 깨닫고 있었다. 그래서 농사를 위해 그들은 태음력도 개발하였다. 그러나 태음력은 일 년이 354일 밖에 되지 않기 때문에 태양력과 차이가 났다. 그래서 그들은 2년 내지 3년에 한 번씩 29일이나 30일을 더해 그 차이를 보정하는 윤년제도를 고안하였다. 이것은 BC 2500년경에 이미 고안된 것으로 알려져 있다. 이것이 바로 오늘날 우리 인류가 사용하는 달력의 기원이 된다. 이러한 이집트의 문명이 이후 지중해의 해로를 따라 유럽으로 전해졌으며 서구문명의 바탕이 되었던 것이다.

이러한 이집트의 문명은 외부에서 이전되거나 전래된 것이 아니라 자체적으로 발전된 것이며 중동의 메소포타미아 문명, 혹

고대 이집트 상형문자 히에로글리프(hierogrlyph)와
BC 3100년 전 파라오 이름을 새긴 도자기 파편

은 다른 문명과는 하등 관계가 없는 독자적인 문명이다. 혹자들은 이집트 인들을 노아의 둘째 아들인 함 족 계열이라고 하지만 외모나 문명의 형태, 언어 등 전혀 연관성이 없다. 더구나 『구약성서』에서 야훼는 이집트 인을 두고 줄곧 '이방인'이라 불렀다. 이방인이란 자기의 족속이 아닌 다른 족속이란 의미가 담겨져 있다. 또한 이집트의 신관은 메소포타미아나 유대인과는 전혀 다른 체계를 가지고 있다. 이것은 전혀 상관관계가 성립되지 않는 별개의 혈족임을 나타내는 것이다.

그렇지만 이집트 문명 역시 고도로 발전된 문명을 바탕으로 하고 있으며 이것은 고대로부터 스스로 개발한 것들이 아니라 고대를 넘어 더 먼 과거에서부터 전래되어 내려온 것으로 보여진다. 즉 1만 2천 년 전 한국(桓國)시대 때부터 전해져 내려온 것으로 보인다.

기자의 대 스핑크스는 전체 길이 60미터 높이 20미터 석회암으로 되어 있다. 대 스핑크스는 피라미드처럼 돌을 쌓아 만든 게 아니고 원래 있던 바위산을 통째로 조각한 것이다. 보통 대 스핑크스는 카프레 왕의 피라미드 앞에 있기 때문에 카프레 왕 때인 BC 2550년경에 만들어진 것으로 알려져 있었지만 우선 카프레 왕 피라미드와 스핑크스는 제작법이 다르고 석재의 산지와 공법도 달랐다. 그리고 스핑크스 주위에 있는 벽에서 큰 홈들이 무수히 발견되는데 최근 지질학자들이 조사한 바에 따르면 이 홈들은 홍수 때문에 만들어진 것이 분명하다는 것이다. 이 사막지역에 그 정도의 큰 홍수는 1만 년 전 빙하기가 끝날 때에나 있었으며 그 이후는 단 한 번도 없었다.

그리고 거대한 스핑크스 상은 사자의 몸체에 사람의 머리를 하고 정 동쪽을 바라보고 있다.

정 동쪽을 바라보고 앉아 있는 기자의 대 스핑크스 상과
그 몸통에 가로로 물에 침식된 줄무늬가 보인다.

정 동쪽을 바라보는 이유는 춘분날 떠오르는 태양을 맞이하기 위해서이다.

서양에서 별자리를 표시하는 황도 12궁은 2,000년 마다 다른 별자리로 이동하는데 춘분날 사자자리에서 태양이 떠오른 때는 지금으로부터 약 1만 2천 년 전에 있었다. 1만 2천 년 전 춘분날 이른 아침 새벽별이 지기 전, 하늘에 사자궁이 떠 있던 바로 그 곳으로 태양이 떠올랐으며 대 스핑크스가 그 태양을 바라보고 있었던 것이다.

이 말은 1만 2천 년 전에 이 지역에는 이러한 거대한 스핑크스를 만들 만큼 고도로 발전된 문명이 있었다는 것이며, 고대 이집트 문명을 열었던 장본인들은 바로 그들의 후예라고 볼 수 있다. 따라서 바로 이 이집트 지역에도 1만 2천 년 전에 12한국(桓國) 중의 한 나라가 자리하고 있었으며, 이들 역시 대홍수를 겪으면서 대부분 사멸되고, 그 자손의 일부가 생존하여 훗날 이집트 문명의 기초를 이루었을 것으로 볼 수 있다.

이처럼 복희씨에 의해 BC 3500년경에 봉신(封神)을 하고 천존시대가 열린 이후 동서양 세계 곳곳에서 문명이 열리기 시작했던 것이다. 동양에서는 이미 1만 2천 년 전 신선국의 전통을 이어받은 배달국의 문명이 자리하고 있었고, 이를 기반으로 복희와 신농 등에 의해 산동지역의 대문구문명이나 황하유역의 황하문명이 일어나고 있었다. 그리고 서양에서는 수밀이국의 후예들이 수메르 문명을 이루고 있었고, 아프리카 상부에는 이집트 문명이 일어나고 있었던 것이다.

(4) 인더스 강변에서 인더스 문명이 일어나다.

인더스 문명 초기 형성기(BC 3300년~BC 2600년)

인도는 남북의 거리가 대략 3천 킬로미터에 이르고 동서간의 거리도 그와 비슷하다. 총면적이 420만 평방킬로미터에 달하는 거대한 지역을 차지하고 있는 이 반도를 사람들은 인디아 대륙이라 부르기도 한다. 오늘날 이 대륙은 인도, 방글라데시, 네팔, 부탄, 파키스탄 다섯 개 나라로 나누어져 있으며, 남쪽에 섬나라 스리랑카가 위치해 있다.

인도는 지도상으로는 동양에 속하지만 지정학적인 위치로 인하여 서양문명과 더 밀접하게 교류하였다. 북쪽으로 높고 긴 히말라야 산맥이 가로놓여 있고, 또 남쪽으로는 삼면이 바다로 둘러싸여 있으며, 동쪽으로는 열대기후 특유의 깊고 울창한 밀림으로 가로막혀 있어 사실상 동양과는 단절되어 있는 것이나 마찬가지였다. 그러나 서북쪽으로 힌두쿠시 산맥을 넘으면 이란과 인접해 있고, 바다로는 걸프만과 홍해에 인접하여 예로부터 이집트나 메소포타미아 지역으로 육상교류와 해상교류가 성행하였다. 훗날의 일이지만 당나라 삼장법사(三藏法師)가 인도로 경전을 구하기 위해 넘어갔던 길 역시 실크로드를 따라 중앙아시아로 넘어간 후 다시금 이란을 거처 힌두쿠시 산맥을 넘어 인도로 들어갔었다.

즉 예로부터 중국에서는 인도를 서역이라하여 서쪽의 문명국으로 생각했지 남쪽나라라고는 인식되지 않았었다.

따라서 이러한 지정학적인 입지조건으로 인하여 과거 인도 문화와 역사는 서양문명의 영향아래 형성된 것으로 간주되었으며, 1922년까지는 BC 2100년경부터 이 지역에 이주하기 시작한 아리안 족들이 이룩한 베다 문명에서부터 인도 역사가 시작되었다는 학설이 정설로 통용되고 있었다.

그러나 1922년 인도 고고학자 라칼다스 바네르지(Rakaldas Banerjee)에 의해 인더스 강 유역에서 하라파 유적과 모헨조다로 유적이 발견되어 1930년 영국의 고고학자 존 마샬(John Marshall)에 의해 대대적으로 발굴됨으로써 인도 문명은 BC 3300년까지 거슬러 올라가게 되었으며 이것은 아리안 족과는 전혀 별개의 인도 선주민인 드라비다(Dravida) 족에 의해 일어난 문명임이 밝혀졌다.

더구나 인더스 문명은 이집트 문명과 메소포타미아 문명과 거의 동일한 시대에 일어났음에도 불구하고 이미 바둑판처럼 구획된 계획도시에 상수도와 하수도 시설이 되어 있었으며 수세식 화장실까지 갖춘 벽돌건물들로 도시를 건설하였다는 점에서 오히려 이들 두 문명보다 더 선진문명을 가지고 있다고 볼 수 있다. 따라서 인더스 문명은 서양문명이나 동양문명과는 독립된 별개의 남방문명을 이루었다고 볼 수 있으며, 지금은 세계 4대 문명의 발상지 가운데 하나로 간주하고 있다.

인더스 문명은 현재 파키스탄의 영토에 속해 있는 인더스 강 유역에서 일어난 문명을 말한다. 인도(印度, India)라는 명칭 역시 인더스 강에서 유래되었다. 현재 세계적으로 통용되고 있는 인디아(India)라는 말은 고대 그리스인들이 불렀던 명칭이며, 페르시아 인들은 '힌두(Hindu)'라고 불렀다. 이것은 원래 인도인들이 인더스 강을 일컫는 '신두(Sindhu : 大河)'에서 유래된 말이다. 힌두교란 말도 원래 인더스 강 유역에 살고 있던 고대 인도인들에 의해 형성된 토착종교에, 아리안 계통의 바라문교(브라만교)가 융합되어 형성된 인도종교를 일컫는 것이다.

이처럼 인도에 대하여 다른 나라에서 부르는 다양한 명칭들은 인더스 강으로부터 유래된 이름들이다. 그러나 정작 인도 본토 사람들은 자신의 나라를 '바르트(Bharat)'라고 불러왔다. 이 명칭은 마치 우리나라를 외국에서는 'Korea(코리아)'라고 부르고 우리나라 사람들은 스스로를 '한국'이라고 칭하는 것과 같은 식이다. 바르트(Bharat)는 일찍이 리그베다 시대에 갠지스 강 상류의 광활한 지역을 통일하여 성세를 이루었던 아리안 족의 일족인 바리타 족에 자긍심을 갖고 있는 인도 인들이 자신의 나라를 칭하는 명칭이다. 1949년 인도 제헌의회에서 정식으로 채택되었다.

인더스 문명은 BC 3300년에 시작되어 BC 1900년까지 존속했던 문명으로 메소포타미아 문명이나 이집트 문명과 거의 동시대에 일어났던 문명이다.

BC 3300년경부터 초기 건설기를 거쳐 BC 2600년부터 부흥기를 맞아 흥성했으며, BC 2200년경부터 극심한 가뭄이 닥치면서 인더스 강가의 농업이 쇠퇴하기 시작하여 BC 1900년경 아리안 족의 침입에 의해 멸망하였다.

인더스 문명의 대표적인 유적인 모헨조다로와 하라파 유적 사이의 거리는 불과 480km에 불과하며 이들은 인더스 강을 통해 서로 연결되어 있다. 따라서 일반적으로 이 두 문명을 합쳐 인더스 문명이라고 칭한다. 그리고 이들 두 유적지보다 규모는 작지만 동일한 시대의 유적들이 구자라트 지역의 로탈 유적과 기타 라자스탄, 발루치스탄 등지에서도 유적지가 발견되었다.

따라서 인더스 문명은 인더스 계곡에만 한정된 것이 아니라 북인도 전 지역에 걸쳐 광범위하게 형성되어 있었다는 것을 알 수 있다.

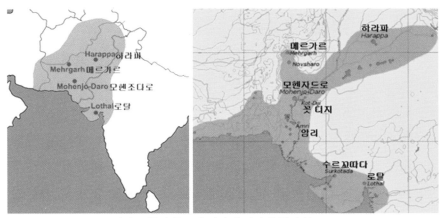

인더스 문명 주요 유적지와 기타 유적지 분포도

이들 도시유적들 중 특히 모헨조다로 문명과 같은 경우 철저한 계획에 의해 만들어진 도시로 남북으로 주 도로가 관통하고 양 옆으로 바둑판처럼 구획되어 벽돌집을 지었다. 그리고 이들 건물은 대형 목욕탕, 곡물창고, 회의장, 주택 등으로 구성되어 있으며, 당시 이미 상수도 시설과 하수도 시설과 수세식 화장실을 갖추고 있었다.

인더스 문명의 대표적인 유적지인 모헨조다로 계획도시 유적

　피라미드나 지구라트와 같은 형태의 신단(神壇)은 발견되지 않았으나 사원으로 생각되는 대형 건물은 발견되었으며, 모헨조다로 유물에서 요가하는 자세의 BC 2500년대 인장이 발견되었는데 이것은 당시 이미 개인 영성 개발을 위한 수도가 행하여 졌던 것을 알 수 있게 한다. 이러한 수련 자세는 중국 요녕성 요하문명에서 출토된 여신상과 남신상에서도 두손을 모으고 결가부좌를 한 모양으로 보여주고 있어 이미 발전된 정신문명이 존재했

모헨조다로 지역에서 출토된 요가수행자 인장과 도자기류

음을 짐작케 한다.

　이 지역의 유적은 철기는 없고 오직 청동기와 도자기 등만 나타나므로 청동기 시대 문명으로 분류한다. 이들은 대부분 농업에 종사하였고 주로 보리와 밀 등을 심었으며, 소와 양, 염소 등을 기르는 전형적인 농경문화를 형성하고 있었다. 보리와 소(흑소)는 이 지역에서 나는 자생종이었으나 밀과 양, 염소는 중앙아시아에서 들여온 것이었다. 이러한 사실은 당시 이미 중앙아시아와 교류하였음을 알 수 있게 한다. 이러한 인더스 문명의 형성과정을 알 수 있게 하는 또 다른 유적지가 1974년에 파키스탄 발루치스탄 주의 카치 평원에서 발견되어 1985년에 발굴되었다. 그것이 바로 인더스 문명의 전조로 보이는 메르가르 유적이다.

　메르가르 유적은 BC 7000년 전(약 9,000년 전)에 시작하여 BC 3200년까지 수천 년간 이어온 문명유적지이다. 초기 메르

가르 주민은 진흙 벽돌집을 짓고 살았으며 곡식을 곳간에 저장하였다. 이들은 보리와 밀, 대추야자를 경작하였고 소와 양, 염소 등을 길렀다. 후기 주거지(BC 5500년~BC 2600년)에서는 타제석기, 가죽 무두질, 구슬 생산, 청동금속 작업 등이 행해졌으며 2006년 4월 과학잡지 네이처 지에 의하면 인류역사상 최고 오래된 치아 드릴링의 증거가 메르가르에서 발견되었다고 한다.

메르가르 유적지

메르가르 초기(BC 7000년~BC 5500년) 약 1,500년간 유적에서는 도자기는 없었으며 단순 진흙벽돌로 내부가 넷으로 나누어진 건물을 지었다. 최초의 농작물은 밀과 보리였으며 양, 염소와 소와 같은 동물을 사육하였다. 많은 무덤이 발견되었는데 바구니, 석각기, 구슬, 팔찌, 목걸이, 희생동물이 발견되었다. 초기 유적에서 출토된 장신구들 가운데는 중앙아시아에서 나는 조개, 터키석, 청금석으로 만든 구슬이 있었다. 이들은 당시 멀리 떨어진 중앙아시아인들과도 이미 교류하고 있었음이 증명되는

기원전 7000년~6000년경의 것으로 추정되는 파키스탄 서부 메르가르 유적의 무덤에서
발견된 여성의 유골. 조개로 만든 머리밴드와 진주 목걸이를 한 채 매장되었다.
두 가지 장신구는 외부 공동체들과의 교역망이 있었음을 보여준다.

것이다.

메르가르 후기 (2기 : BC 5500년~BC 4800년, 3기 : BC
4800년~BC 3500년, 4기 : BC 3500년~BC 2600년) 주거지
에서는 도자기가 사용되었고 그 후의 청동기와 석기를 병용하였
다. 이 유적지에서는 장식한 여인상과 단순한 동물 토우(土偶)상
이 발견되었는데 머리 모양이나 장식이 매우 세련되어 있어 마
치 문명인들의 모습을 하고 있는 듯하다. 생산 활동의 많은 증거
가 발견되었고 더 많이 진보된 기술이 사용되었다. BC 2600년
이후 이 도시는 버려졌던 것으로 보인다. 발루치스탄 주가 건조
해짐에 따라 비옥한 인더스 계곡으로 이주한 것으로 추측된다.

이처럼 메르가르 문명은 인더스 문명의 전조로 보이며 약
9,000년 전부터 이곳에 정착하고 수천 년간 이어져 내려오면서
여러 층의 거주지가 형성되었다.

메르가르 유적에서 발굴된 장식한 여인 토우(BC 3000)와 도자기

9,000여 년 전이라면 대홍수 이후에 살아남은 소수 인종들에 의해 다시 정착하였던 시기로 우주 4철 주기로는 1회(會)의 겨울시대에 접어든 시기였다.

터키 아나톨리아 지역의 차탈휘위크 문명(BC 7400년)이나 중국 요하문명의 소하서 문화(BC 7000년)와 거의 같은 시기에 바로 이 메르가르 지역에서도 남방문명이 일어났던 것으로 볼 수 있다.

메르가르 문명을 일으킨 주인공들은 바로 인더스 문명을 일으킨 드라비다(Dravida) 족으로 보이는데 메르가르와 인근의 무덤에서 나온 유골들을 연구한 형질인류학자들은 메르가르 인들이 당시 남아시아에 살던 다른 주민들과 동일한 형질적 특성을 보인다는 점을 밝혀냈다.

앞서 기술하였던 구자라트 캠베이 만의 해저 유적은 약 1만 년 전에 건설되었던 도시로 보고 있는데, 이곳 해저유적지에서 발견된 문자기호와 인더스 문명의 하라프 유적에서 발견된 도자기 파편의 문자기호가 거의 일치하고 있음을 볼 수 있다.

HARAPPA (하라파)
Period 1: Ravi Phase

Post-firing graffiti

Pre-firing potter's marks

(도자기 기호 표시들)

캠베이 만 해저 유적은 약 1만 년 전 유적으로 해수면이 높아지면서 바다속에 수몰된 도시유적이다. 그렇다면 해저유적지를 건설한 사람들과 인더스 문명을 이룬 민족과 메르가르 문명을 이룬 민족이 동일한 민족일 가능성이 크다.

이들은 모두 남아시아계 종족들로 12한국(桓國)시절 인도양에 넓게 분포되었던 순다 대륙에 살았던 인종들 중의 하나라고 보여진다.

이들이 해빙으로 인해 해수면이 높아지면서 점차 북쪽으로 이동하여 인더스 문명을 이룬 주인공들이 되었는지, 아니면 대홍수로 인해 거의 멸절하고 그때 살아남은 종족들이 다시금 번성하여 인더스 문명을 이루었는지는 알 수 없지만 고도로 발달된 인더스 문명의 근원은 12한국(桓國)시대 순다 대륙에서 번성하였던 문명에서부터 출발한다고 보여진다.

　대홍수 후 배달국의 역사를 기술할 때 12한국(桓國) 중 9한(桓)만을 언급 하고 3개의 나라는 빠졌는데 이들 중 3개 나라가 바로 수메르, 이집트, 인더스일 것으로 생각된다.
　그렇다면 9한(桓) 64종족 연합국인 배달국에 의해 이루어진 새로운 문명이 요하 문명을 거쳐 황하 문명을 이루었고, 수밀이국 후대들에 의해 메소포타미아 문명을 이루었으며, 그리고 나일 강 유역의 이집트 문명과 인더스 강 유역의 인더스 문명을 이루어 세계 4대 문명의 근원이 모두 12한국(桓國)의 후예들에 의

세계 4대 문명 발상지

해 새롭게 출발한 문명이라고 보아야 할 것이다.

앞서 기술한 아메리카 인디언 호피 족의 역사관처럼 12한국(桓國)은 또 한 번의 멸절기를 맞이하였고 그리고 살아남은 인류의 씨종자들에 의해 다시금 세계 4대 문명을 이루며 새로운 역사를 열었다고 볼 수 있다.

2) 천존시대 중반기 역사

(1) 오제(五帝)시대(BC 2598년~ BC 2208년)와 단군시대, 동양문명 확립기

황제 헌원은 부족연맹체를 형성하고 정치 제도를 갖추고 다스리긴 하였으나 체계적인 국가의 형태는 갖추지 못했다. 이 부족연맹체가 국가를 형성한 것은 이로부터 500여 년이 지난 우왕(禹王) 대에 이르러서였다. 황제 헌원으로부터 우왕에 이르기까지 부족연맹체를 이끌어 왔던 성군들을 오제(五帝)라 한다.

황제 헌원의 뒤를 이어 소호 금천(少昊 金天, 재위 BC 2598년~BC 2514년)씨가 부족연맹을 다스렸다. 이때가 BC 2600년경이다. 소호 금천씨는 황제 헌원의 아들로 알려져 있다. 후진(後晉)시대 왕가(王嘉)가 지은 『습유기(拾遺記)』에 따르면 '소호는 금덕으로 임금이 되었다(少昊而金德王).'라고 하였다. 금덕왕(金德王)이란 서방 4·9금(金)을 말함이고 이것은 소호(少昊)가 서쪽을 다스렸다는 의미이다. 또 소호(少昊)라 함은 서방 석양의 붉은 태양을 상징하는 것으로, 동방의 떠오르는 태양을 태호(太昊)라고 함에 대해 겸손한 의미로 칭한 명칭이다. 소호(少昊) 금천(金天)씨가 금덕왕(金德王)이라면 반드시 서방을 다스려야 함에도 불구하고 '궁상(窮桑 : 지금의 산동성 곡부 동북)에서 태어나 동의부족의 수령이 되었으며, 후에 청양(靑陽 : 지금의 안휘성 청양현)으로 옮겼기 때문에 그를 청양(靑陽)씨라고도 한다.'고 하니 알 수 없는 일이다. 소호는 황제의 아들이고 황제가 서쪽의 섬서성 지역으로 옮겨가 다스렸으므로 황제로부터 제위를 물려받았다면 마땅히 서쪽을 다스려야 한다.『회남자』천문훈에는 '서방은 금(金)이다. 그곳의 황제는 소호(少暤)이며 욕수가 보좌한다. 욕수는 서쪽과 금과 가을을 맡은 신이다.'고 하였다. 소호의 후대들이 모두 서쪽의 산서성과 섬서성 일대에 자리하고 다스렸으니 금천씨가 태어나기는 동쪽에서 태어났더라도 그 다스림은 서쪽지역이었다고 보여진다.

소호 금천씨는 제위 84년에 100세까지 살았다고 하며 황제 헌원을 이어 천문과 지리, 인사를 널리 권장하고 구주에 법을 세워 나가니 천하가 잘 다스려졌다. 소호(少昊)가 가고 그의 대를 이어 창의(昌意)의 아들이며 헌원의 손자인 전욱(顓頊) 고양(高陽)씨가 즉위하였다. 전욱 고양씨(재위 BC 2514년~BC 2436년)는 소호 금천씨의 조카이다. 그리고 전욱 고양씨의 뒤를 이어 제곡 고신씨(재위 BC 2435년~BC 2365년)가 등극했다. 그는 황제 헌원의 증손자이다. 그리고 고양씨를 이어 제요도당씨가 등극하게 되었다. 이들은 대대로 성인이었다.

제요 도당씨(帝堯 陶唐氏, 재위 BC 2357년～BC 2258년)의 성은 이기(伊祁)이고 이름은 방훈(放勳)이며 황제의 현손(玄孫)[40]이다. 처음에 도(陶 : 지금의 산동성 하택현 남도구南陶丘)에서 살다가 나중에 당(唐 : 지금의 하북성 당현 唐縣)으로 옮겨 살아 도당씨(陶唐氏)로 불리며, 역사에서는 당요(唐堯)라 부른다.

그는 평양부(平陽府 : 지금의 산서성 임분시 양분현(襄汾縣))에 도읍을 정하고 백성 중 훌륭한 관원을 뽑아 직무에 따른 관직을 맡겨서 백성들을 다스리니 천하는 무위이화(無爲而化)로 다스려졌다고 한다.

또 명협(蓂莢)이라는 풀을 관찰하여 역법(曆法)을 정하여 백성

---

40) 고손(高孫)을 달리 칭하는 말. 윗대에 대해 자손에게 높을 고(高)자를 붙이지 않는다하여 현손이라 부른다.

들에게 때를 가르치니 천하가 비로소 하늘의 덕을 입게 되었다고 한다.

《역상 일월성신 경수인시(曆像日月星辰敬授人時)》는 서경(書經) 요전(堯典)에 기록되어 있는데

　희씨(羲氏)와 화씨(和氏)에게 명하여 호천(昊天)을 삼가 공경하고 따르며 일월성신을 역상(歷像)으로 하여 사람에게 때를 알려주라 이르셨다.

　라고 되어 있으며 또, 강증산 성사께서 요(堯)의《역상 일월성신 경수인시(曆像日月星辰敬授人時)》에 대해서 말씀하시기를

　천지가 일월이 아니면 빈껍데기요. 일월은 지인(知人)이 아니면 허영(虛影)이라. 당요(唐堯)가 일월의 법을 알아내어 백성에게 가르쳤으므로 하늘의 은혜와 땅의 이치가 비로소 인류에게 주어졌느니라.

- 대순전경, 공사 2장 20절 -

　고 하셨다. 당시 하늘의 별자리를 관찰하여 춘하추동 사시를 정하고 달력을 만들어 파종시기와 추수시기를 알게 한다는 것은 백성들의 삶에 있어 실로 중대한 사실이었다. 뿐만 아니라 황하주변에서 농업을 위주로 하던 그들은 때에 따른 홍수의 시기와 한서의 변화는 농업의 성패를 좌우하는 중요한 사안이었다. 따

라서 달력을 만들어 주기적인 천기의 변화를 정확하게 예측함에 따라 백성들의 삶은 큰 변혁을 가져왔고 태평성대를 구가할 수 있게 되었다. 따라서 부족연맹국은 당요 때에 이르러 태평성대를 이루었다.

　당요가 치세하던 시기에 동방의 배달국에서는 단군(檀君)이 일어나 조선을 건국했다. 배달국은 동북방의 신시(神市)에서 제 13세 사와라 천왕까지 약 1,200년간 다스려 내려오다가 14세 자오지(치우) 천왕에 이르러 도읍지를 산동성 청구(青邱)로 옮겼다. 그리고 이후 15대 치액특(蚩額特)천왕, 16대 축다리(祝多利)천왕, 17대 혁다세(赫多世)천왕에 이어 18대 거불단(居弗檀) 천왕에 이르기까지 다시 350여 년을 이어 내려와 총 1,565년간을 다스려 왔다. 18대 거불단 천왕에 이르렀을 때 배달국의 국력은 매우 쇠약해졌다.

　그러자 배달국의 뒤를 이어 '단군(檀君)'이 국정을 쇄신하고 다시금 개국(開國)을 하였으니 바로 조선(朝鮮)이다. 단군은 거발한(居發桓) 천왕, 즉 한웅(桓雄)의 친자이다. 『규원사화(揆園史話)』[41] 「단군기」에 이 내용이 나온다.

　한웅천왕(桓雄天王)이 세상을 거느린지 무릇 궐천년(闕千年)이니, 그가 바로 신시씨(神市氏)이다. 쑥대 정자와 버드나무 궁

---

41) 1675년 숙종 1년에 북애자가 지은 역사책.

궐에 거처하면서 정성으로 사람을 교화(教化)함에 앉아서 쉴 틈도 없이 다스리고 행함이 없는 듯이 일을 처리하여 자연스러운 교화(教化)를 널리 펴니 … 그 말년에 이르러 공들인 위업이 이미 완성되며 백성과 사물들이 즐거이 사는 것을 보고는, 태백산에 올라 천부(天符) 삼인(三印)을 연못가 돌 위의 단목(檀木) 아래에 놓고 신선(神仙)으로 화(化)하여 구름을 타고 하늘에 올랐다. 때문에 그 연못의 이름을 조천지(朝天池)라 한다. 고시씨(高矢氏)와 모든 사람은 천부(天符) 삼인(三印)을 받들고 그의 아들인 한검신인(桓儉神人)을 다함께 추대하여 군장(君長)으로 삼으니, 이로서 임금(壬儉)이 되었다. 임금(壬儉)은 군장(君長)의 뜻이다. … (중략) … 지금으로부터 거슬러 셈하면 대략 4천여 년이 되니 바로 당요(唐堯)와 같은 때로써 세속에서 말하듯이 「요(堯)와 아울러 함께 일어났다.」라고 말하는 것이 바로 그것이다.

단군(檀君)은 천계에서 오신 한웅(桓雄)과 지상종족 웅씨(熊氏)족 공주 사이에서 태어났으며, 신묘년(BC 2370) 5월 2일 인시(寅時) 단목(檀木)[42] 아래에서 태어났다. 그래서 그의 이름을 '단(檀)'이라 지었다. 단군(檀君)이란 '단(檀) 임금'을 한자로 표현한 명칭이다. 후대 사학자들이 단(檀)임금을 표현하기를

---

42) 박달나무로 해석함은 잘못이다. 단(檀)은 제단(祭壇)을 뜻한다. 단목(檀木)은 신시(神市)의 제단 주위에 심어 놓은 신단수(神檀樹)를 말하는 것으로 신시(神市)를 대표하는 말이다. '단목 아래에서 태어났다.' 함은 신시에서 태어났음을 의미한다.

'단군(檀君) 왕검(王儉)'이라 적고 있는데 이것은 '임금'을 한 자음으로 표현하는 과정에서 '임검(壬儉)'으로 적었고, 이것을 다시 옮기는 과정에서 '왕검(王儉)'으로 잘못 표기되었다. 그래서 임금성(壬儉城)을 왕검성(王儉城) 혹은 왕험성(王險城)으로 발음하는 오류까지 발생된 것이다. 오랜 세월동안 역사를 잃어버리고 고려시대에 와서야 위서(魏書)나 중국 사서를 참조하여 우리 역사를 적다보니 생긴 오류이다. 그래서『규원사화(揆園史話)』에서는

　　한검신인(桓儉神人)을 다함께 추대하여 군장(君長)으로 삼으니, 이로서 임금(壬儉)이 되었다. 임금(壬儉)은 군장(君長)의 뜻이다.

　라고 그 잘못을 바로 잡고 있는 것이다.
　그러므로 '단(檀) 임금' 혹은 '단군(檀君)'이라 칭함이 옳은 것이다. 단군(檀君)을 달리 '한금(桓儉)'이라 칭하기도 한다.
　어려서부터 신인(神人)의 덕이 있어 주변의 모든 사람들이 존경하고 따랐다. 그래서 신인 한금(神人 桓儉)이라 불렀다.

　이에 14세 되던 갑진년(BC 2357년)에 외할아버지인 웅족의 왕은 그의 신성함을 알아보고 비왕(裨王 : 왕을 보좌하는 부왕)으로 삼았다. 당시 웅족(熊族)이 이룬 부족국은 배달국 내에서 가장 큰 세력을 형성하고 있었으며, 소전(少典)이 바로 이 웅씨의 일족이었다. 따라서 소전의 후손인 염제 신농과 황제 헌원 역

시 웅족에서 갈라져 나간 부족들이었다. 단군의 모계가 바로 이 웅씨족이었던 것이다.

신인 한금(桓儉)은 태생적으로 신성함이 있어 크게 백성들의 신망을 얻었는데 섭정한지 24년 만에 웅씨의 왕이 전쟁하다가 붕어하시니 그가 추대되어 구한(九桓)을 통일하고 마침내 조선(朝鮮)을 세우고 단군(檀君)이 되었다.

단군(檀君)이 아사달에 도읍을 정하고 국호를 조선(朝鮮)이라 하였으니 이는 한국(桓國)과 배달국의 정통성을 이은 신선(神仙)국가였으며, 이때가 무진원년인 BC 2333년이다. 조선의 최초 도읍지인 아사달의 위치에 대해서는 여러 가지 설이 있으나『규원사화(揆園史話)』「단군기」의 기록을 보면

모든 고을의 지세(地勢)를 살피고 도읍을 태백산(太伯山) 서남쪽 우수하(牛首河) 벌판에 정하고 임금성(壬儉城)이라 했다. 오늘날 만주 길림(吉林) 땅에 소밀성(蘇密城)이 있어 속말강(涑沫江)의 남쪽에 위치하고 있는데, 이것이 바로 그 땅이다.

속말강은 또한 소밀하(蘇密河)라고도 일컬어지며 곧 옛날의 속말수(粟末水)이다. … (중략) … 대개 소밀(蘇密), 속말(涑沫), 속말(粟末) 등은 모두 '우수(牛首)'의 의미와 서로 가깝다. … (중략) … 『청평(淸平)』[43]에 이르길 「속말수(粟末水)의 양지(동

---

43) 고려 말에 청평산에 머물렀던 도인 청평 이명(淸平 李茗)이 저술한『진역유기』를 일컫는듯 하다. 그는 발해의 역사서인『조대기(朝代記)』를 참조하여『진역유기』3권을 지어 산골에 숨겨 두었는데, 조선말 북애자(北崖子)가 붓을 던지고 전국을 방랑하던 중 산골에서 이 책을 얻어『규원사화』를 저술하게 되었다고 한다.

쪽)에 발해 중경(中京) 현덕부(顯德府)[44] 땅이 있으니, 이곳이 바로 단군(檀君)이 도읍을 시작한 곳으로 임금성(壬儉城), 즉 평양(平壤)이라 한다. 북으로 상경(上京) 홀한성(忽汗城)[45]과는 600여 리 떨어졌으며…」라고 하였다.

라고 기록하고 있다. 앞서 밝힌 대로 태백산(太伯山)은 돈화 위쪽의 장광재령 소백산 부근이 된다. 그러므로 이 태백산의 서남쪽에 위치한 강은 바로 오늘날 송화강(松花江)이다. 송하강 하류 연해주에는 우수리 강(Ussuri R. 牛首里江) 즉 소머리 강이 지금도 있다. 따라서 이 송화강이 바로 소머리 강, 즉 우수하(牛首河)이며 이 송하강 상류에 길림 화전시(樺甸市)가 자리하고 있다. 따라서 이곳을 우수홀(牛首忽)이라 불렀다.

화전시는 현재 송화강 상류 휘발하(輝發河)의 남쪽에 자리하고 있는데 이 강의 남쪽에 둘레 2.6Km의 사각모양 성이 있는데 이 것이 『규원사화(揆園史話)』에서 말하는 소밀성(蘇密城)이다. 바로 이곳이 단군(檀君)이 최초 도읍한 임금성(壬儉城, 왕검성)이라고 밝히고 있다. 소밀성은 발해 때 중경(中京)으로 현덕부의

---

44) 여기서는 현재 길림성 화전시가 발해의 중경 현덕부로 지정되어 있다. 중국 사학계에서 길림성 화룡시 발해 유적지를 중경 현덕부로 보고 있으나, 서경을 압록강 근처 압록부로 보고 있으므로 길림 화전시가 마땅히 중경이 되어야 한다. 중경현덕부의 소속 주(州)로는 노주(盧州)·현주(顯州)·철주(鐵州)·탕주(湯州)·영주(榮州)·홍주(興州) 등 6주가 있었으며, 현주의 포(布), 노주의 도(稻), 그리고 철주의 속현(屬縣)인 위성의 철(鐵)은 발해의 기간산업으로 당나라에까지 알려졌다.
45) 현재의 목단강 동경성을 말한다. 동경성은 길림 화전시에서 북동쪽으로 직선거리 240km되는 지점이므로 약 600리 된다. 홀한(忽汗)은 경박호의 원래 이름인 홀한해(忽汗海)에서 따왔다. 이곳의 원래 이름은 상경 용천부이다.

중심이었다. 이곳으로부터 정(正)동북쪽 240Km 되는 곳에 발해 도읍지인 홀한성(동경성)이 위치한다.

　이곳은 과거 당나라 시절에 발해와 교역을 하던 교통의 요충지로 당나라 때 저명한 지리학자 가탐(贾耽, AD 730년~AD 805년)이 쓴《도리기(道里记)》에 보면

　丸都县城，故高丽王都。又东北溯流二百里，至神州。又陆行四百里，至显州，天宝中王所都。又正北如东六百里，至渤海王城

　환도현성은 고구려 왕도이다. 또 동북으로 배를 몰아 200리 가면 신주(神州)에 이르고, 또 육지로 400리를 가면 현주(顯州 : 화전)에 이르는데 천보(天寶 : 당 현종 연호) 때에 왕이 거주

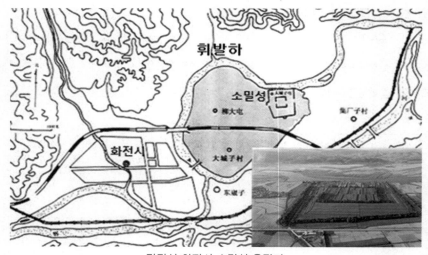

길림성 화전시 소밀성 유적지

하던 도읍지였다. 또 정북동쪽으로 600리를 가면 발해왕성(동경성)에 이른다.

라고 하였다. 따라서 이 소밀성을 중심으로 조선의 최초 도읍지인 아사달이 자리했었다고 보여진다.

그리고 단군은 아사달에서 평양으로 도읍을 옮겼다. 이에 대해『규원사화(揆園史話)』에는 다음과 같이 기술하고 있다.

우수하(牛首河)가에 산 지 10년 만에 백산(白山)의 남쪽 패수(浿水)의 북쪽으로 도읍을 옮기니 평양, 즉 두 번째 임금성(壬儉城)이다. … (중략) …『청평』에 말하길「단씨(檀氏)의 치세 때 모두 네 차례 솥을 옮겼는데, 그 두 번째는 패수의 북쪽에 도읍을 정하였으니 발해의 서경 압록부 땅인 신주(神州)가 바로 그곳이다. 고구려의 국내성 및 환도성(桓都城)의 옛 성터가 그 경내에 있다.」고 하였다.

10년 만에 도읍을 옮겼다고 하지만 다른 역사서에는 23년으로 기록하고 있다. 그리고 이때 비로소 국호를 조선(朝鮮)이라고 정했다고 기록하고 있다.

二十三年庚寅, 帝移都平壤『대동사강』「조선세가보」
23년 경인년에 단제께서 도읍을 평양으로 옮겼으니….
庚寅, 移都平壤, 改國號曰朝鮮『제왕년대력』「조선사략」
경인년에 평양으로 도읍을 옮기고 나라 이름을 조선이라 고쳐 불렀다.

移都平壤, 定國號始稱朝鮮 『동사년표』[古朝鮮, 檀紀23년, 庚寅, BC2311年條]

도읍을 평양으로 옮기고 나라의 이름을 정하여 비로소 조선이라 일컬었다.

조선의 두 번째 도읍지 평양(平壤)은 아직 정확한 위치가 밝혀지지 않은 채 많은 이설이 나돌고 있다. 그러나 『규원사화』에는 백산(白山)아래 패수(浿水) 북쪽이라 하였다. 그리고 이곳을 발해의 서경(西京) 압록부 신주(神州)라고 하였다. 이곳의 위치는 앞서 기술하였던 당나라 지리지 『도리기(道里记)』에 정확히 기술되어 있다. 즉 고구려 도읍지인 환도현성(오늘날 집안현)으로부터 뱃길로 200리(80km), 또 현주(顯州, 오늘날 화전시)로부

터 육로로 400리(160km) 되는 지점이다. 오늘날 사학계에서 이곳을 압록강변 임강시(臨江市)로 보는 견해도 있으나 이곳에는 아직 뚜렷한 유적이 발견된 바가 없고 거리상 맞지를 않는다.

거리상으로 계산해보면 신주(神州)의 위치는 바로 길림성 백산시(白山市) 정남쪽 20km 지점에 위치해 있는 홍토애진(紅土崖鎭)이라고 추정된다.

이곳은 넓은 분지로 사방이 산으로 둘러싸여 있고 수원이 풍부하여 도읍지로 적합한 곳이다.

그리고 『규원사화』의 말대로 백산의 남쪽이며 패수(浿水 : 오늘날의 압록강)[46]의 북쪽이 된다. 이곳으로부터 다시 20km 남쪽에 압록강 포구가 위치한다. 당시는 육로의 교통은 불편하였으므로 주로 뱃길을 이용한 수로가 주 교통수단으로 많이 이용되었다. 이 뱃길은 이후 발해시대에 당나라와의 교역에서 매우 중요한 교통수단이 되었으며 이로 인해 신주 압록부가 당나라 무역의 중심도시가 되었다.

고려 때 김부식이 지은 『삼국사기』 「동천왕 21년(247년)조」 주석에 "平壤者 本仙人王儉之宅也."라는 구절이 나온다. 즉 "평양(平壤)은 본래 신선 왕검의 집이다."라는 뜻으로 고구려 동천왕

---

46) 패수(浿水) : 역사서에는 패수의 위치가 여러 곳이 나온다. 강의 위치에 따라 나라의 지경이나 도읍의 위치 등이 차이가 나게 되므로 패수의 위치는 매우 중요한 사안으로 대두된다. 그러나 패수(浿水)는 정해진 강 이름을 말하는 것이 아니라 일반적으로 도읍지를 끼고 있는 강을 일컫는다고 볼 수 있다. 따라서 마한의 수도였던 대동강 평양으로 흐르는 강이 패수이며, 변한의 수도였던 왕검성(해성)으로 흐르던 강이 역시 패수이며, 위만조선의 수도였던 왕험성(창려)을 흐르던 난하를 패수라 하였다. 따라서 진한의 수도였던 평양(신주) 옆을 흐르던 압록강 역시 패수라 불렀던 것이다.

『도리기(道里记)』에 입각한 발해의 서경 신주 위치 및 제 2 임검성 평양(현 홍토애진)

때 위나라 관구검의 침입으로 환도성(丸都城)이 폐허가 되어 버리자 이곳 단군의 도읍지였던 평양으로 종묘사직을 옮겼었다. 이 평양은 대동강 평양이 아니다. 대동강 평양은 이후 고구려 장수왕 15년(427년)에 국내성에서 평양성으로 천도하였다. 고구려 초기 평양은 바로 이곳 환도성에서 멀지 않은 단군의 옛 도읍지 평양이었던 것이다.

그리고 『삼국유사』에는 평양에 도읍을 정했다가 이후 백악산 아사달로 옮겼다고 한다.

단군 왕검은 평양성(平壤城 : 지금의 서경西京)에 도읍하여 비로소 조선(朝鮮)이라고 불렀다. 또 도읍을 백악산(白岳山) 아사달(阿斯達)로 옮기더니 궁홀산(弓忽山 : 일명 방홀산方忽山)이라고도 하고 금미달(今彌達)이라고도 한다. 그는 1,500년 동안 여기에서 나라를 다스렸다.[47]

단군 치세 50년이 되던 때(BC 2284년) 큰 홍수가 있었다. 물이 불어 평양이 물에 잠기므로 당장(唐莊)으로 임시 도읍을 옮기게 된다[48]. 당장(唐莊)을 당장경(唐藏京)으로 본다면 오늘날 요녕성 개원시(開原市)가 된다. 홍수 후 다시 평양으로 돌아와 태자 부루에게 다스리게 하였다. 그리고 백악산 아사달로 도읍을 옮긴 것은 이로부터 1,000여 년이 지난 후 22세 색불루 단군 때이다. 『태백일사』「마한세가 하」에 의하면 「병신(BC 1285년) 원년 정월 마침내 녹산鹿山에서 즉위하니 이곳을 백악산 아사달(白岳山 阿斯達)이라 한다.」고 하였다. 앞서 기술한 『규원사화』의 내용 중 「단씨(檀氏)의 치세 때 모두 네 차례 솥을 옮겼는데…」라고 하였으니 단군조선 기간 동안 아사달을 시초로 하여 총 네 번의 도읍을 옮긴 것이다. 초기 우수하 아사달에서 평양으로 옮겼다가 홍수로 인해 당장경으로 옮긴 후 다시 평양으

---

47) 삼국유사에는 단군께서 1,500년간 다스렸던 시점을 주나라 호왕(무왕)이 즉위한 기묘년(BC 1122) 기자를 조선에 봉한 시점으로 잡으므로 단군조선 개국(BC 2333년)으로부터 잡아도 1,211년간 밖에 안되므로 1,500년간을 다스렸다고 하는 것은 맞지를 않다.
48) 『규원사화』의 내용 참조 : 나라를 다스린지 30여 년 만에 홍수를 만났는데, 어마어마한 파도는 하늘까지 치솟아 요만(遼滿)의 들녘을 품으며 올라서니 패수의 물은 불어 넘치고 평양은 물에 잠겨 버렸다. 이에 네 아들을 보내 마땅한 땅을 두루 살피게 하고는 아사달(阿斯達) 아래 당장(唐莊)의 들녘을 차지하여 거처케 하였다.

로 돌아왔으며, 평양에서 백악산 아사달로 옮기니 총 네 번 솥을 옮긴 셈이다.

아사달 --①--> 평양 --②--> 당장경 --③--> 평양 --④--> 백악산 아사달
BC 2333　　　 BC 2311　　　 BC 2284　　　 BC 2274　　　　 BC 1285

　백악산 아사달은 오늘날 길림시(吉林市)를 말한다. 해모수가 북부여를 세우고 도읍을 백악산 아사달에 정했다고 하였는데 길림시 강남(江南) 송하강변에서 북부여 시대의 궁궐터가 발견되었다. 따라서 백악산 아사달은 바로 오늘날 길림시가 된다. 이곳에서 단군조선이 문을 닫고 대부여가 성립되었던 BC 425년까지 다스렸으니 860여 년 간을 다스렸던 것이다.

　삼국유사에는 백악산 아사달을 궁홀산(弓忽山), 혹은 금미달(今彌達)이라 불렀다고 하는데 홀(忽)을 옛날에는 '골', 즉 '고을'이라고 불렀으니 그 뜻을 보자면 '궁(弓)자 고을 산'이란 뜻이다. 현재 길림시를 둘러싸고 있는 송화강의 모양이 궁(弓)자 모양으로 생겼으며 강의 동쪽에 용담산이 있다. 또 방홀산(方忽山)이라 함은 강 모양을 방(方)자 형상으로 볼 수도 있기 때문이다. 이 용담산에 판축토로 쌓은 산성이 있는데 고구려 때 산성이라고 한다. 그러나 그 이전부터 이 산성이 존재했다고 하는데 바로 이곳을 궁홀산이라 칭하지 않았을까 추정한다.

　그리고 아사달을 금미달(今彌達)이라고도 했다고 하는데 아직 뚜렷한 뜻이 밝혀진 바는 없다. 단지 미(彌)자가 활 궁(弓)자를 포함하고 있으므로 이와 관련 있는 듯하며, 한자의 뜻인 '그칠

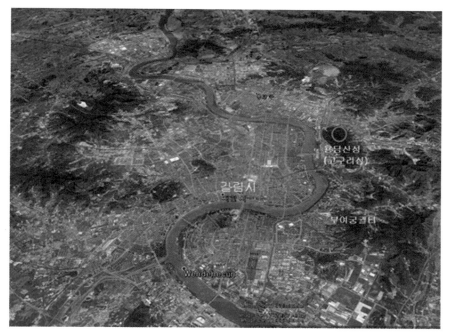

활 궁(弓)자 혹은 방(方)자 형태로 생긴 길림시 송화강(마치 활을 놓아둔 듯한 모양이다.)

미'는 활을 내려놓는다는 뜻이므로 '마치 활을 놓아 둔 듯한 땅'
이란 의미로 보인다. '달(達)'은 양달 응달 하듯이 넓은 땅을 말
한다. 용담산 아래 넓은 들을 금미달이라 칭했으리라 추정할 수
있다.

 '아사달'은 순수 우리말로 『단군세기』에 말하길 「아사달은 삼
신(三神)을 제사 지내는 곳인데, 후인들은 왕검(임금)의 옛집이
남아 있으므로 왕검성(임금성)이라 했다.」고 했다. 즉 아사달은
고대에 임금이 삼신(三神)께 제사 지내는 곳을 지칭한 말이다.
당시는 제정일치 시대이므로 제사장이 거처한 아사달이 곧 도읍

지가 되었다. 최근 언어학자들에 의해 연구된 바에 의하면 '아사(阿斯)'는 고대 알타이어 '아스(As-)'에서 왔다고 하며, 그 뜻은 '불붙는' '타오르는' '뜨거운'의 뜻으로 '태양'을 뜻하며, 만주어 '아이신'은 '밝음'과 '빛나는' 뜻으로 아스(As)와 같은 어원이다. 이것을 한자로 표현하면 '금(金)'이다.

그리고 '달(達)'은 원시 알타이어 '탈라(tala)'에서 왔다고 한다. '탈라'는 '드넓은 초원'을 부르던 알타이 유목민의 말이다. 브리야트 어(語)로는 '탈라(tala)' 칼묵 어로는 '탈러(tale)', 오르도스 어로도 '탈라(tala)' 만주어로는 '타르하', 퉁구스 어로는 '탈릭'이라고 한다. 그러므로 '달(達)'은 넓은 들판을 의미한다. 따라서 '아사달(阿斯達)'은 '아스탈라(As-tala)'의 한자음을 빌려와서 적은 명칭으로 보이며, 그 뜻은 '태양이 떠오르는 넓은 들' 혹은 '태양의 도시' '신성한 도시'라는 뜻이 있다.

'해 뜨는 아침의 나라' 조선(朝鮮)이 바로 이 아사달에서 유래됨을 알 수 있다.

그리고 평양(平壤) 역시 도읍지를 말하지만 다스림의 중심이 되는 정치적 중심지를 말한 것이다. 의미는 다르지만 모두 도읍지를 지칭한 말이었다.

오늘날 단군조선의 도읍지 위치에 대하여 대동강 유역의 평양(平壤), 그리고 요동반도의 해성(海城), 또 길림의 화전(樺甸) 등을 두고 사학자들 간에 의견이 분분하다. 왜냐하면 평양이란 지명이 여러 곳에 있고, 단군조선 치세 2,000여 년의 세월동안 도읍지를 여러 번 옮겼기 때문이다.

그런데 단군(檀君)이 조선을 개국했을 때 그 지역이 넓으므로 조선의 관경을 셋으로 나누어 다스렸으니 이를 삼한(三韓)이라 했다. 삼한은 진한(辰韓), 마한(馬韓), 번한(番韓)으로 진한은 단군께서 직접 다스리시고 마한과 번한 땅은 제후를 정하여 다스리게 하였다.

이러한 내용은 『태백일사』「삼한관경본기」에 수록되어 있다.

與三韓分土而治辰韓天王自爲也立都阿斯達
마침내 삼한으로 땅을 나누어 다스리시니 진한은 천왕 스스로 다스리시고, 도읍을 아사달에 세우셨다.

라고 하였고, 또 『태백일사』「마한세가 상」에는

단군 왕검은 천하를 평정하시더니 삼한(三韓)으로 나누어 관경(管境)을 만드시고 곧 웅백다를 봉하여 마한(馬韓)이라 하였다. 달지국(達支國)에 도읍을 하였으니 백아강(白牙岡)이라고도 하였다.

라고 적고 있다. 달지국은 오늘날 한반도 북부지역에 있던 하나의 제후국을 말함이고 백아강(白牙岡)은 바로 대동강 평양을 말함이다. 즉 마한의 수도가 바로 오늘날 대동강 평양이었다. 이것을 백아강 아사달이라 불렀다. 그리고 번한은 오늘날 요녕성 일대로 도읍지는 바로 오늘날 해성(海城)에 정했다. 이 해성(海

城)을 왕검성(王儉城 : 임금성)이라 불렀다.

　그리고 단군(檀君)이 개국한 아사달은 바로 오늘날 송화강 유역의 화전(樺甸) 소밀성이 있는 곳이며, 이후 길림시(吉林市)로 천도하여 백악산 아사달이라 칭했다. 이러한 삼한(三韓)의 수도를 두고 『단군세기』에 나오는 《서효사誓效詞》[49]에는 저울에 비유하여 균형을 맞추고 있다고 하였다. 먼저 《서효사》의 전문을 보면 다음과 같다.

　　朝光先受地　三神赫世臨
　　　조 광 선 수 지　삼 신 혁 세 림

　아침 햇빛 먼저 받는 이 땅에 삼신께서 밝게 임하셨네.

　　桓因出象先　樹德宏且深
　　　한 인 출 상 선　수 덕 굉 차 심

　한인께서 먼저 모습을 드러내 덕을 심으니 크고도 깊어라.

　　諸神議遣雄　承詔始開天
　　　제 신 의 견 웅　승 조 시 개 천

　모든 신이 의논하여 한웅을 내려 보내니, 조칙을 받들어 처음으로 개천하셨네.

　　蚩尤起靑丘　萬古振武聲
　　　치 우 기 청 구　만 고 진 무 성

---

49) 단군조선 6세 임검 달문 35년(임자 BC 2049)에, 모든 제후국의 왕들을 상춘(常春)의 구월산(九月山)에 모아 삼신께 제사를 지내고 신지(神誌, 사관) 발리(發理)에게 천제가 제후들에게 맹세를 받기 위해 내리는 글 '서효사(誓効詞)'를 짓게 하였다. 흔히 이것을 '신지비사(神誌秘詞)'라 하여 신라, 고려, 조선에 이르기까지 비결서로 많이 인용되었다.

치우께서는 청구에서 일어나 만고에 무용을 떨치시니,

淮岱皆歸王 天下莫能侵

회 대 개 귀 왕　　천 하 막 능 침

회대지방이 모두 천왕께 귀순하고, 천하에 그 누구도 능히 침범할 자 없었더라.

壬儉受大命 歡聲動九桓

임 검 수 대 명　　환 성 동 구 한

(단)임금께서 대명을 받으시니, 기쁨의 소리가 구한에 울려 퍼지고,

魚水民其蘇 草風德化新

어 수 민 기 소　　초 풍 덕 화 신

물고기가 물을 만난 듯 백성들은 이에 되살아나고, 풀잎에 부는 바람처럼 덕화가 새로워졌구나.

怨者先解怨 病者先去病

원 자 선 해 원　　병 자 선 거 병

원한이 맺힌 자는 먼저 원을 풀어주고, 병든 자 먼저 병을 낫게 하며,

一心存仁孝 四海盡光明

일 심 존 인 효　　사 해 진 광 명

오직 일심으로 인과 효를 행하시니, 사해에 광명이 미치지 않는 곳이 없었더라.

眞韓鎭國中 治道咸維新

진 한 진 국 중　　치 도 함 유 신

진한은 나라의 중간에 눌러앉아 바르게 다스리니 모든 것이
새로워졌고,

幕韓保其左 番韓控其南
막 한 보 기 좌　번 한 공 기 남

막한은 그 왼쪽을 보호하며, 번한은 그 남쪽을 억누르네.

巉岩圍四壁 聖主幸新京
참 암 위 사 벽　성 주 행 신 경

험준한 바위가 사방을 벽처럼 둘렀는데 거룩하신 임금께서
새서울로 거동하시니,

如秤錘極器 極器白牙岡
여 칭 추 극 기　극 기 백 아 강

마치 저울대와 저울추 그리고 저울판과 같아라. 저울판은 백
아강이요,

秤幹蘇密浪 錘者安德鄕
칭 간 소 밀 랑　추 자 안 덕 향

저울대는 소밀랑이요, 저울추는 안덕향이라.

首尾均平位 賴德護神精
수 미 균 평 위　뇌 덕 호 신 정

머리와 꼬리가 균형을 이루어 평형을 잡고, 그 덕에 힘입어
삼신정기가 보호되는구나.

興邦保太平 朝降七十國
흥 방 보 태 평　조 항 칠 십 국

나라를 흥성케 하여 태평세월 보전하니 70개 나라가 조공하며 복종하는구나.

永保三韓義　王業有興隆
영 보 삼 한 의　왕 업 유 흥 융

영원히 삼한이 의리를 보전해야만 왕업이 흥하고 융성하리라.

興廢莫爲說　誠在事天神
흥 폐 막 위 설　성 재 사 천 신

흥하면 망하는 법이라고 말하지 말라. 모든 일 천신에게 있으니 정성을 다할 따름이니라.

여기서 소밀랑(蘇密浪)은 소밀성(蘇密城)으로 진한의 옛 수도 아사달이며 삼신께 제사를 올리는 장소였다. 백아강은 대동강 평양을 말하는 것으로 마한의 수도 평양(平壤)을 말하며, 안덕향(安德鄕)은 지금의 요녕성 해성(海城)으로 고구려 때 요서의 안시성(安市城)인데 번한의 수도를 말함이다. 이 셋이 마치 저울대, 저울그릇, 저울추와 같은 역할을 함으로써 균형을 잡고 있다고 표현하고 있다.

여하튼 단군이 조선을 세웠을 때는 당요(唐堯) 치세 25년 되던 해였으며, 당요(唐堯)는 이때 태평성세를 이루고 있었다.

그러나 비록 25년 늦게 출발하였지만 당요(唐堯)가 아직 완벽한 국가의 제도적 형태를 갖추지 못한 반면 단군(檀君)은 이미 국가의 완벽한 제도를 가지고 출발하고 있었다.

단군조선은 이미 상당한 문명적 면모와 제도적 장치를 갖추고

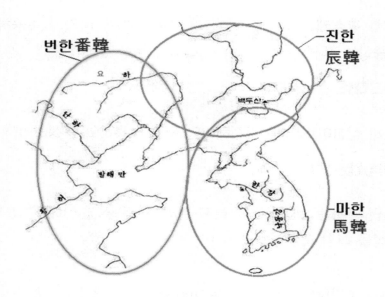

있었는데, 그것이 바로 호적을 관리하였고, 군대 조직을 관장하고 있었으며, 누에치기를 하고 있다는 점이다. 누에치기는 당시 비단을 생산하였다는 것이니 의식주의 측면에서 이미 원시상태를 벗어나 상당한 진보를 하고 있음을 볼 수 있다.

　그리고 호적관리와 군대조직을 갖추었다는 것은 이미 완벽한 국가의 형태를 띠고 있다는 것이다. 이런 현실의 배경은 단군이 조선을 개국하기 약 350년 전인 배달국 14세 자오지 천왕(BC 2707년)때 청동기 무기로 무장할 정도로 배달국은 이미 청동기문명이 발전되어 있었고, 단군은 그것을 그대로 계승하여 신선의 나라 조선을 세웠으니 이미 국가의 틀이 공고히 다져진 것이다.

　단군은 스스로 신시(神市)의 옛 규칙을 되찾고 도읍을 아사달에 정하였으며, 팽우(彭虞)에게 명하여 땅을 개척하도록 하였고, 성조(成造)에게는 궁실을 짓게 하였으며, 고시(高矢)에게는 농사를 장려하도록 맡겼고, 신지(臣智)에게 명하여 글자를 만들게 하였다.

또 기성(奇省)에게는 의약을 베풀게 하고, 나을(那乙)에게는 호적을 관리하도록 하였으며, 희(羲)에게는 점치는 일을 관장케 하고, 우(尤)에겐 병마(兵馬)를 관장케 하였다. 비서갑(斐西岬)의 하백녀(河伯女)를 거두어 아내로 삼고 누에치기를 다스리게 하니 그 다스림이 온 세상에 두루 미쳐 태평치세를 이루었다.

단군 치세 50년이 되던 때(BC 2284년)에 큰 홍수가 일어나 세상은 몹시 어지러웠다. 이에 단군께서 풍백(風伯)인 팽우(彭虞)에게 명하여 높은 산과 큰 내를 평정하여 치수하게 하니 이에 백성들이 편하게 되었으니 그것을 기리는 비석을 우수주(牛首州)[50]에 세웠다. 이것은 1차 대홍수로 9년 홍수는 아니었다. 9년 홍수는 이로부터 17년이 지난 후 2차 대홍수 때를 일컫는다.

1차 대홍수 때 단군조선에는 치수법이 완비되었으나 요(堯)가 다스리는 당(唐)에는 아직 치수법이 완비되지 못하였다.

이때는 당요의 치세 말년으로 홍수로 인하여 황하가 범람하자 백성들의 피해가 몹시 컸다. 당요는 당시 나이가 많아 BC 2285

---

50) 우수주(牛首州)는 우수하(牛首河)를 끼고 있는 우수홀(牛首忽)을 중심으로 주위에 여러 고을을 포함한 지역으로 볼 수 있다. 우수홀(牛首忽)은 아사달이 있던 오늘날의 길림 화전을 말함이다.

년부터 순(舜)에게 섭정(攝政)을 하게 하였는데 순(舜)은 곤(鯀)에게 치수를 맡겼다. 그러나 도리어 물길이 막히고 백성의 피해는 더욱 커져서 몹시 곤란을 겪게 되었다. 그러자 순(舜)은 치수(治水)에 실패한 곤(鯀)을 우산(羽山)으로 귀향 보내 죽게 하였다. 이로부터 세월이 지나 BC 2267년에 2차 대홍수, 즉 9년 홍수가 시작되었다. 이에 곤(鯀)의 아들 우(禹)가 부친의 불명예를 씻고자 치수를 자청하므로 순(舜)은 그에게 사공(司空)의 직책을 부여하고 치수를 맡겼다. 이때 우(禹)의 나이 18세였다. 사공(司空) 우(禹)가 부친의 불명예를 씻고자 치수를 자청했지만 강이 범람하고 산을 덮을 듯한 물을 다스리는 것은 쉬운 일이 아니었다. 단군조선에는 치수법이 있어 이미 물을 다스려 백성들이 편안함을 알고 순은 단군께 청하여 그 치수법을 얻고자 하였다.

이에 단군은 우순(虞舜)과 약속하고 치세 67년(갑술 BC 2267년)에 태자 부루(扶婁)를 도산(塗山)으로 파견하여 우순(虞舜)의 사공(司空)인 우(禹)에게 오행치수(五行治水)법을 가르치게 하였다. 도산(塗山)은 오늘날 안휘성 회원현(懷遠縣)을 흐르는 회하(淮河)의 동쪽 강변에 위치한다.

단군은 태자에게 치수법을 전해 주면서 나라의 경계를 따져 정하게 했다고 『단군세기』에 기록되어 있다. 이때 유주(幽州)와 영주(營州)의 두 곳 땅이 조선에 속할 것을 정하고 사공(司空) 우(禹)로 하여금 태자 부루(扶婁)로부터 그 오행 치수법을 받아 오게 하였다. 이것이 이른바 도산회맹이다. 유주(幽州)와 영주(營州)는 태항산맥의 동쪽에서 회대에 이르는 지역을 말하는 것으로 치우천왕 이후 배달국이 다스렸던 땅이었다. 『단군세기』에는 도산회맹에 대해 다음과 같이 나온다.

甲戌六十七年帝遣太子扶婁與虞司空會于塗山　太子傳五行治水
之法 勘定國界幽營二州屬我定 淮岱諸侯置分朝

갑술 67년 임금께서 태자 부루를 도산(塗山)에 파견하여 우순(虞舜)의 사공(司公)과 만나게 했다. 태자는 오행치수법을 전하고 나라의 경계를 따져 물어 유주(幽州)와 영주(營州) 두 주(州)가 우리에게 속하게 되었다. 그리고 회대(淮岱) 지방에 제후를 두고 분조(分朝)를 설치하였다.

이 내용은 그 경계가 회대에 이르러 있음을 알 수 있다. 『서경(書經)』「하서(夏書)」와 「우공(禹貢)」에는 우왕이 하나라를 다스릴 당시 예주(豫州)를 중심으로 기주, 연주, 청주, 서주, 양주, 형주, 옹주의 9주로 나누었다고 기록되어 있고, 유주와 영주는 빠져 있다. 그 경계를 도산 회맹에서 정했던 것이다.

오행 치수법을 전수받은 우(禹)는 전력을 다해 노력한 끝에 결국 치수(治水)에 성공하고 백성들을 편안케 하였으니 그가 바로 훗날 하(夏)나라를 건국한 우왕(禹王)이다.

BC 2258년 당요(唐堯)가 붕(崩)하고 그로부터 3년이 지난 BC 2255년에 순이 제위에 올랐다. 당요는 아들인 단주(丹朱)가 불초(不肖)하다 하여 제위(帝位)를 물려주지 않고 순(舜)에게 두 딸을 주고 제위를 물려주었다.

당요는 순에게 제위를 물려주며 "아! 순(舜)아, 하늘의 역수(曆數)가 그대에게 있으니 진실로 그 적중함을 잡아 정사(政事)를 보살필 것이다. 사해(四海)가 곤궁해지면 하늘에서 내린 복록이 영영 끊어질 것이다."라고 하였다.

제위를 물려받은 제순(帝舜) 유우씨(有虞氏, 재위 BC 2255년 ~BC 2208년)의 성은 요(姚)이고 이름은 중화(重華)이며 고수의 아들이요 전욱의 6대손이다.

『서경(書經)』에 따르면 순임금은 30세에 요임금에 의하여 등용되고, 3년 동안 시험을 거치고, 28년간 섭정을 하고, 다시 3년 상을 치른 뒤 BC 2255년에 제위에 오른 것으로 기록되어 있다.

당요의 뒤를 이은 순(舜)은 비록 몸소 일하지 않았으나 천하는 잘 다스려졌다.

그는 훌륭한 인재를 등용하고 많은 직책을 위임한 까닭에 몸소 일한 자취가 보이지 않았으며, 단지 군장의 자리에 있었을 뿐이었다.

순이 당요의 뒤를 이어 천하를 다스리니 천하는 태평하였고 만민은 그를 우러러 칭송하였다. 따라서 소호 금천씨로부터 전욱 고양씨, 제곡 고신씨, 제요 도당씨, 제순 유우씨까지를 오제시대(五帝時代)라 하며 대대로 성인이 내려와 다스렸으므로 태평성세를 이루었던 때로 칭송하고 있다. 이 오제시대는 약 400여 년간에 걸쳐 이어졌다.

우순(虞舜)이 세상을 다스리던 시기에 조선의 제 1세 단군은 93년간을 치세하다가 태자 부루(扶婁)에게 자리를 물려주었다. 이때가 BC 2241년으로 제 2세 단군 부루(扶婁, 재위 BC 2240 년~BC 2183년)가 제위에 올랐다. 이때 단군 한금(桓儉)의 천수 130세로 입산하여 신선(神仙)이 되었으니, 신선으로 사시면서 오랫동안 백성들의 어려움을 보살피다가 1,908세에 이르러 조상들이 내려온 천계(天界)에 오르셨다. 여기서 말하는 천계는 앞서 밝혔듯이, 죽어서 가는 세상이 아니라 실제 천체에 존재하는 문명세계를 말함이다.

고려 때 김일연(金一然)이 쓴 『삼국유사』에는 「단군은 … 평양성에 도읍을 정하고 비로소 국호를 조선이라 불렀다. 단군은 … 아사달에 숨어 산신이 되었는데 나이가 1,908세였다고 한다.」 라고 기록되어 있는데 바로 이를 두고 일컫는 말이다.

단군 한검(桓儉)이 천상계에 오른 시기는 기원전 BC 462년으로 42세 을우지(乙于支) 단군이 붕어하고 태자 물리(勿理)가 제위에 오른 시기와 일치한다. 단군이 천계에 오르시자 단군조선은 국운을 다하고 이로부터 38년이 흐른 후 BC 425년에 단군조선은 문을 닫고 조선을 이어 대부여(大夫餘)가 일어나게 되었던 것이다.

(2) 메소포타미아 아카드 왕조와 우르 제 3왕조

① 아카드 왕조(BC 2334년~BC 2154년)

동양에서 오제(五帝)가 일어나고, 단군이 조선을 건국하였을 시기 메소포타미아에는 수메르의 도시국가들이 멸망하고 새로운 아카드 왕국이 건립되었다. 약 1,000년간 찬란하게 문명을 발전시켜 오던 수메르 도시국가들은 메소포타미아 중부지역에서 일어난 셈 족[51] 계통의 사르곤 왕(Sargon)에게 차례로 정복되어 하나의 통일국가를 이루게 되는데, 그것이 바로 BC 2334년에 세워진 아카드 왕국(BC 2334년~BC 2154년)이다.

아카드 제국이 수립되면서 바빌로니아(남부 메소포타미아)의 북반부를 '아카드(Akkad)', 남반부를 '수메르(Sumer)'라고 부르게 되었다. 이때부터 '수메르'라는 말이 나오게 되었다. 아카드 왕국은 메소포타미아 최초의 통일 국가로써 서양문명의 발전사에 중요한 교두보적 역할을 하였다.

이때는 동양의 당요(唐堯)가 치세하던 시절이며, 단군이 조선을 건국했던 시기와 일치한다. 즉 이때는 동서양 모두 부족단위의 소국가들이 보다 큰 규모의 통합된 통일국가의 형태를 갖추고 제도와 문물을 완비하여 백성들을 다스려 갔던 시기로, 왕이

---

51) 셈족은 노아의 세 아들 즉 셈, 함, 야벳 중 장남인 셈에 의해 형성된 혈통을 말한다. 함족, 아리안족과 함께 유럽 3대 인종의 하나로 아시리아 인, 아라비아 인, 바빌로니아 인, 페니키아 인, 유대 인 등이 이에 속한다. 머리털과 눈동자가 검은색이고 중키에 셈어를 사용한다.

정치와 종교를 함께 관장하였던 제정일치(祭政一致)시대로 접어들고 있었던 시기이다.

아카드 인들은 메소포타미아 중부지역에 살던 셈 족의 한 갈래로 방목을 하고 생계를 이어갔던 유목민들이었다. BC 3000년경 도시국가 키시(Kish)를 세우면서 번영하였으며, 도시의 수호신은 전쟁의 신인 자바바(Zababa)였다. 이들은 수밀이 족으로 들어갔던 가인처럼 창조인간들의 후예였으나 삶의 방식은 유목과 농업으로 완전히 달라져 있었다.

셈 족의 조상은 노아를 거슬러 올라가 아담의 셋째 아들인 셋(Seth)으로 유목을 위주로 해왔던 유목민의 후손들이었고, 수메르 족의 조상은 농사를 짓던 가인과 수밀이 족의 혼혈로 추정된다. 유목민들은 넓은 지역을 이동하며 타 민족과 분쟁도 많았고 또 짐승이나 자연의 위협을 직면하는 경우가 많았으므로 자연히 호전적이었던 반면, 농업을 위주로 한 민족들은 한 지역에서 안정적으로 생활을 하고 있었으므로 대체로 온순하고 우호적이었다. 따라서 수메르의 도시국가들은 셈 족에게 쉽게 정복당하고 말았던 것이다.

이러한 민족의 성격적인 차이도 있었지만 결정적인 차이는 새롭게 개발된 무기체계였다.

당시 수메르는 1,000여 년의 세월동안 도시국가들이 서로 연합하거나 전쟁을 하며 공존해 왔는데 이 과정에서 청동기 칼이나 창, 도끼, 활 등의 무기가 있었고, 이미 청동판금 갑옷과 투구 등을 사용하였다. 무엇보다 주변과 구분되는 것은 전차였다.

그러나 이 전차는 네 마리 말이 끄는 4륜 전차로써 투박하고 오직 평지에서만 전투 수행이 가능했다.

수메르 4륜 전차와 아카드 2륜 전차의 비교

아카드의 사르곤 왕은 이 전차를 보다 가볍고 신속하면서도 다양한 지형에서도 전투가 가능한 두 마리 말이 끄는 2륜 전차로 개발했다. 그리고 활도 기존의 단일 재료로 만든 단순궁보다 훨씬 탄력이 좋은 사거리가 3배나 긴 복합궁으로 개발함으로써 전투력을 크게 개선시켰다. 단일 재료로 만든 단순궁은 사거리도 짧았고 가죽갑옷도 뚫지 못할 정도로 위력이 약했으나 사르곤 왕이 개발한 복합궁은 목재와 동물의 뼈, 그리고 힘줄을 사용하여 탄력을 강화하였으므로 사거리는 기존의 3배에 가까운 300m나 되었으며 청동갑옷도 관통할 정도의 위력이었다. 이 2륜 마차와 복합궁은 이후 히타이트와 앗시리아 그리고 멀리 이집트에까지 전해졌다. 이러한 신무기로 무장하고 고도로 군사훈련을 받은 상비군을 보유한 아카드 군은 당시로서는 무적의 군대였다. 따라서 아카드의 정권을 잡은 사르곤 대왕은 수메르 도시국가들의 정복전쟁에 나서게 되었고 도시국가들은 속수무책

최전성기 때 아카드 왕국 판세와 아카드어로 기록된 길가메쉬 서사시 점토판

으로 무너져 버렸던 것이다.

사르곤 왕이 정복자로서 좋지 않은 인상도 남겼지만 또 다른 한 편으로 문명의 통합과 진보라는 측면에서는 많은 업적을 남겼다.

사르곤 왕은 메소포타미아 중부 유프라데스 강변에 아가데 (Agade)에 도읍을 정하고 자신의 수호신 이쉬타르(Ishtar) 여신과 키쉬(Kish)의 전쟁신 자바바(Zababa)의 신전을 세웠다. 이쉬타르는 수메르의 여신 이난나(Inanna)이다. 이난나의 아버지는 달의 신 난나(Nanna)이고, 난나의 아버지는 지상의 최고 신인 엔릴(Enlil)이다. 이처럼 사르곤 왕은 기존의 수메르 신들을 계속 숭배함으로써 수메르 인들을 사상적으로 동화시켰다. 그리고 수메르의 상형문자를 받아들여 보다 간단한 설형문자로 개조함으로써 아카드 문자를 만들었다. 수메르 어와는 어순이 다른 셈 어족의 아카드 어는 메소포타미아 전역의 공식 언어가 되었으며, 아카드 문자로 기록되었다. 즉 언어와 문자를 통일시켰던 것이다.

이 아카드 어는 BC 9세기 무렵에는 고대 근동의 국제어로 자리 잡았고, BC 6세기 경 앗시리아의 아람 어에게 자리를 내어주기까지 광범위한 지역에서 사용되었다. 그리고 사르곤 왕은 수메르 문명을 적극 수용하여 두 문명이 융합한 새로운 아카드 문명을 이루게 되었다.

수메르 도시국가들을 정복하여 메소포타미아 지역을 통일하여 자신의 입지를 다진 사르곤 왕은 이후 북쪽으로 티그리스 강 너머 이란 지역과 유프라데스 강 너머 시리아를 정복하고 소아시아라 불리었던 아나톨리아 지역까지 원정을 갔다. 그리고 동쪽으로는 고대 도시국가 엘람(Elam)까지 정복하였으며 56년간의 치세(治世)동안 남쪽은 페르시아 만에서 북쪽은 동지중해에 이르는 대제국을 형성하였다. 그러나 사르곤 말년부터 각지의 반란에 시달려야 했고 그의 후대는 계속해서 반란을 진압해야 했다. 그러나 BC 2255년에 나람신 왕이 즉위하여 반란을 무사히 진압하고 이후부터 정복활동을 벌여 서쪽의 시리아 지방으로 진출하였고, 또 동쪽 이란 자그로스 산맥의 룰루비 인이 침입해 오자 이를 격퇴했으며, 남쪽으로 오만 지방까지 영토를 확장하였다. 그러나 나람신이 죽자 아카드 제국은 쇠락하기 시작했고 BC 2154년 고대 메소포타미아 동방의 자그로스 산맥에 거주한 산악 민족인 구티 족(Gutians)의 공격을 받아 180년간 번영을 누리던 아카드 왕조는 멸망하였다. 구티 족은 오늘날 쿠르드 족과 같은 민족으로 '쿠르드(Kurd)'란 말이 구티움(Gutium)에서 나왔다. 이들은 인도 유럽어족에 속하는 쿠르드 어를 사용하고 있으며 유목민족인 아리안계 민족이다.

그런데 대제국이었던 아카드 제국이 단순히 산악의 유목민에게 정복당했다는 것은 납득하기 어렵다. 따라서 아카드 제국의 갑작스런 멸망에 대해서는 오랫동안 역사의 의문으로 남아 있었다.

1993년, 고고학자와 지질학자, 토양과학자로 이뤄진 미국과 프랑스 공동 연구팀이 이 문제에 대한 연구에 나섰다. 연구팀은 폐허가 된 아카드 제국의 도시에서 토양의 수분을 최첨단 과학 기법으로 분석했다. 그 결과 BC 2200년부터 약 300년 동안 건조화로 인한 극심한 가뭄이 지속됐음을 밝혀냈다. 아울러 아카드 지방의 북부 도시에서도 역시 동일한 자료를 얻을 수 있었다. 이는 약 300년 동안 기후 대격변이 있었음을 나타내 준다. 아카드 제국은 기후 건조화로 말라붙어 버렸고 흉년과 기근이 닥치면서 국가는 혼란이 왔던 것으로 보인다. 이 틈에 구티 족의 침략을 받아 거대제국 아카드는 힘없이 무너져 버렸던 것이다.

② 우르 3왕조(BC 2119년~BC 2004년)

약 70년 동안 구티 족의 지배를 받던 수메르 인들은 BC 2050년 마침내 수메르의 도시국가의 하나인 라가시(Lagash)의 구데아 왕과 우르크(Uuruk)의 우투레갈 왕이 이끄는 연합군의 활약으로 독립을 이뤘다.

구티 족의 압제에서 벗어난 수메르 인들은 메소포타미아 지역
의 남부 지방 갈데아(Chaldea)에 우르 왕조를 세웠다. 우르(Ur)
의 남무(Nammu)왕, 슐기(Shulgi)왕 등이 일어나 북부 메소포
타미아까지 영향력을 미치면서 우르 제3 왕조(BC 2119년~BC
2004년)의 신(新) 수메르 부흥기를 맞았다.

우르 남무 왕(재위 BC 2112년~BC 2096년)은 종래의 신전과
는 비교가 안 될 정도의 큰 규모의 '우르(Ur) 지구라트(Ziggurat)'
를 건설하였다.

그리고 법전(法典)을 제정하여 통치 질서를 확립하였는데 이것
은 지금까지 알려진 세계에서 가장 오래된 법전이다. 이 법전은
함무라비 법전보다 300년 정도 앞선 법전으로 이후 바빌로니아
함무라비법전의 토대가 되었다.

약 4100년 전 우르 지구라트와 현존하는 가장 오래된 법전인 우르 남무 법전.

법전의 주요내용은 부패한 관리를 처벌하며, 시민의 양, 소, 당나귀를 빼앗는 자도 처벌하며, 저울과 자의 길이를 통일하고, 과부는 권세가의 희생물이 되지 않도록 규정하고 있다.

한편, 수메르 최강의 도시로 알려진 우르(Ur)는 아브라함 (Abraham, BC 2166년~BC 1991년, 원명 아브람. 99세에 야훼가 개명시킴)의 고향이며, 가장 번성하였던 우르(Ur) 제 3왕조 시대에 아브라함이 이곳에서 살았었다. 『구약성서』에는 '갈데아 우르' 라고 기록되어 있다.

『여호와께서 아브람에게 이르시되 너는 너의 본토 친척 아비 집을 떠나 내가 네게 지시할 땅으로 가라. 내가 너로 큰 민족을 이루고 네게 복을 주어 네 이름을 창대케 하리니 너는 복의 근원이 될지라. 너를 축복하는 자에게는 내가 복을 내리고 너를 저주하는 자에게는 내가 저주하리니 땅의 모든 족속이 너를 인하여 복을 얻을 것이니라 하신지라.』

— 구약, 창세기 12장 1~3절 —

아브라함은 셈 족의 후예였으며 당시 수메르 지역의 다신교를 믿는 대신 야훼(여호와)를 유일신으로 섬기고 있었다. 아브라함은 '선조의 집을 떠나 가나안 땅으로 가라' 는 야훼의 명령에 따라 갈데아를 떠나 미개척지의 가나안으로 들어갔다.

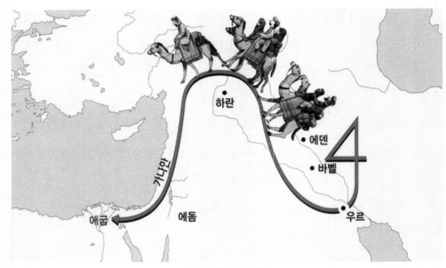

아브람의 이동경로

『아브람의 아내 사래는 생산치 못하였고 그에게 한 여종이 있으니 애굽 사람이요 이름은 하갈이라. 사래가 아브람에게 이르되 여호와께서 나의 생산을 허락지 아니하였으니 원컨대 나의 여종과 동침하라. 내가 혹 그로 말미암아 자녀를 얻을까 하노라. 아브람이 하갈과 동침하였더니 하갈이 잉태하매 그가 자기의 잉태함을 깨닫고 그 여주인을 멸시한지라.』

— 구약, 창세기 16장 1~4절 —

『하갈이 아브람의 아들을 낳으매 아브람이 하갈의 낳은 그 아들을 이름하여 이스마엘이라 하였더라. 하갈이 아브람에게 이스마엘을 낳을 때에 아브람이 팔십륙세이었더라. 아브람의 구십구 세 때에 여호와께서 아브람에게 나타나서 그에게 이르시되 나는 전능한 하나님이라. 내가 내 언약을 나와 너 사이에 세워 너로 심히 번성케 하리라. 너는 열국의 아비가 될지라 이제 후로는 네 이름을 아브라함이라 하리니. 너는 내 언약을 지키고 네 후손도 대대로 지키라 너희 중 남자는 다 할례를 받으라 이것이 나와 너희와 너희 후손 사이에 지킬 내 언약이니라. 남자는 집에서 난 자나 혹 너희 자손이 아니요 이방 사람에게서 돈으로 산 자를 막론하고 난지 팔 일 만에 할례를 받을 것이라 너희 집에서 난 자든지 너희 돈으로 산 자든지 할례를 받아야 하리니. 할례를 받지 아니한 남자 곧 그 양피를 베지 아니한 자는 백성 중에서 끊어지리니 그가 내 언약을 배반하였음이니라』

- 구약, 창세기 16장 15절~17장 14절 -

『아브라함이 그 낳은 아들 곧 사래가 자기에게 낳은 아들 … 이삭이 난지 팔 일 만에 그가 하나님의 명대로 할례를 행하였더라 아브라함이 그 아들 이삭을 낳을 때에 백세라.』

- 구약, 창세기 21장 3~5절 -

『그 일 후에 하나님이 아브라함을 시험하시려고 그를 부르시되 아브라함아 하시니 그가 가로되. 여호와께서 가라사대 네 아들 네 사랑하는 독자 이삭을 데리고 모리아 땅으로 가서 내가 네게 지시한 산 거기서 그를 번제로 드리라. 아브라함이 그곳에 단을 쌓고 나무를 벌여 놓고 그 아들 이삭을 결박하여 단 나무 위에 놓고 손을 내밀어 칼을 잡고 그 아들을 잡으려 하더니. 사자가 가라사대 그 아이에게 네 손을 대지 말라. 내가 이제야 네가 진실로 하나님을 경외하는 줄을 아노라』

- 구약, 창세기 22장 1~3절, 9~10절, 12절 -

아브라함은 86세에 이스마엘(ishmeel)을, 일백 세에 이삭 (isaac)을 낳았으며, 이들은 배다른 형제들이었다. 이스마엘은 나이가 많았지만 여종의 몸에서 태어났으므로 서자가 되어 이후 아브라함 곁을 떠나 아랍 인들의 선조가 되었고, 이삭은 아브라함의 본처인 사래가 99세에 잉태를 하여 낳은 적자로 유대 인들의 조상이 되었다. 이 과정을 통하여 아브라함을 조상으로 하는 유대 인과 아랍 인들의 족속이 형성되었으며, 이후 오늘날까지 비록 형제족속이지만 서로 적대하는 사이가 되었다. 그런데 여기서 잠깐 짚어볼 부분이 있다. 여호와가 아브라함에게 자식을 번제로 올리라고 했던 부분이다. 번제란 제물을 불에 태워 그 향기로 여호와 하나님을 기쁘게 해드리는 제사를 말한다. 즉 번제단 위에서 희생이 되는 짐승은 그 가죽을 제외한(가죽은 제사장의 몫, 레 7:8) 모든 것을 거룩한 불에 완전히 태워 그 향기(연기)로 여호와께 드리는 제사를 말한다(레 1:2-9). 성전 마당의 번제단에서 드려졌다 하여 '번제'라 불렀다. 이스라엘의 5대 제사(번제, 소제, 화목제, 속죄제, 속건제, 레 1:1-7:38) 중에 하나님과의 바른 관계를 회복하고, 또 예배자의 전 인격이 하나님께 바쳐짐을 상징하는 중요한 제사 방법 중 하나다.

만일 자식에게 그 아비를 번제로 드리라고 하였다면 그것은 낳아 주고 길러 준 부모에 대한 배은망덕이 분명하므로 세상으로부터 불효자식이라고 지탄의 대상이 될 것이다. 그런데 아비에게 자식을 번제로 드리라고 하는 것에 대해서는 아무런 감각이 없다. 자식이 아비를 번제로 드리던 아비가 자식을 번제로 드리던 양자간 어떤 경우라도 이것은 인륜도덕을 완전히 짓밟는 잔학 무도한 행동임이 분명하다. 아브라함이 자기 자식을 번제를 올리기 위해 번제단으로 데리고 갈 때 그 얼마나 가슴 졸이며 애탔겠는가? 여호와는 아브라함이 칼을 들어 자식의 배를 가르려고 할 때까지 그 광경을 지켜보고 있었다. 이 얼마나 잔인하고 무자비한 일인가?

이를 두고 볼 때 과연 여호와의 마음이 하늘의 마음이라 할 수 있을까?

앞서 계속 언급되었지만 여호와는 유대 인의 조상을 창조한 유대 민족신에 불과함을 다시 한 번 더 이러한 점을 미루어 알 수 있는 대목이라 할 것이다.

아무튼 아브라함에게서 낳은 이삭에 의하여 유대 민족은 번성을 누리게 되었고 이후 요셉이라는 후손은 애굽의 총리를 지냈으며 그 후손 모세에 의하여 다시금 이스라엘의 역사가 씌여진다.

다시 본론으로 돌아가, 우르 남무 왕 이후 번영을 누리던 우루 왕조는 5대 116년 만인 BC 2004년에 엘람 인(人)에게 멸망되고 말았다. 그러나 엘람 인들은 얼마 지나지 않아 BC 2000년경 서쪽에서 쳐들어온 함 족의 일파인 아모리 인들에게 쫓겨남으로써 그 지배권을 잃고 말았다. 이후 이 아모리 인들이 메소포타미아 지방을 점령하고 고대 바빌로니아 왕국을 세움으로써 수메르 문명은 국가 형태로서는 완전히 사멸되고 말았다.

그러나 수메르 인들이 남긴 문화 유산은 사멸되지 않고 그대로 전승되어 그 후 서양문명의 발전에 지대한 영향을 끼치게 된다. 수메르 인들의 기술과 생활양식, 종교, 문학 등은 그들 주변의 많은 민족들에게 하나의 전형이 되었고, 수메르의 뒤를 이은 바빌로니아, 아시리아, 히타이트 제국(Hittite)[52], 그리고 멀리 이집트까지 큰 영향을 끼쳤다.

수메르 인들이 서양 문명의 형성에 남긴 족적은 모든 분야에서

---

52) 소아시아 시리아 북부를 무대로 하여 BC 2000년대 활약했던 아시아계 민족 · 국가. 철기문명을 바탕으로 강력한 세력을 구축하였다.

괄목하지만, 그 중에 가장 기념비적 의미를 지닌 것을 꼽는다면 문자의 발명과 도시건설을 들 수 있을 것이다.

수메르 문자는 초기에는 상형문자를 사용하여 단순한 행정기록만을 남길 수 있었으나 이후 정형화 된 표음문자 체계로 발전되면서 BC 2500년~BC 2000년 사이에는 역사를 기록하고 서사시도 표현할 수 있는 설형문자 체계로 발전을 이루었다.

단계 내용 연대 문자 뜻	제1 단계 초기 수메르 그림 문자 B.C. 3100년경	제2 단계 90° 회전된 후기 그림문자 B.C. 2800년경	제3 단계 그림 문자 →설형문자 B.C. 2500년경	제4 단계 表音文字 →表音文字 B.C. 700년경
새				
물고기				
당나귀				
숫소				
태양				
곡물				
과수원				
경작한다				
부우머랭				
발				

수메르 문자 점토판과 수메르 문자 발전과정

그리고 도시의 형성을 통해서 만든 사회제도와 관료제도, 법률 등은 후대의 바빌론과 아시리아 제국들에 고스란히 전수되어 발전되었다.

그리고 악기와 수레 등이 발명되었으며, 관개와 농업에서 광범위한 업적을 이룩하였다. 이들이 건립한 운하, 둑, 그리고 저수지는 상당한 공학 기술이 요구되는 것들이다. 그리고 역사가들이 '농력(農曆)'이라 이름 붙인 유명한 수메르의 문서에는 농부가 밭에 물을 대는 것에서부터 추수에 이르기까지 전 과정에 걸친 농사법이 소상하게 기록되어 있다.

동양에서도 BC 2300년경에 당요(唐堯)에 의해 농업에 관한 역상(曆象)이 주어졌다고 하니 거의 같은 시기에 일어난 농업의 혁명이었을 것이다. 이 외에도 수메르 인들의 종교적 관념과 신관도 주위 민족들에게 큰 영향을 남겼다. 수메르 이후에 성립된 바빌로니아와 히타이트, 그리고 아시리아 제국의 신들은 수메르 신들이 그대로 유입되어 이름만 바꾼 것들이 부지기수였으며 이것은 이후 지중해로 건너가 그리스 · 로마의 신화를 형성하는 바탕이 되었다. 따라서 서양역사의 근원이 바로 이 수메르 문명에 있다고 해도 과언이 아닐 것이다.

(3) 이집트 고왕조 시대(BC 2686년~BC 2060년)

동양에서 오제시대와 단군시대가 열리고 메소포타미아에서는 아카드 문명이 일어날 즈음 지중해 서남쪽 이집트에는 고왕국 시대가 열리고 있었다.

이집트 왕조는 초기왕국 시대를 이어 BC 2686년부터 BC 2060까지 10왕조가 내려가게 되는데 이 시대를 고왕국 시대라고 한다. 이집트는 초기 왕국시대 500여 년 동안을 2개의 왕조를 거쳐 내려오면서 완전한 체계가 잡히고 각종 산업이 장려되어 백성들의 삶은 안정이 되고 국가는 전반적으로 완전한 체계가 잡힌 부유한 왕국이 되었다.

　이러한 초기 왕국시대를 발판으로 고왕국 시대는 이집트 역사상 가장 찬란한 문명을 이루었던 시기가 된다.

　고왕국은 제 3왕조의 개조 사나크테로부터 시작되었는데 이때부터 파라오의 왕권이 강대해지고 국력도 크게 떨친 시대다. 이 시대를 상징하는 기념물이 바로 피라미드인데, 최초의 피라미드는 BC 2650년 제3왕조의 2대 파라오 조세르에 의해 건설되었다. 서쪽 사막의 사카라 지역에 세운 것으로 계단식 피라미드이다.

　피라미드의 규모는 동서로 121m, 남북으로 109m, 높이가 60m로 당시로써는 최고의 건축물이며 조세르 파라오의 재상을 지냈던 임호테프가 설계를 하고 지었다고 한다.

　그리고 제 4왕조의 쿠푸, 카프라, 멘카우라 파라오 때 이집트

제 3왕조 조세르 파라오와 약 4,600년 전 조세르 파라오 때
사카라 지역에 건축된 최초의 피라미드(높이 60m)

대표 피라미드라 할 수 있는 기자 피라미드를 건축하게 된다.

당시 이집트의 국왕 파라오는 태양의 아들이며 살아 있는 신으로 여겨졌다. 이것은 이집트에 전해 내려오는 신화에 기반을 둔 것이다. 따라서 신권의 강화는 곧 왕권의 강화로 이어졌다. 때문에 이집트 파라오들은 웅장한 신전을 건축하였으며, 파라오가 죽으면 육신은 죽었어도 영혼은 영원히 존재한다고 믿어서 파라오의 영혼이 영원히 머무는 거처로 거대한 피라미드를 건축하였다.

약 4500년 전에 지어진 기자의 3대 피라미드.
좌측부터 맨카우라(65m), 카프라(143m), 멘카우라 피라미드(146.7m)

이집트 피라미드는 약 4,600년 전에 임호테프가 최초의 피라미드를 설계하고 지었다고 하지만 이러한 피라미드는 동양과 동유럽, 그리고 아메리카 대륙에도 널리 분포하고 있고, 또 이보다 건축 년대가 훨씬 앞선 보스니아의 1만 2천 년 전의 피라미드가 최근 발견됨으로써 피라미드는 임호테프의 창작이 아니라 그 기술을 전수받았거나 옛 기록을 보고 지었을 가능성이 있다고 보는 것이다.

2011년 5월 24일 영국 BBC 방송은 전세계 고고학자들이 깜짝 놀랄 뉴스 하나를 보도했다. 미국 항공우주국(NASA)의 후원을 받은 미국의 한 연구소가 적외선 영상을 통해 지하에 묻혀 있는 이집트 피라미드 17기를 찾아낸 것이다. 미국 앨리바마주(州) 버밍햄에 있는 이 연구소의 사라 펄케이크 박사팀은 지상 위 700km의 궤도를 도는 위성에 장착된 카메라가 찍은 적외선 영상을 통해 이집트 땅속에 묻혀 있는 피라미드 17기와 무덤 1,000여 기, 고대 거주지 3,000여 곳을 발견한 것이다, 펄케이크 박사의 주장에 따르면 나일 강 주변에는 침적토에 묻혀 있는 유적지가 수천 곳이 넘는다면서 앞으로 더 많은 유적을 찾아 낼 수 있을 것으로 예상하고 있다. 따라서 현재 드러난 피라미드 외에도 얼마나 더 많은 피라미드가 있을지 알 수 없고, 그 연대 또한 얼마나 더 거슬러 올라갈지 알 수 없는 상태이다.

동양의 한웅 천왕이 신시(神市)에 세운 신단(神檀)의 형태가 바로 피라미드 형태로 되어 있었다고 하니 그 유래는 아마도 1만 2천 년 전 한웅 천왕이 3,000 무리와 함께 지상에 내려오실 때 천상으로부터 가져 내려온 문명의 한 형태가 아닐까 생각한다. 이것이 12한국(桓國) 시절 전 세계로 퍼져 나갔으나 대홍수 이후 수몰되거나 잊혀졌다가 이후 다시 부활되어 나온 것이 바로 오늘날 세계 곳곳에 지어진 여러 피라미드들인 것이다. 피라미드는 원래 신단(神檀)으로 지어졌던 것이며, 이집트 피라미드도 지금까지 80여 개가 발견되었으나 단 한 곳도 시신이 발견된 곳은 없었다. 이 역시도 왕의 부활을 꿈꾸는 신단의 한 형태로 지어졌으리라 볼 수 있다.

이처럼 이집트의 고왕국(BC 2686년~BC 2060년)은 제 11왕조 때 수도를 나일 강 중류 테베로 옮길 때까지 약 600년간 번성하였으며, 이 시기는 이집트의 역사상 가장 안정적이고 화려한 문명을 발전시켰던 시기였다. 대부분의 피라미드는 이 고왕국 시대에 만들어진 것이며, 이후에는 신전의 형태로 변화되어 갔다. 그러므로 이 고왕국 시대를 피라미드 시대라 부르기도 한다.

(4) 인더스 문명의 전성기(BC 2600년~BC 2100년)

모헨조다로 문명과 하라파 문명

인더스 문명은 인더스 강을 따라 형성된 하라파(Harappa) 문명과 모헨조다로(Mohenjo-Daro) 문명 두 유적지가 발굴됨으로써 세계 4대 문명의 발상지 중 하나로 주목받기 시작했다. 1921년 인도 고고학자 라칼다스 바너지가 인더스 강변의 하라파의 언덕에서 쿠샨 왕조시대의 불탑을 발굴하는 과정에서 우연히 인구 2만 명 정도 살던 고대 유적지를 발견하게 되었다. 그리고 이듬해인 1922년에 다시 하라파에서 조금 떨어진 인더스 강변의 모헨조다로라는 마을 근처에서 또 하나의 큰 도시 유적지를 발견하게 되었다. 이 두 유적지는 1930년대에 이르러 비로소 영국인 고고학자 존 마샬에 의해 본격적인 발굴이 시작되었지만 아직 10% 정도 밖에 발굴하지 못했다고 한다.

인더스 문명권은 단지 인더스 강에만 국한되지 않고 남북으로 히말라야 산기슭에서 봄베이 부근 아라비아 해에 이르는 1,600km와 동서는 펀자브 지방을 가로지르는 1,100여km에 이르는 넓은 지역으로 확산되었다. 이것은 현재 인도의 1/3보다

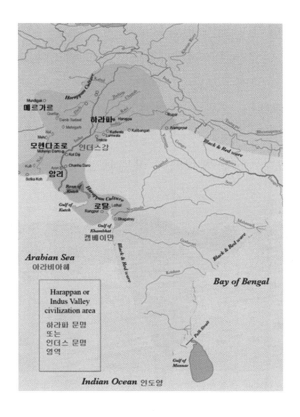

넓은 지역이다. 현재 발굴된 유적지만 70여 곳에 이르고 250여 곳에 유적지가 분포한다.

하라파 유적지는 훼손이 심해 실체를 알아볼 수 없으며 그곳에서 출토된 유물로 그 문화의 정도를 가늠할 수 있으며, 모헨조다로 유적지는 보존상태가 좋아 인더스 문명을 살펴볼 수 있는 대표 유적지가 된다.

방사성탄소 연대측정법에 의하면 모헨다조로 유적지는 BC 2600년경부터 건설되기 시작하여 BC 2400년~BC 2100년까지 가장 흥성했던 단계가 된다.

특히 모헨조다로는 철저한 계획도시로 모헨조다로에는 인구 4만 명이 살 수 있는 대규모 도시였다. 이것은 당시 메소포타미아 지역에서 발전했던 수메르 도시국가들보다 훨씬 뛰어난 문명을 보여주고 있다.

도로는 넓고 곧게 잘 계획되어 바둑판 모양으로 뻗어 있고, 정

하라파 유적지(45m 크기의 거대한 곡물창고 기초)

모헨조다로 계획 도시 유적지

교한 상수도와 하수도 시설이 되어 있으며, 당시 이미 수세식 화
장실을 사용하고 있었다.

그리고 정교하고도 거대한 대형 풀장과 같은 목욕시설(55m×
22m)을 갖추었으며 목욕탕(19m×7.5m×2.5m)의 벽면에 콜타
르를 발라 방수 처리까지 하였으며 지금도 손상이 거의 없을 정
도라고 한다. 그리고 그들은 이미 규격화 된 벽돌을 벽돌공장에
서 생산하여 모든 도시를 건설하였다. 이미 4,000여 년 전에 거
의 현대문명에 가까운 문명도시를 건설하였던 샘이다.

인더스 인들이 정치와 행정면에서 매우 효율적인 조직을 갖추
고 있었다고 보여진다. 인더스 문명의 인공시설물들은 무게와
길이를 재는 정확한 도량형 제도를 보여주고 있고, 당시 이미 수
학적인 조합의 효율적인 2진법과 10진법 체계를 사용하고 있었
다. 이들은 도시문명을 건설하였으면서도 대부분 농업에 종사하

모헨조다로의 계획도시
[폭 10m의 포장도로(상,좌) 도시 곳곳에 완벽히 조성된 하수시설(상, 우)
도시주변의 인공저수지(하, 좌) 넓은 공중 목욕시설(하, 우)]

였다. 주곡은 보리, 콩, 참깨도 재배하였고, 구자로트 로탈 유적
지에서는 벼농사를 지은 흔적도 발견되었다. 그리고 모헨조다로
유적지에서 두 마리 소가 끌고 있는 수레모양의 테라코타가 발
견되었는데 당시 수레를 교통수단으로 사용하여 물건을 나르거
나 사람이 타고 다녔음을 알 수 있게 한다. 또한 청동제 춤추는
소녀상과 같은 정밀한 청동기 주물상을 제작할 정도로 청동기
기술이 발전되어 있었다.

모헨조다로에는 천 조각과 물레가 발견되었으며 당시 목화를
재배하여 면직물을 짜서 천 옷을 입었던 것으로 보인다.

그리고 이들은 당시 이미 선박을 이용하여 멀리 메소포타미아

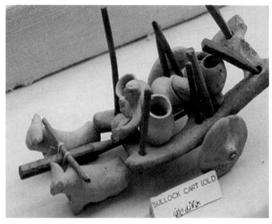

소가 끄는 수레 테라코타와 청동으로 만든 춤추는 소녀상

그리고 이집트와 원거리 교역을 하였던 것으로 밝혀졌는데 구자라트 지역의 로탈 유적지에서 고대 조선소 유적이 발견되었다. 이 조선소는 구자라트 캄베이 만과 연결된 사바르마티 강(Sabarmati River)가에 지어졌으며 불에 구운 고급벽돌을 사용하여 가로 214m, 세로 36m의 규모로 지어졌다. 선박건조 도크(dock)에는 물을 끌어들이기 쉽게 수로를 만들어 두었으며, 배를 완성시킨 후 물을 끌어들여 배를 강으로 끌어내게 되어 있었다.

로탈 유적지는 일종의 항구도시로써 이 조선소 외에도 모헨조다로 유적지와 마찬가지로 벽돌로 도시를 건설하였다. 굽지 않은 진흙벽돌로 성채를 쌓아 그 내부에는 각종 목욕탕, 상하수도, 우물 등을 갖추고 있었으며, 이 성채에서 조금 떨어진 유적지는 당시 무역항의 창고로 사용된 듯한 64개의 벽돌건물이 3.5m 기단 위에 49m×40m의 규모로 지어져 있다. 이것은 당시 무역거래의 규모가 상당한 수준에 도달했음을 보여주는 것이다. 주변에는 무역거래 시장이 형성되었을 것이며, 각종 수출품을 제조하는 수공업자들이 이 도시 주변의 일반주거지에서 거처하고 있었다. 로탈 주변에는 풍부한 목화와 곡식이 생산되었으며 이러한 목화와 곡식, 그리고 정밀하게 가공된 구슬 목걸이와 상아,

인도 구자라트 로탈 유적지(BC 2400년), 구운 벽돌로 지어진 조선소 도크(dock)

동물과 인더스 문자가 새겨진 여러 가지 인장

구리가 주요 수출 품목으로 거래되었다.

이들이 원거리 국제교역을 하였다는 증거는 인더스 유적에서 나오는 똑같은 형태의 인장과 염주, 하라파의 도장이 찍힌 천 조각 등이 메소포타미아 유적에서 500여 개나 발견된다는 점에서 알 수 있다. 당시 메소포타미아 지역에는 수메르에 이어 아카드 제국(BC 2334년~BC2154년)이 지배하고 있었던 시기로 메소포타미아 문명의 아카드 원통 인장에는 인더스 강 유역의 멜루하(Meluhha)[53]의 통역관 모습이 새겨져 있다. 메소포타미아의 곡물과 양모가 인더스 문명권 멜루하의 목재나 상아와 교환되었다.

인더스 인들은 아라비아 해와 걸프 만을 걸쳐 메소포타미아의 우르나 기타 지역과 무역을 하였는데 중간 기착지로 딜문(Dilmun)이나 마간(Magan)을 들렀다. 마간은 오늘날 오만(Oman)의 소하르(Sohar)지역으로 구리광산이 많이 발견되는데 이들은 여기에 들러 구리와 보석들을 싣고 수메르에 공급했던 것으로 밝혀졌다.

이러한 입장에서 볼 때 이미 전문 장인들에 의해 갖가지 생활용품과 장신구 등을 제조하여 외국뿐만 아니라 국내에서도 활발한 상업 활동이 이루어졌다고 볼 수 있다.

따라서 농업과 공업 그리고 상업이 분리되어 있었고, 각종 제도를 관장하는 행정이 분리되어 있었다면 이미 사·농·공·상

---

53) 멜루하는 인도의 고대도시이다. 메소포타미아 기록에 의하면 아카드의 왕 사르곤 1세의 군대가 멜루하에까지 진군했는데 학자들은 멜루하가 인더스 강 계곡이라고 주장한다.

인더스 문명과 메소포타미아 문명의 해상교역 통로

바레인(딜문)에서 발굴된 인더스 문명의 홍옥과 메소포타미아(아카드)의
원통형 인장에 나타난 인더스 멜루하의 통역관들

의 체계가 갖추어지고 국가가 형성되어 정치가 행해지고 있었다
고 보인다.

그러나 아직 인더스 문명인들의 사고나 철학, 종교에 대해서
는 정확히 알 길이 없다. 이들에 대한 기록들은 4여백 가지 인장
에 새겨진 상형문자들이 남아 있지만 아직까지 해독되지 않고
있으며, 이러한 문자가 해독된다 하더라도 역사적 기록을 남긴

문서가 발견되지 않아 상세한 내용은 알 길이 없다.

밝혀진 기록이 없으므로 인더스 문명의 정치체계에 대해서는 아직 알려지지 않았으나 인더스 문명을 이룬 도시들이 서로 다른 지역임에도 불구하고 거의 같은 구조를 나타내고 있고, 특히 하라파와 모헨조다로는 같은 설계자가 건설한 것처럼 똑같은 구조로 되어 있으며, 통일된 도량형 등의 특징이 나타나고 있기 때문에 중앙집권적인 권력 구조를 갖춘 국가가 형성되어 있었으리라 추측하고 있다.

그리고 모헨조다로의 주거지 구조에서 보이는 바와 같이 거대한 주거지와 매우 작은 방으로만 이루어진 주거지가 있는 것으로 보아 신분적 계층 분화가 있었던 것으로 보인다. 그러나 아직 왕궁이나 군대, 왕의 신분을 나타낼 만한 무덤이나 왕관 같은 부장품이 발견되지 않은 점으로 미루어보아 이 사회가 제정일치의

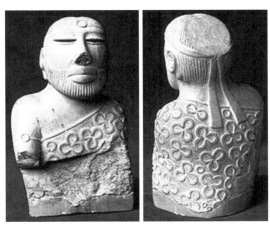

모헨조다로에서 발굴된 제사장 상(파키스탄 카라치 국립박물관 소장)

종교적 권위에 의해 유지된 사회일 것으로 짐작된다. 즉 단군조
선 시대 단군(檀君)에 의해 나라를 다스렸던 것처럼 제사장이 군
장으로서의 권위를 함께 행하였다고 보여진다.

중기 인더스 문명시대는 BC 2600년에 시작되어 BC 2100년
까지 500여 년간 이어졌다고 보는데 이 기간 동안 무력적인 기
반없이 제사장의 종교적 권위만으로 사회가 유지될 수 있었다는
것은 배달국이나 단군조선과 마찬가지로 이미 고도화된 사상적
도덕적 기반을 가진 문명사회가 아니라면 불가능했을 것이다.
이때 동양에서는 황제 헌원이 치세를 하여 오제(五帝)로 이어졌
던 시기이며, 또한 배달국에 이어 단군이 조선을 건립하였던 시
기와도 같은 시기로 태평성대를 구가하던 시기였다. 마찬가지로
인더스 문명에서도 당시 이와 같은 훌륭한 제왕들이 나타나 다
스려 내려왔던 시기로 보여진다.

3) 천존시대 하반기 역사 Ⅰ

(1) 우왕(禹王)의 하(夏)나라 건국과 단군 조선의 번영

대륙의 서쪽 황하 중상류지역에 자리 잡고 문명을 발전시켜온
하화(夏華)계의 부족연맹국은 삼황과 오제시대를 거쳐 내려오면
서 이미 모든 제도적 장치와 문물을 갖추었음에도 불구하고 독
립된 국가를 건립하지 않고 있었다.

이것은 국가를 건립할 실력이 없어서가 아니라 당시 배달국이

이미 건재하고 있었고 삼황오제가 이루었던 부족국들은 모두 그 제후국이었기 때문이었다.

이것은 마치 춘추전국시대를 거치면서 춘추오패나 전국칠웅 같은 여러 제후국이 있었지만 종주국인 주(周)황실을 배신할 수 없어 독립해 나가지 않고 제후국으로 존재하며 서로 패권을 다투었던 상황과 동일하다고 보면 될 것이다.

그러나 1,500여 년을 이어 내려오던 배달국은 점차 힘을 잃고 신시(神市)의 다스림은 있으나마나한 실정이 되었으니 대륙에는 동과 서로 새로운 나라들이 형성되기에 이른다. 먼저 배달국을 계승하여 동쪽으로 단군에 의해 단군 조선이 건립되었다. 그리고 이보다 약 100년 늦게 우왕(禹王)이 삼황 오제(三皇 五帝)의 하화계(夏華系)를 이어 하(夏)나라를 건립하기에 이른다. 비록 조선이 배달국을 계승하였다고는 하나 이미 종주국으로써의 의미는 상실했기 때문에 하(夏)왕조가 성립되기에 아무런 제약이 없었던 것이다.

단군조선의 남쪽에 하나라가 건국됨으로써 이제 대륙에는 북쪽의 단군조선과 함께 두 개의 나라가 생기게 되었고, 이때부터 대륙은 남북국시대(南北國時代)가 열리게 되었던 것이다. 그리고 이후 하나라는 상(商)나라[은나라], 주(周)나라, 진(秦)나라, 한(漢)나라로 이어지고, 단군조선은 대부여(大夫餘), 북부여(北夫餘), 고구려(高句麗)로 이어지면서 그 명맥을 이어가게 되었던 것이다.

우왕(禹王)이 하왕조를 건립하게 된 동기는 9년 홍수의 치수(治

水)의 공적으로 우순(虞舜)으로부터 제위를 물려받았기 때문이다.

우(禹)가 치수를 시작한 때는 BC 2265년으로 이때 그의 나이 20세였다.

그는 치수기간 13년 동안이나 집 앞을 세 번 지날 기회가 있었지만 단 한 번도 집 안에 발을 들여 놓지 않았다.

첫 번째 지나칠 때는 자신의 부인이 마침 아들을 낳을 때의 산통으로 인한 몸부림치는 소리를 들었다. 두 번째 지나칠 때 아내의 품에 안겨 자신을 부르며 손짓하는 어린 아들을 보았다. 세 번째 지나칠 때 이제는 소년이 된 아들이 자신에게 달려와 다리에 매달렸다.

그러나 그는 한 번도 지나던 발걸음을 멈추지 않았다. 진심갈력을 다한 끝에 그는 아홉 개의 수로를 뚫었으며, 아홉 개의 큰 호수에 제방을 쌓았으며, 아홉 개의 큰 산을 뚫었다. 그러자 홍수로 인한 범람이 멈추고, 땅에는 곡식을 심을 수 있었으며, 물자의 운송과 교역이 가능하게 되었다.

이를 두고 도주 조정산께서는 다음과 같이 말씀하셨다.

하후(夏后)씨의 치수

위천하자(爲天下者)는 불고가사(不顧家事)니라. 하후씨(夏后氏)는 구년치수(九年治水)하는 사이 삼

과기문(三過其門)하였으되, 불입기문(不入其門)하였으므로 왕천하(王天下)하였느니라. 하후씨(夏后氏) 인들 9년 동안에 어찌 처자(妻子)가 그립지 않았으랴.

하셨다. 그러나 우(禹)가 치수(治水)를 성공시킬 수 있었던 것은 단지 그의 투지와 노력만으로 이루어진 것이 아니었다. 가장 중요한 관건은 치수법(治水法)에 있었다. 그것은 단군 조선에서 고대로부터 전해오던 방법으로 오행치수법(五行治水法)이었다. 당시 오행치수법은 고대 배달국의 창기소(蒼其蘇)가 자부선생(紫府先生)의 오행수리법을 참고하여 고안한 비법으로 오행의 원리를 이용하여 물길을 막고 돌리는 비법이었다. 이러한 오행의 원리는 자연의 원리이므로 우왕은 이 원리를 사용하여 쉽게 제방을 쌓아 물길을 돌릴 수 있게 되었다.

우(禹)는 이 오행법을 단군의 태자 부루(扶婁)로부터 전해 받아왔다.

부루 태자가 도산에 이르러 우(禹)를 만나자 이렇게 말하였다.

나는 북극(北極)의 수정자(水精子)이니라. 그대의 왕이 나에게 청하기를 물과 땅을 다스려서 이끌어 달라 했으며, 백성을 도와 이를 구하여 달라 했는데 이에 삼신(三神) 하느님께서 내가 가서 돕는 것을 기쁘게 생각하시므로 내가 오게 된 것이니라.

하고 부루(扶婁) 태자는 왕토(王土)로 쓰여진 전문(篆文)으로

된 천부왕인(天符王印)을 보이며 우사공에게 다시 말하기를,

  이것을 몸에 지니면, 능히 험한 곳을 다녀도 위태롭지 아니하고, 흉(兇)한 일을 만나도 해(害)를 입지 아니한다. 또 신침(神針) 하나가 있으니, 능히 물 속의 깊고 얕음을 측량할 수 있으며, 사용할수록 변화가 무궁할 것이다. 또 오래된 보물인 큰 곱자, 곧 황구(皇矩)가 있는데, 지세(地勢)가 험한 모든 곳의 물을 진압하여, 오래도록 편안하게 할 것이다. 이 세 가지 보물을 그대에게 주노니, 천제자(天帝子 : 단군)의 근본된 큰 가르침을 어기지 않는다면, 가히 큰 공을 이룰 것이다.

  고 하였다. 이에 사공(司空) 우(禹)는 단군조선의 태자 부루(扶婁)에게 삼육구배(三六九拜)를 하고 나아가 아뢰기를,

  천제자(天帝子 : 단군)의 명령을 부지런히 행하고, 우리가 우순(虞舜)의 큰 개방의 정치를 도와 삼신(三神)께서 기뻐하시도록 보답하겠습니다

  라고 하였다. 이에 태자 부루(扶婁)로부터 금간옥첩(金簡玉牒)을 받으니, 내용은 오행치수(五行治水)에 관한 중요한 비결(秘訣)이었다고 한다.

  여하튼 우(禹)는 이것을 잘 활용하여 치수에 성공을 하였고, 그 공으로 우순(虞舜)으로부터 왕위를 물려받고 하(夏)왕조를 건립하게 된다.

한편, 우사공이 치수를 무사히 마치자 순(舜)은 그를 하후(夏候)에 봉작하였다.

그리고 순(舜)은 재위 31년에 우(禹)를 궁으로 불러들여 2년간 시험을 거친 후 그에게 섭정(攝政)을 하도록 하였다. 우(禹)는 이로부터 17년간 섭정의 자리에 있었다. 우(禹)에게 나라를 맡긴 순(舜)은 남방을 순시하다 단주가 쏜 화살에 맞아 붕어(崩御)하니 이때가 BC 2208년이다. 순(舜)이 사망하자 우(禹)가 3년 상을 치룬 뒤 제위에 즉위하였다.

우왕(禹王 : 재위 BC 2205년~BC 2198년)은 양성(陽城)을 도읍으로 정하고 새롭게 나라를 세웠으니 하(夏)나라이다. 우왕(禹王)의 성(性)은 사(姒)이고 이름은 문명(文命)이며 자가 우(禹)이다. 그는 곤(鯀)의 아들이고 전욱(顓頊)의 손자이다. 우(禹)의 성은 본래 사씨(姒氏)였지만 왕조 창시 후에 하후씨(夏后氏)로 바꾸었다.

우왕이 치수를 하던 중 낙수(洛水)에서 신구(神龜)라는 큰 거북이 한 마리를 건져 올렸는데 그 등에 45개의 점이 찍혀 있었다. 그는 이미 치수 중에 오행(五行)의 원리를 터득한지라 이 45개 점의 배치를 오행으로 풀어 정치규범으로 삼았으니 바로 홍범구주(洪範九疇)였다.

우왕은 홍범구주의 원리에 따라 나라를 9주(州)로 나누고 9주에서 생산되는 청동으로 9개의 큰 솥(鼎)을 만들었다. 그리고 그 위에 9주를 대표하는 기이한 동물들을 주조하여 국가의 상징으

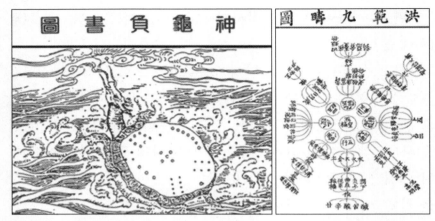

우왕이 치수 때 낙수(洛水)에서 건져올린 신구도(神龜圖)와 이를 바탕으로 그린 홍범구주도

로 삼았으니, 이것이 바로 구정(九鼎)이다. 이후 이 구정(九鼎)은 왕권의 상징이 되었다.

　하나라는 당시에 이미 군대가 있었고, 행정관리를 하였으며,

형벌과 감옥 등의 공권력을 구비하고 있었다고 하는데, 이는 비록 단군 조선에 비하여 120여 년 뒤지기는 하였지만 완벽한 국가의 형태가 출현하였음을 보여주고 있는 것이다.

따라서 하화계(夏華系)는 요(堯)·순(舜)을 거쳐 우왕(禹王)에 이르러서 비로소 국가다운 국가가 형성되었고 하화계(夏華系) 국가인 하(夏)나라가 성립되면서, 단군조선과 함께 문명의 꽃을 피우게 된다.

이 시기에 인류는 청동기 문명과 농업의 발달, 목조건축, 문자의 발명 등 문명의 기초를 모두 일구어 내게 된다. 바로 이때가 지금으로부터 약 4,000년 전으로 세계적으로는 이집트 문명, 메소포타미아 문명, 인더스 문명, 황하 문명의 4대 문명이 자리를 잡았던 시기였다. 즉, 원시단계의 인류가 걸음마 단계를 거쳐 지각을 차린 소년기에 도달한 것이라 볼 수 있다.

하화계(夏華系) 국가인 하(夏)나라가 성립되기는 하였지만 이제 막 개국을 한 상태인지라 통치기반도 약했고 통치범위도 그리 크지 않았다.

우왕(禹王)에게는 계(啓), 재(宰), 한(罕)의 세 아들이 있었으나 그는 요(堯)·순(舜)의 법을 이어받아 현명한 인물을 찾아 왕위를 물려주려고 하였다. 그리하여 처음에는 고요(皐陶)에게 정무를 보좌하도록 하여 후계자로 삼으려 하였으나 불행히도 고요가 요절하자 하는 수 없이 백익(伯益)을 찾아 정무을 보좌하도록 하였다.

우왕이 왕위에 오른지 8년이 지나 천하를 순시하다가 회계(會稽)에서 붕어하며 왕위를 백익에게 넘겼으나 제후와 백성들은 우왕의 치수공적을 생각하여 이를 받아들이지 않았다. 이에 우왕의 아들 계(啓)를 옹립하여 왕위를 계승케 했다. 이로부터 현명한 이를 골라 세상을 다스리게 하던 선양제(禪讓制)는 없어지고 자신의 혈통에게 왕위를 계승하는 세습제에 의한 왕조(王朝)가 출현했다. 이렇게 하여 2대 계(啓)로부터 하(夏)왕조가 출현하게 되었다. 이후 하왕조는 3대, 4대에 가서 방탕하고 힘을 잃더니 결국 5대 군주 상(相)에 이르러 실권을 쥐고 있던 예(羿)에게 왕위를 찬탈당하고 말았다. 이처럼 하나라의 초기 정세는 매우 혼란스러웠고 그러니 자연히 백성들의 삶은 어려워졌다. 때는 단군 조선 제 5세 단군 구을(丘乙 재위 BC 2099년~BC 2084년)이 치세하던 시기로 『규원사화』「단군기」를 보면 〈이 때 하나라 백성 가운데 임금의 교화를 사모하여 오는 자가 있으므로 엄려홀(奄慮忽)에 거처하게 하였다.〉[54]라는 내용이 나온다. 이는 어려운 시국을 피해 단군 조선으로 찾아드는 하나라의 백성들이었을 것이다.

한편, 상(相)의 아내인 민(緡)이 친정인 유잉국(有仍國)으로 피하였다가 유복자(遺腹子) 소강(少康)을 낳았다. 소강은 우왕의 현손(玄孫)이다. 이 소강이 성장하여 하나라의 옛 신하였던 미(靡)와 손을 잡고 군사를 일으켜 다시 왕권을 되찾게 되었다. 이것을 소

---

54) 乙卯歲 儉丘乙元年 時夏民有慕化而至者 使處於奄慮忽.

강이 잃었던 나라를 되찾았다 하여 '소강부국(少康復國)' 혹은 '소강중흥(少康中興)'이라는 역사적인 내용이 전해 내려온다.

이로써 자칫 끊어질 뻔 했던 하왕조가 다시 이어지게 되었고 소강(小康, 재위 BC 2007년~BC 1958년)이 하나라 6대 군주가 되었다. 소강이 나라를 되찾은 이후로 하(夏)나라는 안정이 되었고 이웃의 단군 조선과도 우호를 유지했다. 이러한 내용이 『규원사화』「단군기」에는 '뒤에 소강(少康)이 하나라의 도(道)를 다시 일으키므로 오랫동안 서로 화목하게 지냈다.'[55]라고 나와 있다.

소강이 나라를 되찾은 다음 문화를 일신하며 다시 11대를 이어왔으나 17대 걸왕(桀王)에 이르러 전례가 없는 패악무도한 정치가 이루어졌다. 이에 상족(商族)의 탕왕(湯王)이 일어나 걸왕(桀王)을 몰아내고 BC 1766년에 상(商)나라를 건국하니 하왕조는 17대 440년으로 마감하였다.

한편, 우왕에 의해 하나라가 건립될 당시 단군조선은 제 2세 단군 부루(扶婁) 치세 36년이 되는 때였다. 조선의 국경은 동쪽이 창해(滄海), 서쪽은 요서(遼西), 남쪽은 남해(南海), 북쪽은 서비로(西非路 : 시베리아)에 이르러, 큰 민족이 9부(九部), 작은 민족이 14부였다. 부루 단군은 백성들에게 머리를 땋고 푸른 옷을 입게 하였으며, 도량형(度量衡)을 통일하고 정전법(井田法)[56]

---

55) 후소강부흥하도 구상화호(後少康復興夏道 久相和好).
56) 토지를 '정(井)' 자 모양으로 아홉 등분하여 주위의 여덟 구역은 사전(私田)으로 하고, 중앙의 한 구역을 공전(公田)으로 하여 이곳의 수확은 조세로 바치게 한 제도이다.

을 시행케 하여 어진 행정을 펼치게 하였으며, 조서를 내려 충의 열사(忠義烈士)와 효자열부(孝子烈婦)와 현자(賢者)의 행실을 포상하였다고 한다. 이미 완벽한 국가형태를 갖추고 농업과 상거래가 이루어지고 조세법을 시행하고 있음을 알 수 있게 하는 대목이다. 뿐만 아니라 이때 이미 단군조선에는 문자를 사용하여 기록을 하였는데 신전(神篆)이라는 진서(眞書)[57]가 있었다고 한다. 진서란 고대 배달국 때 전해 내려오던 상형문자로 한자의 근원이 되는 문자이다. 혹은 한웅시대 신지 혁덕(神誌 赫德)이 사슴의 발자국을 보고 착안하여 만든 녹도문자(鹿圖文字)[58]라고도 하는데 비슷하긴 하여도 모양과 쓰임이 서로 다른 글이다.

녹도문자 31자

녹도문자는 자음모음을 조합하여 뜻을 나타내는 일종의 표음문자로 보인다. 마치 오늘날 한글의 자음모음이나 영어의 알파벳과 같은 방법으로 사용되었으리라 짐작된다. 반면 진서(眞書-참글)는 『단군세기』의 기록에 의하면 3세 단군 가륵 때 상형문

---

57) 이 진서(眞書)는 전자문(篆字文, 상형문자)으로 천부경(天符經)과 낭하리의 암각화 등에서 볼 수 있다.
58) 평양 법수교 비문, 중국 백수현 창성 조적서 비문 등이 전해 내려온다.

자로 사용되고 있었음을 나타내고 있다.

庚子二年時俗尙不一方言相殊雖有象形表意之眞書
十家之邑語多不通百里之國字難相解

재위 2년 경자년(단기 153년, BC 2181년), 이때 풍속이 일치하지 않고 지방마다 말이 서로 달랐으니, 비록 뜻을 나타내는 상형(象形) 문자인 진서(眞書)가 있다 해도 열 가구 정도 모인 마을에서도 말이 통하지 않는 것이 많고, 땅이 백 리가 되는 나라에서는 서로 문자를 이해하기 어려웠다.

단군 조선에는 배달국 시절부터 내려오던 상형문자가 존재했던 것이다.

최근 산동성 태안 대문구(大汶口)에서 발견된 대문구 문화나 요녕성 조양시 일대와 내몽고 적봉시 일대에서 발견된 홍산문화, 그리고 내몽고 우란차푸에서 발견된 흑피옥 문화에서는 대량의 옥가공 유물들이 쏟아져 나왔는데 이 옥으로 된 유물에는 뜻을 알 수 없는 많은 문자가 적혀 있었다.

이 글자는 녹도문자와도 다른 글자로, 한자(漢字)의 근원이 되는 글자로 추정되고 있다. 그런데 지금까지 한자의 근원이라고 알고 있었던 갑골문자보다 1천 년에서 2천 년 앞서 있음에도 불구하고 훨씬 더 발전된 형태를 보이고 있어 역사학자들의 머리를 혼란스럽게 하고 있다.

대문구문화(BC 4100~BC 2600년) 옥 선기(璇璣) 뒷면과
홍산문화 (BC 4700~BC 2900년) 새 모양 옥기 뒷면에 양각된 글자들

하남성 안양 은허(殷墟) 유적지에서 발견된 갑골문자의 기록
시기는 BC 1200년 정도인데 반해 대문구 문화는 BC 2600년에
서 BC 4100년까지 거슬러 올라가고, 또 홍산문화는 BC 2900
년에서 BC 4700년까지 거슬러 올라간다. 그리고 옥 자체는 탄
소 성분이 없어 탄소연대 측정이 불가능하여 아직 그 연대가 논
란이 많은 흑피옥 문화는 그 연대를 1만 년 이전으로까지 보고
있다. 그럼에도 불구하고 글자의 모양은 놀라울 만큼 발전된 형

흑피옥 옥기에 양각된 여러 가지 글자모양

태를 띠고 있다.

 이것이 사실이라면 한자의 기원은 적어도 6,700년 전에서 1만
년 이전까지 거슬러 올라가게 된다. 그런데 이 문자들 중에서 갑
골문자나 한자와 일치하는 문자들도 있지만 전혀 일치하지 않는
글자들도 많다. 그러나 그 뜻을 찾을 길 없는 이 문자들이 고대
문자로 기록되어 있는 천부경의 글자와 일치하고 있어 놀라움을
자아내게 한다.

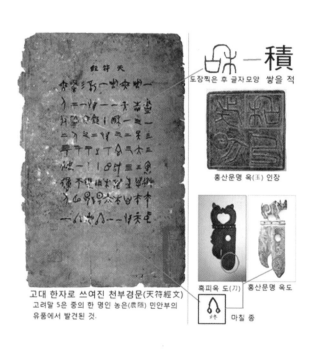

고대 한자로 쓰여진 천부경문(天符經文)
고려말 5은 중의 한 명인 농은(農隱) 민안부의
유품에서 발견된 것.

도장찍은 후 글자모양 쌓을 적

홍산문명 옥(玉) 인장

흑피옥 도(刀)   홍산문명 옥도

마칠 종

 이 천부경은 고려말 충신이자 5은(隱)중의 한 사람인 농은(農
隱) 민안부(閔安富)의 유집에서 발견된 것으로 여기에 적혀 있는
글자들은 일반적인 한자가 아니라 판독조차 힘든 고대문자로 적

혀 있었다. 이 중에는 갑골문에 나오지 않는 문자들도 다수 있는데 그 문자들이 바로 홍산문명에서 출토된 옥기의 글자와 일치하고 있다. 갑골문에는 발견되지 않던 천부경의 고대 문자가 홍산문명의 옥기의 글자와는 일치한다면 이들은 서로 동일한 문자의 배경을 가지고 있다는 의미가 된다. 천부경은 고대 배달국으로부터 전해 내려온 글귀이다. 갑골문자에서는 찾을 수 없는 천부경의 문자가 이 옥기에서 발견된다면 그 글자는 배달국의 글자라고 밖에 볼 수 없다. 따라서 그 글자들이 바로 배달국에서 전해 내려온 상형문자 진서(眞書)라고 볼 수 있다.

뿐만 아니라 대문구 문화와 홍산문화의 시기적인 차이가 500년이 넘는데도 불구하고 그 글자모양은 전혀 변함이 없이 동일한 형태를 하고 있다는 것은 이것이 점진적으로 발전되어 온 것이 아니라 이미 6,700년 이전에 발전된 형태로 전해져 내려왔다고 보는 편이 더 타당할 것이다. 만약 이 문자들이 한자의 기원이라면 한자가 이집트의 히에로글리프(hierogrlyph) 상형문자보다도 더 오래전에 사용되었고, 수메르의 고형 설형문자(상형문자)보다도 더 오래전에 사용되었던 문자가 될 것이다. 그런데 이 문자가 발견되는 곳은 모두 동이족(東夷族)들이 생활하였던 지역임을 참작한다면 이 글자들은 고대 배달국에서 사용해왔던 상고시대 문자라고 볼 수 있을 것이며, 이 진서(眞書)가 갑골문과 한자의 기원이 되었다고 볼 수 있을 것이다.

그리고 단군 조선에는 이미 문자를 사용하여 기록을 하였다고

대문구문화(大汶口文化)에서 출토된 옥 신패(信牌).
"이족(夷族)의 용(龍)"이라는 뜻의 글자가 새겨져 있다.

하였고, 중국의 사서오경 중의 하나인 『서경』「상서(商書)」에도
〈은상시대에 이미 법이 있고, 책이 있었다(惟殷先人 有典有册)〉
라고 기록되어 있다. 그렇다면 갑골문자 이전에 책이 있었다는
것이다. 중국의 금문(金文) 연구가 낙빈기(駱賓基)는 그의 저서
『금문신고(金文新考)』[59]에서 〈상고금문(上古金文)〉, 즉 삼황오
제시대에 쓰였던 '오제금문(五帝金文)'이 있었음을 밝히고 있
다. 그는 고대의 청동제기, 병장기, 농기구, 화폐에 새겨진 고대
문자를 바탕으로 이러한 사실을 밝히고 있어 신빙성을 더해 주
고 있다.

　금문학자들은 이 금문을 시대별로 삼황오제시대에 쓰였던 〈상
고금문(上古金文)〉과 은나라 갑골문과 주(周) 나라 대전(大篆)을

---

59) 낙빈기(駱賓基)의 본명은 장박군(張璞君, 1917년~1994년)으로 길림성 훈춘(琿春)에서 태어
났다. 『금문신고』는 1987년 산서인민출판사에서 상하 2책으로 800부를 출판하였다. 청동
제기, 무기, 농기구, 화폐 등에 새겨진 금문(金文) 연구하여 삼황오제시대가 실재하는 상고
시대 역사임을 규명하였다.

일컫는 〈은주금문(殷周金文)〉, 그리고 춘추시대에 이어 진시황이 천하를 통일한 후 여러 부족이 제각기 다르게 쓰고 있는 문자를 통일해 만든 소전(小篆)까지를 일컫는 〈춘추금문(春秋金文)〉으로 나누고 있다.

〈상고금문〉이 바로 신전(神篆)으로 진서(眞書)이며, 이 진서(眞書)는 배달국의 글로써, 후에 단군조선과 하나라와 은상시대에 공히 사용된 공용어였다. 조선시대 때, 세종대왕이 집편한 〈훈민정음〉을 '언문(諺文)'이라 한데 대해 한자(漢字)를 '진서(眞書)'라 불렀다. 그 이유는 중국 한자를 높여 부른 것이 아니라 이 글은 배달국 시대부터 우리 민족이 써 왔던 '참글'이라는 의미가 담겨 있었던 것이다. 이러한 진서(眞書)는 이후 갑골문자 시대를 거쳐 주나라에서 사용하였고 또 춘추전국시대를 지나 진시황이 통일제국을 이룰 때 문자가 통일되고 보다 체계화되어 이후 한나라에 들어와 완전한 글자 체계가 잡힌 진화된 글자로 거듭나게 된 것이다. 이 글을 한자(漢字)라 칭했던 것이다. 그리고 이 한자가 오히려 문자의 종주국인 동이족의 나라로 역수입되기에 이르렀던 것이다.

한편, 한자의 모태가 되었던 이 진서(眞書)는 그 가지 수가 너무 많고 쓰기가 어려워 일반 백성들은 사용할 수가 없었다. 이 글은 마치 이집트의 히에로글리프 상형문자처럼 국가의 중대사에 대한 기록이나 제전에 사용되는 특수한 글로써 그 일에 종사하는 특정인들만이 교육을 받고 사용하였던 것이다. 이 진서(眞書)를 두고 신전(神篆)이라고 하는 것은 제전(祭奠)의 기록이나 역사의 기록 등에 사용되었고, 또 왕이나 귀족들의 인장이나 신표에 사용되는 글이었기 때문이다.

따라서 이 진서(眞書)는 서로 뜻이 통하지 않는 경우가 많아 불편하였으므로 제 3세 단군 가륵(嘉勒)께서 경자 2년(BC 2181년)에 삼랑(三郞) 을보륵(乙普勒)에게 명하여 정음(正音) 38자를 만들게 하였으니 이를 '가림토' [60]라 하였다.

가림토 문자(정음 38자)

이 글자는 소리글자로 훗날 세종대왕이 집편한 훈민정음(訓民正音) 28자의 기본이 되었다. 『세종실록』에 의하면 "10월 초, 친히 말글 28자를 정하시니 그 글자는 옛 전자(篆字)를 모방하였다."라는 기록이 있다.

그리고 가륵 단군은 새로운 문자를 만들었을 뿐만 아니라 신축 3년(BC 2180년)에 신지 고글(神誌 高契)에게 명하여 『배달유기(倍達留記)』라는 배달국의 역사책을 편수케 하였다고 한다. 아쉽게도 이 책은 전하지 않는다. 만약 이 책이 전해졌다면 배달국에 대한 역사와 한웅에 대한 역사가 남아 있었을 것이다.

---

60) 가림이란 사물을 '분별한다.', '가린다.'는 뜻이고, 토는 토를 단다는 뜻임.

이처럼 단군 조선은 문자의 사용과 역사의 기록이 행하여졌을 정도로 문명이 앞서 있었을 뿐만 아니라 충효를 장려할 만큼 인륜이 밝고 풍속이 아름다운 나라였다. 약 4,000여 년 전 세계 4대 문명이 이제 걸음마 단계에서 자리 잡았을 시기에 이러한 거대한 문명국이 있었다는 것은 당시 모든 문명의 본보기가 되고도 남음이 있었을 것이다.

(2) 메소포타미아 지역에 고대 바빌로니아 문명이 일어나다.

고대 바빌로니아(BC 2000년~BC 1595년)

BC 2000년경 동양에서는 단군조선과 하왕조가 성립될 당시 서양의 메소포타미아 지역에는 바빌로니아 왕국이 성립되었다. 수메르 문명을 부흥시키고 메소포타미아 전역을 장악하고 있던 우르 3왕조는 BC 2004년에 동쪽에서 쳐들어온 엘람 인들에게 멸망되고 말았다. 그러나 얼마 지나지 않아 BC 2000년에 서쪽 시리아에서 쳐들어온 아모리 인들이 바빌론(babylon)을 차지하고 이를 근거지로 엘람 인들을 축출함으로써 이 메소포타미아 지역은 아모리 인들에게 넘어가게 되었다. 아모리 인들이 셈 족 계열이라고 알려져 있으나 구약성서의 기록에 의하면 함 족의 계 열로 나타나 있다. 『구약성서』 창세기 10장 6절과 15~18절에 보면

함의 아들은 구스와 미스라임과 붓과 가나안이요, 가나안은

장자 시돈과 헷을 낳고, 또 여부스 족속과 아모리 족속과 …
낳았으니, 이후로 가나안 자손의 족속이 흩어져 나아갔더라.

　고 되어 있다. 그러므로 아모리 족은 바로 가나안의 후손이요,
가나안은 함의 아들이므로 이들은 함 족에 속하는 것이다.
　아모리 인들은 바빌론을 근거지로 삼고 BC 1894년에 바빌로
니아 왕국을 건국하게 된다. 그 후 BC 1792년에 즉위한 제 6대
함무라비 왕(Hammurabi, BC 1810년경~BC 1750년경)에 이
르러 강력한 힘을 바탕으로 주변 소국가들을 제압하고, 메소포
타미아 전 지역을 자신의 지배하에 두게 된다. 함무라비 역시 아
모리 족으로 함의 후손이다.

　그는 도시국가들을 연합하여
중앙집권제도를 확립하였는데
효과적인 지배를 하기 위해 제도
적인 장치의 하나로 법전을 공포
하였다.

　그것이 바로 함무라비 법전이
다.이 법전은 아카드 어의 설형
문자로 적혀 있으며 우르 남무법
전이 발견되기 전까지 세계에서
가장 오래된 성문법으로 알려져
있었다.

함무라비 법전 석비 높이 2.25m

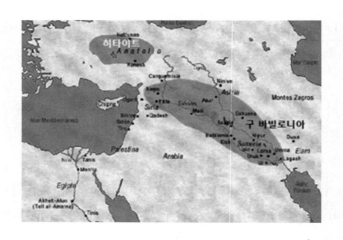

　메소포타미아 지방에서 1,000년에 걸쳐서 시행되었으며, 법전은 서문, 본문 282개 조, 맺음말로 되어 있다. 고대 법전으로서는 희귀하게 사법(私法)의 영역에서 종교를 떠나 법 기술적인 규정을 발달시켰으며, 특히 채권법은 내용적으로 진보된 것이었다.

　형법에서는 '이에는 이, 눈에는 눈으로' 라는 피해자가 당한 손해를 가해자도 같은 정도로 당하게 한다는 보복의 원칙인 탈리오의 원칙(talionis)이 지배하고 있었다.

　예를 들면 다음과 같은 것들이다.

▶ 어떤 사람이 자신의 논에 물을 대려고 하다가 부주의한 사고로 다른 사람의 논에 물이 차게 만들었다면 그는 자신이 망가뜨린 곡식에 대해 변상해 주어야 한다.
▶ 도둑이 소나 양, 당나귀, 돼지, 염소중 하나라도 훔쳤더라

도 그 값의 열 배로 보상해 주어야 한다. 도둑이 보상해
줄 돈이 없다면 사형당할 것이다.

▶ 눈에는 눈, 이에는 이. 어떤 사람이 다른 사람의 눈을 멀
게 했다면 그 자신의 눈알을 뺄 것이다. 그가 다른 사람의
이빨을 부러뜨렸다면 그의 이도 부러뜨릴 것이다. 그가 다
른 사람의 뼈를 부러뜨렸다면 그의 뼈도 부러뜨릴 것이다.

그리고 함무라비는 사상통일을 시키기 위해 종교통일을 단행
하여 각 도시국가별로 달리 신앙하던 주신(主神)들을 마르두크
신(神)을 중심으로 하는 종교로 재편성하고 각 지역의 신전을 재
건하여 마르두크 신상(神像)을 안치하였다.

마르두크는 에아(Ea), 즉 엔키(Enki)의 장자로서 작은 도시 바
빌론의 주신(主神)이었다. 그러나 바빌론이 거대한 제국으로 성
장하면서 메스포타미아 전역을 지배하는 신으로 부상하게 된 것
이다. 아프수(압수)에서 태어난 그는 당초 물의 풍요한 힘을 인격
화했다. 식물을 자라게 하고, 곡물을 익게 한 것도 그였다. 그러
므로 그는 무엇보다도, 농경의 신으로서의 성격을 구비하고 있었
다. 그의 부속물은 매로우, 즉 쟁기로써 이것은 그가 농사의 신
이었다는 것을 증명하고 있다. 그의 운명은 그가 선택된 도시인
바빌론이 강대해짐에 따라 메소포타미아 최고의 신이 되었다.

또 함무라비 왕 시대에 각종 기술이 발전하여 새로운 건축양식
이 발전되었고 운하와 도로 등이 재정비되었다. 농기구와 운송

수단 등이 개발되었다. 그리고 학문과 예술도 발전하여 미술과 음악 분야에서도 새로운 양식이 만들어졌다. 이러한 문화적 발전은 이후 서양문명에 전반적인 영향을 미치게 된다.

당시 바빌론은 여러 국가와 무역을 했고 번영한 도시가 되었다. 이때는 동양에서 탕왕(湯王)이 BC 1767년에 하왕조를 멸망시키고 상(商)나라를 세웠던 시기와 비슷한 때이다.

함무라비 왕 시대에 번영을 자랑했던 바빌론 제1왕조, 즉 바빌로니아(Babylonia) 왕국은 함무라비 왕 사후 서서히 힘이 약해지기 시작했다. 그 결과 바빌론은 주변 이민족들과 많은 전란을 겪게 되었다. 결국 BC 1595년 히타이트의 무르실 1세에게 정복되어 바빌로니아 왕 '삼수디타나'는 쫓겨나고 바빌로니아 동쪽 산악지역의 카시트 족 출신의 왕을 옹립해 왕조를 세우면서 왕조가 교체되었다.

(3) 이집트 중왕조 시대

이집트 중왕국 시대(BC 2040년~BC 1575년)

메소포타미아에서 고대 바빌로니아 문명이 일어날 시기에 이집트는 제 11왕조가 성립되고 수도를 멤피스에서 나일 강 중류의 테베로 옮기면서 중왕국 시대로 들어가게 된다.

이집트의 고왕국 시대 제 6왕조부터 파라오의 권력은 약화되고 지방 노모스의 권력이 세습되면서 봉건군주 국가처럼 되었다. 제7, 8왕조에 이르러서는 여러 번의 정권교체가 있었으며 수도 멤피스는 붕괴되고 중부의 헤라클레오폴리스와 남부의 테베는 각각 독립적인 정권이 수립되기에 이른다. BC 2160년경, 헤라클레오폴리스에서 드디어 제 9왕조가 일어났으나 불과 몇십 년 만에 붕괴되고 제 10왕조로 넘어갔다. 그리고 BC 2134년경에 테베를 근거지로 멘투호테프 1세가 일어나 제 10왕조에 대립했다. 테베의 세력은 이후 3대를 걸쳐 서서히 북으로 진격하여 드디어 제 4대째인 멘투호테프 2세(재위 BC 2061년~BC 2010년) 대에 이르러 제 10왕조를 무너뜨리고 이집트를 재통일하는 데 성공한다. 이때가 BC 2040년으로 제 11왕조가 열리고 중왕국 시대(BC 2040년~BC 1580년)가 시작되었다. 약 140년간의 혼란한 시기를 끝내고 이집트는 다시 안정되고 번성한 시기로 접어들게 되며, 테베는 약 1,000년 동안 이집트의 정치·종교의 중심지로서 번영하였다.

멘투호테프 2세는 장기간 방치되었던 누비아에 원정하여 시나이 반도까지 세력을 확장했다. 그러나 그 후계자들은 통일왕국을 유지할 힘이 없어 제 12왕조(BC 1991년~BC 1750년)로 교체되고, 제 12왕조의 세누세트 3세에 이르러 지방 노모스 족벌 세력들을 평정하여 강력한 중앙 집권을 확립함으로써 이집트는 제2의 부흥기를 맞이하게 된다. 이 시대는 계급차별에 대한 개념이 많이 완화되어 민중들도 실력에 따라 관리에 등용되었고 농노에서 자유민으로 되는 길도 열리는 등 이집트의 역사 가운데서 비교적 민중의 힘이 인정되었던 시대였다.

또한 이 시대는 이집트의 문화와 문학이 가장 꽃을 피웠던 시기이다. 파피루스 두루마리에 문자를 기록하는 방법이 개발되고 서체도 보다 쓰기 쉬운 행서체가 개발됨으로써 많은 문학작품들이 쏟아져 나왔다. 세계 최고(最古)의 모험기행이라고 할 수 있는 《시누에의 이야기》는 이집트 문학의 최고 걸작으로 꼽히고 있다.

그러나 240여 년 간 번영을 누리던 12왕조는 BC 1750년경 붕괴되고 13왕조가 열렸는데 이때부터 17왕조에 이르기까지 이집트는 또다시 혼란한 시기로 들어간다. 많은 왕들이 교체되었고 이 혼란을 틈타 아시아에서 힉소스 인이 침입하여 이집트 북부 나일 강 삼각주 지대를 정복하고 아바리스에 성채를 구축하고 약 100년 동안 하(下) 이집트를 지배하였다. 힉소스는 BC 1700년에서 BC 1580년 사이 시리아와 팔레스타인과 하 이집트를 정복한 부족으로 이집트 어로 "외국의 통치자들"이란 의미이다. 이들은 세계 최초로 전차 부대를 이용해서 전투를 수행한 호전적인 민족으로 그들이 어디에서 왔는지는 아직도 의문이다. 이들은 기동성이 뛰어난 두 발 전차 부대와 큰 활을 사용하였으므로 장거리 원정을 하여 정복사업을 수행하였다. 혼란했던 이집트는 이러한 전차부대가 쳐들어오자 힘없이 무너져 버렸다. 이집트의 역사가 마네토(Manetho)는 이들에 대해 '동방으로부터 이름도 알 수 없는 침입자'라고 표현했고, 이들은 도시를 무자비하게 불태우고 신전을 부수고 토착민들을 잔인하게 다루었다고 하였다.

그러나 이들의 통치는 오래가지 못했다. 100여 년이 지난 후,

즉 BC 1600년경 테베를 중심으로 제17왕조가 들어서고 BC 1580년에 카모세스(Kamoses) 왕의 아우 아모시스(Ahmosis)가 장기간 항쟁 끝에 결국 아바리스를 함락하고 힉소스를 아시아로 추방하였다. 그는 귀국 후, 아모시스 1세로서 제18왕조를 일으켰다. 이때부터 이집트는 중왕국 시대를 끝내고 신왕국 시대로 접어들게 된다.

(4) 에게 해 크레타 섬에서 에게 문명이 태동되다.

에게 해 크레타 문명 (BC 2000 년경~BC 1400 년경)

메소포타미아에서 바빌로니아가 일어나고 이집트에서 중왕국 시대가 열렸던 BC 2000년경에 에게 해의 크레타 섬에서 유럽 최초의 문명인 크레타 문명이 일어났다. 크레타 섬은 지중해 동쪽에 자리 잡고 있으며, 소아시아와 이집트, 시리아 연안에서 가까운 곳으로 메소포타미아와 이집트의 문명을 받아 북부 지중해 연안의 유럽을 이어주는 중계지 역할을 하던 곳이었다.

문명의 발달과 더불어 점차 큰 규모의 선박이 건조되고 항해술이 발전되면서 지중해를 건너 장거리 무역이 행해지게 되었다. 이러한 해상무역은 육로로써는 엄두도 낼 수 없었던 많은 물자의 운송이 가능했기 때문에 급속한 발전을 이루게 되었다.

따라서 그 교통의 요지에 자리 잡고 있던 크레타 섬은 점차 메소포타미아와 이집트로부터 선진문물을 받아들이게 되고 유럽 최초의 문명을 일으키게 된 것이다.

　이 문명을 크레타 문명 또는 전설적인 왕 미노스의 이름을 따라 미노아 문명이라고도 부르며 BC 2000년부터 BC 1450년경까지 약 500년간 크레타 섬을 중심으로 번영을 누렸다.

　'에게'란 '많은 섬'이란 뜻으로 크레타 섬은 에게 해의 다른 많은 섬들보다 면적이 넓은 데다 평야가 많아 조직적인 문명 성립에 필요한 조건을 모두 구비하였다.

　주민은 '팔랑고이'라고 불리는 그리스-에게 지역의 선주민이다. 처음에는 동부와 중부에 각각 독립적인 세력이 분립되어 있었으나, BC 2000년경에 미노스 왕이 통일을 이루고 섬 전체를 지배하게 되면서 에게 해의 교역을 거의 독점하게 되면서 부강해졌다.

　당시 중계무역으로 부를 축적하게 된 크레타는 번영하였으며 문명의 중심지인 크노소스는 사방 2킬로미터 지역 안에 궁전과

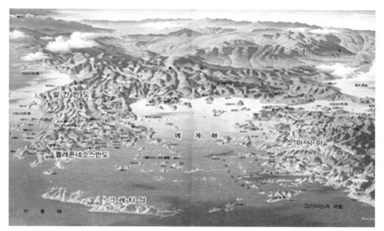

많은 섬으로 이루어진 에게 해와 문명의 교두보 크레타 섬

별궁, 주택, 무덤 등이 빼곡히 들어서 있는 고대 도시로, 약 8만 명의 인구가 살았을 것으로 추정되고 있다.

그중 BC 1,600년경 지어진 것으로 추정되는 크노소스 궁전은 세계에서 가장 큰 왕궁 유적지 중 하나이다. 크노소스 궁전은 총 4층 규모의 1,300여 개의 방이 있었고 청동기 시대에 이미 깨끗한 물을 공급했던 상수도 시설이 되어 있었고, 또 오수를 처리했던 하수도 시설까지 완벽하게 구비되어 있었다.

또 방마다 욕조가 딸린 욕실이 있고 발코니와 자동 환기와 채광시설이 되어 있었다. 채광시설은 광정(光井)을 통해 자연광이 비춰 들어오도록 만들어졌는데 이 광정은 천정에서 바닥까지 수직으로 관통하는 공간으로 이것이 건물 곳곳에 설치되어 있어 그들의 건축술이 고도로 발달하였음을 알 수 있게 한다.

크노소스 궁전(BC 1600년 경)의 실제 유적지와 궁전 복원도

　그리고 방과 복도의 벽에는 화려한 프레스코 그림으로 장식되어 있는데 물 속에서 헤엄치는 돌고래들, 돌진하는 황소와 곡예사들 등이 벽화를 장식하고 있다. 이 크노소스 궁전에서 많은 도기와 청동기 항아리, 철기 항아리 등이 발견되었는데 이미 당시 청동기 문명이 발달되어 있었고, 문화와 예술, 건축술 등이 고도로 발전되었음을 보여주고 있다.

　이러한 문명은 에게 해 주변의 여러 국가에 영향을 주게 되어 크레타 섬을 중심으로 에게 해 주변은 중기 청동기시대에 돌입하게 되었다.

　크노소스의 특징은 이 도시가 종교적인 건축물보다는 궁전 건축이 주축을 이루고 있는 도시라는 사실이다. 즉, 다른 고대 도시들이 대개 신전 중심의 도시라면 크노소스는 왕궁 중심의 도시라는 것이다. 따라서 궁전을 장식한 벽화에는 기하학 문양과 각종 동식물, 궁정 생활 등이 정밀하게 묘사되어 있을 뿐 신(神)에 관한 장식은 찾아보기 힘들다.

크노소스를 비롯하여 말리아·파이스토스·자크로스 등에도 궁전이 건립되었고, 도기(陶器)와 금속기의 제작이 성행하였다. 이 크노소스 궁전이 지어진 전후 약 2세기 동안 크레타 문화는 절정기를 이루었다.

크레타 섬에는 이집트나 메소포타미아와 풍부한 교역을 하였음에도 불구하고 종교적인 발전은 없었다. 크레타 섬에는 신전이나 신상들은 발견되지 않고 있다. 크레타의 왕은 지배자인 동시에 최고의 신관으로 신성시 되었으며 제정일치의 사회였던 것으로 보인다.

문자로는 선(線)형문자 A와 B가 있는데 BC 2000년경부터 크레타 섬에는 선형 A 문자를 사용하였던 것으로 밝혀졌으며, 이것을 BC 1400년경부터 미케네 사람들이 차용하여 선형문자 B로 발전시킨 것으로 본다. 크레타 문명은 BC 1,500년경 있었던 산토리니의 화산 폭발로 발생한 지진과 화재로 붕괴되었고, 이 시기를 틈타 그리스 반도에서 침략한 아키아 인(Achaeans)[61]들에 의해 BC 1400년경 크레타 문명은 멸망하게 된다. 크노소스를 비롯한 각지의 궁전은 파괴되었으며, 크레타 인들은 사방으로 흩어지고 말았다. 이후 에게 문명은 그리스 반도에 자리 잡은 미케네 문명에 의해 발전하게 된다.

BC 2000년경, 즉 지금으로부터 4,000여 년 전부터 동서양의

---

61) 인도 유럽어족에 속하는 종족으로 도나우강과 발칸반도에 거주하였으나 이후 그리스 반도로 이동해온 그리스인을 아카이아 인라고 한다. 이들은 미케네 문명을 창조했다.

공히 작은 소국가들도 정치적 역량과 주위의 배경에 의해 문명을 받아들이고 급속히 성장하였던 시기이다. 다른 선진 문명을 받아들인 상태에서 좀 더 색다른 문명을 발명하고 정치적인 역량을 갖추기만 하면 국력은 급속히 신장되어 주변국들을 침범하며 세력을 확장하여 갔던 시기이다. 따라서 이때부터 침략전쟁이 많아지고 기존의 선진 문명국들은 도리어 안정 속에 방심하다가 외세로부터 침략을 받아 무너지는 경우가 많았던 시기이다.

이것은 이제 봄시대에서 서서히 여름시대로 진입해 가던 시기로, 문명의 성장과 함께 세력과 이권다툼이 싹트던 시기로 볼 수 있다.

식물도 초봄에 싹이 나고 뿌리를 내리던 시기는 서로 간섭이 발생하지 않고 평화로운 시기가 유지되지만 서서히 성장하면서 뿌리가 뻗어가고 가지가 뻗어가면서 뿌리는 영양을 다투고 가지는 햇볕을 다투기 시작한다. 서서히 상극(相克)의 양상이 벌어지기 시작하는 것은 자연이나 인류 역사나 마찬가지 현상이라고 볼 수 있을 것이다.

(5) 인더스 문명을 이어 베다 문명 시대가 열리다.

인더스 문명의 몰락기(BC 2100년~BC 1900년)

고도의 문명사회를 이어 왔던 인더스 문명이 BC 1900년경에 멸망해 버린 것에 대하여 많은 의문점을 자아내고 있다.

그 멸망이 갑작스런 것이었는지 지역에 따라 점진적이었는지는 확실하지 않다. 오늘날에는 점진적(漸進的)인 멸망이 유력한 설이다. 인더스 강 동쪽과 북서 인도의 거주지가 보다 늦게까지 존속했는데, 멸망하는 중심지역에서 이주한 결과로 그랬을 수 있다. 즉 인더스 강 상류로 갈수록 그 수명이 길어지고 있다는 점이다. 여기에는 기후변화의 요인에 의한 붕괴(崩壞)가 가장 유력하다. 과거에는 모헨조다로의 우뚝 솟은 성채와 성채를 에워싼 견고한 성벽이 아리안 족의 침략에 대비하기 위한 것이라고 생각했고, 도시의 길거리에 버려진 유골들이 그러한 공격의 실제를 보여주는 증거라고 생각했었다. 그러나 이러한 성채는 적군이 아니라 끊임없는 인더스 강의 범람의 위협에 대비하기 위해 건설된 것으로 드러났고 인더스 문명은 독특하게도 전쟁을 겪은 흔적이 발견되지 않았다. 아리아 인들이 이곳에 등장할 무렵에는 이미 도시는 폐허로 변한 상태였다. 그리고 흩어져 있는 유골과 그것들이 발견된 장소를 분석한 결과 그들은 주로 질병으로 죽은 개인들의 유골이었으며 흉가에 방치되었을 가능성이 큰 것으로 나타났다. 앞서 메소포타미아의 아카드제국(BC 2334년~BC 2154년)이 산악 민족인 구티 족에 의해 멸망한 원인이 사실은 당시 메소포타미아 지역에 약 300년 동안 닥쳐왔던 극심한 가뭄이 원인이라고 하였다. 이곳 모헨조다로나 하라파 등 인더스 문명의 몰락 역시 마찬가지의 원인이라고 보아야 한다. BC 2200년부터 BC 1900년까지 약 300년간 중앙아시아의 메소포타미아 지역과 인더스 강 유역에는 극심한 가뭄이 닥쳐왔다. 이때 동양에서는 9년 홍수(BC 2267년 시작)가 닥쳐와 우왕이 치수를 하던 시기이다. 동양에서는 대홍수가 닥쳐왔던 반면 서양에서는 극심한 가뭄이 찾아왔었다. 당시 전 지구적인 기후 대격변이 있었음을 시사해 준다.

 따라서 이때부터 인더스 강도 메마르기 시작하면서 농사는 황폐하고 주민들은 점점 살기가 어려워졌던 것으로 짐작할 수 있다. 더구나 가뭄은 극심한 영양실조와 질병을 몰고 왔을 것이므로 전염병까지 돌았을 가능성도 배제할 수 없다. 모헨조다로(Mohenjo Daro)라는 이름을 해석하면 '죽은 자의 언덕'이란 뜻이다. 따라서 현지 주민들은 이곳을 꺼린다고 한다. 그리고 구자라트 지역의 로탈(Lothal) 유적 역시 고대 구자라트 어로 '죽은 자의 언덕'으로 동일한 뜻이다. 가뭄과 전염병으로 위대한 도시는 죽음으로 뒤덮이게 되었던 것으로 분석된다.

 인더스 강변의 도시들은 하나 둘씩 자취를 감추면서 인더스 문명은 점차 쇠약해지기 시작했다. 그래도 이 지역은 가뭄에 바로 멸망하지 않고 어느 정도 버틸 수 있었던 것은 히말라야 산맥의 만년설 빙하가 녹아 내려오고 있었기 때문이다. 이들은 가뭄을 피해 점차 북서쪽 고지로 이동하여 새로운 도시를 건설했던 것으로 보인다. 그러나 이마저도 오래가지는 못했으니 바로 북방의 유목민족의 침입 때문이었다.

 이 침략자는 베다 아리아 족(Vedic Aryans)들로써 이들은 원래 흑해 북쪽에서 발원하여 BC 5000년경 유럽과 아나톨리아 반도와 중앙아시아로 점차 이동해 내려왔던 것으로 보인다.

오늘날 우리가 '이란'이라고 부르는 명칭은 '아리안'에서 변형된 이름이다.

이란의 고대 국가는 바로 페르시아이다. 페르시아는 메디아에서 나왔으므로 메디아-페르시아-이란을 하나의 계통으로 보면 된다.

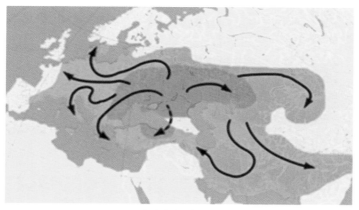

아리안의 이동경로

인도로 이주해 들어온 베다 아리아 인들은 바로 이 페르시아에 정착하였던 유목민족들로써 BC 2100년경부터 점차 힌두쿠시 산을 넘어 인더스 강 쪽으로 진출하였다. BC 2154년 메소포타미아 지역의 아카드 왕국을 멸망시켰던 구티 족 역시 다름 아닌 아리아 족이었다. 이들 유목민족이 당시 대거 이동을 하며 약탈을 자행한 원인 역시 가뭄이었을 것으로 짐작된다. 극심한 가뭄으로 초원이 메말라 버리자 호전적인 유목민족은 무리를 지어 평지의 농업 국가들을 침범하기 시작한 것이다.

철기문명을 가진 호전적인 아리아 인들을 청동기 문명을 가진 드라비다 족들이 막아내기에는 역부족이었던 것으로 보인다. 더구나 오랜 가뭄의 타격으로 국력이 약해진 상태에서 아리아 족의 침입까지 겹치면서 드라비다 인들은 점차 다른 지역으로 이동하거나 그들의 지배하에 들어가게 된 것으로 보인다. 결국 BC 1900년경에 인더스 문명은 완전히 멸망하게 된다.

힌두교 경전인 『리그베다』에는 검은 피부를 가진 민족들이 거주하고 있던 인더스 골짜기의 크고 성벽 있는 도시에 베다 아리아 족이 도래하여 그 도시를 멸망시켰다고 기술하고 있다.

이로써 유구한 역사를 지니고 고대로부터 훌륭한 전통과 사상을 이어오던 인더스 문명은 BC 1900을 기점으로 지상에서 사라지고 수천 년간 잊혀져 버리고 말았던 것이다. 그러나 그 문명조차 모두 사라진 것은 아니었으니 인더스 문명은 이후 유목민족인 아리아 족에게 흡수되어 새로운 베다 문명을 이루는 기반이 되었다.

전기 베다시대(BC 2100년~BC 1600년)

인더스 문명을 이루었던 인도의 선주민 드라비다 족을 정복한 아리아 족들이 인도 북서부에 들어와 정착함으로써 인도에는 새로운 문명시대가 열리게 된다. 그것이 바로 베다 문명시대이다.

베다 문명을 이룩한 아리아 족들이 유목민족들이었으므로 전기베다시대에는 뚜렷한 문명의 흔적을 남긴 바는 없다. 따라서 문자화석이라 할 수 있는 베다 경전을 통해서 당시의 정치, 사회, 문화 및 종교적인 성격을 알아볼 수밖에 없다. 베다(Vedas)는 '지식의 책'이란 뜻으로, 아리아 인들이 종교적 제례의식에 사용되면서 초기에는 암송으로 전해져 내려왔으나 후기에 산스크리트(Sanskrit, 梵語)를 기록할 문자가 정립되면서 본격적으로 기록되기 시작한 종교경전이다. 아리아 인들은 초기에 언어는 있었으나 문자가 없었던 것으로 보인다. 산스크리트는 여러 가지 문자로 기록될 수 있으나 우리가 알고 있는 범어(梵語)는 사실 데바나가리(deva-nagari)문자이다. 데바(deva)는 '천신(天神)'을 뜻하고, 나가리(nagari)는 '도시'를 뜻한다. '천신의 도시'라는 의미를 지닌 문자로 제사장이 제사를 드리는 장소를 의미한다. 따라서 산스크리트는 일반 생활용어가 아니라 제사장이 제문에 사용하였던 고급문장임을 알 수 있게 한다.

베다경전의 형성은 대체로 BC 2000년경부터 잡는 학자들도 있으나 대체로 산스크리트를 기록할 문자가 형성된 BC 1800년경에 이르러서 본격적으로 베다 경전이 기록되기 시작한 것으로 분석되고 있다. 이때부터 기록되기 시작한 초기 베다를 『리그베다』라 한다. 따라서 이때부터 후기 3베다가 형성되기 전까지 시기인 BC 1600년까지를 '전기 베다시대' 혹은 '리그 베다시대'라고 한다.

따라서 전기 베다시기는 베다 아리아 인들이 인도에 정착했던 BC 2100년부터 『리그베다』가 완전히 정립되고 다시금 3개의 베다가 쓰여지기 시작한 BC 1600년까지 500년간을 잡는다.

인도에서의 전기 베다 문명(BC 2100년~BC 1600년)은 인더스 문명을 정복한 토대 위에 세워졌다. 누구도 인더스 문명의 찬란함을 부인하기는 힘들다. 하지만 베다 문화가 인류의 발전에 미친 영향 역시 결코 그에 뒤지지 않는다.

도시 문명의 형태를 띠고 있는 인더스 문명의 모습을 한층 더 다양한 모습으로 변화시킨 것은 아리아 인의 베다 문명이다. 베다 문화는 인도 역사에서 가장 독특한 위치를 차지하고 있으며 오늘날까지 인도 사회 전반에 커다란 영향을 미치고 있다. 다시 말해 인도의 종교와 철학뿐만 아니라 사회 전반의 생활 관습에 이르기까지 말로 표현하기 힘들 만큼 막대한 영향을 미치고 있다. 한 걸음 더 나아가 베다 문화는 인도뿐만 아니라 세계의 종교와 철학에도 적지 않은 영향을 미쳤다.

오늘날 인도 문화의 독특한 특성인 '다양성 속의 통일성'이 나타나는 결정적인 계기는 아리아 인 중심의 베다 문화와 선주민 중심의 인더스 문명이 절묘하게 조화를 이룬 결과이다. 아리아 인 침입 이후 인도에서 형성된 베다 문화는 인도의 문화가 세계 문명사에서 고유하면서도 독특한 문화로 평가받을 수 있는 또 다른 기회를 마련했다.

베다 문명이라 불리는 관련된 문명은 인도의 북부와 북서부에 중심했는데, 이는 초기 아리아 인들이 인더스 강 유역에 침입하여 인더스 문명을 이루었던 드라비다 인들을 정복하면서 그들의 토착신앙을 흡수하면서 이루어졌기 때문이다.

원래 아리아 인들은 유목민족들로써 목초지를 따라 지속적으로 이동하는 관계로 축적된 문명의 발전은 어려웠다. 반면 한 곳에 수백 년 내지 수천 년을 정착하는 농경민족들은 사상과 문명의 축적이 지속적으로 일어나므로 높은 수준의 문명과 사상을 가지고 있었다.

아리아 인들이 비록 발달된 철기문명을 지녔다고는 하지만 사상과 다른 문명의 측면에서는 도리어 정복민인 드리비다족의 사상의 영향을 받지 않을 수 없었다.

이와 비슷한 예로 중국 고대 주(周)족들이 은나라를 정복하였지만 문명은 도리어 은나라의 문명을 흡수하여 성장하였던 것이나, 청나라가 명나라를 정복하였지만 그 문명을 받아들여 새롭게 융합된 청나라 문명으로 거듭나게 된 것 등이 같은 맥락으로 해석될 수 있다.

아리아 인들은 고도로 발전해 있던 인더스 문명을 흡수함으로써 지금까지와는 다른, 높은 차원의 베다 문명시대를 열 수 있었던 것이다.

아리아 인들이 인더스 문명을 흡수하여 새롭게 형성한 종교가 바로 브라만교(Brahmanism)이다. 중국으로 넘어와서 번역될 때는 바라문교(婆羅門敎)라고 읽혀 졌다. 훗날 이 브라만교는 힌두교 및 기타 인도종교의 바탕이 되었다.

아리아 족이 인더스 강 유역으로 침입해 올 당시 믿었던 종교는 매우 단순하게 신에 대한 의식과 제례를 담고 있었을 것으로 추측된다.

아리아 인들은 하늘, 태양, 바람, 폭풍, 비, 번개 등 자연현상이 갖는 힘을 상징하는 자연신(데바Deva)에게 제화(아그니 Agni)를 피우고, 우유, 버터, 소마(일종의 환각제)를 바치면서 찬가를 불렀다. 신이 베푸는 은혜를 감사하고 신들을 즐겁게 하여 은혜를 빌었다.

기도의 내용은 무병장수, 가축 번식, 자손의 번영, 전쟁의 승리 등 현실적이고 소박한 것이었다. 그러나 이들이 보다 수준 높은 인더스 문명의 종교를 흡수하면서 제사의 형식과 절차가 점점 복잡해졌다.

원래 인더스 문명을 이루었던 드라비다 족은 이러한 모든 제사 의식을 제사장이 맡아 왔었다.

이 제사장을 브라흐만(brahman)이라 칭했다.

브라흐만(brahman)은 원래 브라흐마(Brahma)에서 유래된 말로써 브라흐마(Brahma)는 힌두교 삼주신(三主神) 중의 한 명

BRAHMA   VISHNU   SHIVA
브라흐마   비슈누   시바

으로 시바(Shiva), 비슈누(Vishnu)와 함께 창조신으로 여겨지는 신이다.

브라만교는 다신교 사상이지만 신들의 배후에 최고의 신이 존재하여 이들을 통일시키고 있어 일신교적 형태를 취하고 있다. 그 신들이 바로 '창조의 신-브라흐마(Brahma), 유지의 신- 비슈누, 재창조(파괴)의 신-시바' 이다. 브라흐마(Brahma)를 한문으로 번역하면 범천(梵天)이라 칭하며 일반적으로 4개의 팔과 4개의 얼굴에 붉은 몸을 지닌 흰수염의 노인으로 묘사된다.

창조신 브라흐마

따라서 브라흐만(brahman)은 '브라흐마의 사람' 이란 뜻으로 창조신인 브라흐마를 모시는 제사장을 뜻하는 말이었고, 이것이 아리아 인들이 지배하면서 백성을 다스리는 군장(君長)으로서의 권한은 없어지고 단지 제사를 주관하는 사제(司祭)로서의 권한

만을 가지게 된 것으로 보인다. 이러한 삼신사상은 아리아 족의 사상으로 보기는 어렵다. 따라서 아리아 족들이 인더스에 들어오면서 드라비다 족들이 믿고 있던 고대 신관을 받아들이면서 브라만교가 형성되었던 것으로 보인다. 그리고 이러한 브라만교는 『리그베다』의 형성과 함께 이루어졌다.

『리그베다』는 신(神)을 찬미하는 1,017개의 찬가로 이루어져 있다. 여기서 신(神)은 데바(Deva)인데, 한자로는 천(天)으로 번역된다. 데바는 '빛나다'는 의미의 어근 디브(div)에서 파생되었으며, 라틴어 '데오(deo)'와 같은 뜻이다.

『리그베다』에서 신들은 33위(位)의 신이 등장한다.

리그 베다 원문

이들 중 인드라(Indra, 因陀羅)는 신들의 왕으로 번개의 신으로 표현되는데 그리이스 신화에서는 제우스와 같은 신이다. 머리카락과 피부는 황금빛으로 빛나며 왼손에는 자신의 권능인 번개를 상징하는 바즈라(금강저)를 가지고 있으며 두 마리의 붉은 말이 이끄는 전차나 '아이라바타' 라는 이름의 코끼리를 타고 다닌다. 몸 전체에 1000개의 눈이 달려 있어서 세상의 모든 일을 동시에 볼 수 있다고 하며, 인간을 수호하고, 적을 정복하는 용기와 힘을 주는 신이다.

또 생명의 원천인 물을 주는 신으로서 『리그베다』에서 가장 자주 언급되는 신이다. 불경에서 제석천(帝釋天)으로 한역되는 신이다.

코가 여러개 달린 아이라바타라는 코끼리를 타고
왼손에 금강저를 들고 몸에 눈이 천 개 달린 인드라(제석천) 그림

인드라(indra)는 원래는 아리아 인들에게 무신(武神)으로 숭배받던 신으로 수메르 신화에 영향을 받은 듯하다. 그 시기에는 폭풍의 신 루도라의 군대를 이끌며 머리가 둘 달린 말이 이끄는 전차를 타고 다니며 적을 섬멸하는 영웅이었다고 한다. 인드라 신

은 우리나라와도 상당히 연관이 깊은 신으로 알려져 있는데 삼국시대부터 제석궁을 짓고 제석천을 주불로 모시고 제사를 올리는 것이 일반화 되었다. 인드라라고 불리는 도리천의 천주인 제석천은 전체 우주의 행정을 총괄한다고 한다. 또한 천주는 인간계에 있었을 때 삼신(三神)을 받드는 브라만으로서 만 가지가 넘는 적선적덕(積善積德)을 이루어 도리천의 주인이 되었다고 한다. 도리천(忉利天)은 불교에서 말하는 육욕천(六欲天) 중의 두 번째 하늘로, '도리'는 33이란 숫자를 표기한 음사(音寫)이며 삼십삼천(三十三天)으로 의역한다. 도리천은 우주의 중심인 수미산(須彌山 : Sumeru)의 정상에 있으며 제석천(帝釋天 : Indra)의 천궁(天宮)이 있다. 사방에 봉우리가 있으며, 그 봉우리마다 8천(天)이 있기 때문에 총 32천이 되며, 여기에 도리천을 합하여 33천이 된다. 또한 수미산의 중턱에는 사왕천(四王天)이 자리하고 있다. 사왕천은 불교에서 사대천왕(四大天王) 혹은 호세사천왕(護世四天王)이라고도 한다. 수미산 정상의 중앙에 있는 제석천(帝釋天)을 섬기며, 불법(佛法)뿐 아니라, 불법에 귀의하는 사람들을 수호하는 호법신으로 알려져 있으니 이들의 가장 큰 사명은 도리천의 천주를 수호하는 역할이다. 도리천의 천주가 다스리는 하늘은 우주 삼천대천세상에서 가장 아름다운 세상이며 불교에서는 이상적인 세상으로 여겨 왔었다. 석가모니의 어머니인 마야부인이 죽은 뒤 다시 태어난 곳이 바로 도리천이라고 한다. 도리천 백성의 수명은 1,000세이고, 하루가 인간세상의 100년이라고 한다. 따라서 도리천의 1년은 지구의 3만 6

천 년이고, 도리천 백성의 수명은 3천 6백만 세(歲)가 된다.

위에서 살펴본 바와 같이 인드라와 제석천 그리고 도리천의 천주는 모두 한 분을 지칭하는 명칭이다. 이는 삼신(三神)을 받들어 모시며 생명의 근원인 물을 내려주는 분으로서 우주 중심의 수미산의 정상 도리천의 주인인 천주(天主)를 말함이다.

또 『리그베다』의 다른 신들을 몇몇 살펴보면 다음과 같다.

• **아그니(Agni)** : 리그베다의 찬가에서 1/3은 아그니를 언급한다. 아그니 신은 불의 신으로서, 베다 종교에서 중심이 되는 불(火)을 사용하는 제례에서 중심이 된다. 아그니는 번개가 되어 하늘과 땅을 가로지르고, 숲이나 자연물을 불태우는 무서운 존재이기도 하면서, 음식을 만들어서 인간을 살아갈 수 있게 해주는 은혜로운 존재이기도 하다.

• **소마(Soma)** : 소마는 일종의 환각물질로써, 리그베다를 쓴 리시들은 이를 복용하고 일종의 변성의식 상태에서 신들과 소통하고 찬가를 읊었던 것으로 추측된다. 신격화된 소마 신은 소마의 힘을 상징적으로 드러낸다.

• **바루나(Varuna)** : 공기의 신 바루나는 법의 신이기도 하다. 바루나는 그리스 신화의 로고스와 상통되는 개념인 르타(rta)를 수호하는 역할을 맡고 있다.

• **르타(rta)** : 르타는 신들조차 따라야 하는 근원적인 힘으로써, 신들에 대한 제사 야냐(Yajna)는 르타와 상응하여 신들의 의사와는 무관하게 바라는 결과가 일어나게 된다고 믿었다. 이러한 통제적인 측면이 사회에 적용되는 것이 다르마(Dharma : 法)이다.

• **미트라(Mitra, 산스크리트어: मित्र)** : 인도-이란 인의 종교에서 나타나는 신으로 빛과 진리의 신(神)이다. 고대 아리아 인의 남신(男神)으로 빛, 진실, 맹약(盟約)을 관장했다. 이후 불교에 받아들여져 마이트레야(Maitreya, 산스크리트: मैत्र)로 음역되었으며, 다시 한자로는 미륵(彌勒)으로 음역(音譯) 되었다. 의역(意譯)하여 자씨(慈氏), 혹은 자씨보살(慈氏菩薩)이라 한다. 페르시아에서 가장 인기 있는 신으로 빛의 신, 혹은 불의 신이다. 미트라는 태양이 떠오를 때 태양에 앞서는 '빛'으로써 어둠을 내쫓는 것이었다. 모든 것을 투시할 수 있는 미트라의 시선을 피할 수 있는 것은 아무 것도 없었다. 미트라는 아무리 하찮은 것이라도 세상에서 일어나는 모든 사건을 알아차렸다. 깊은 산 바위 속에서 한 손에 횃불, 다른 손에 검(劍)을 가지고 태어났다. 한때는 태양신과 힘을 겨루기도 하였으나 서로 힘을 합쳐 모든 일을 같이 하기로 약속하였다. 큰 홍수가 나기 전에 한 어진 사람에게 경고를 하여 홍수에 살아남도록 하였다.

브라만교에서는 이러한 신들에게 제사를 올리는 야냐(yajna)

를 매우 중시하였는데 제사의식을 통하여 인간과 신이 소통함으로서 힘을 얻고 삶을 지속할 수 있다고 믿었다. 노래와 기도, 봉헌과 예배로 인간이 자연을 통제할 힘을 얻는다고 보았다. 제사를 관장하며 만트라(진언 : 眞言)를 외우는 브라만은 제사의 힘으로 우주를 통제할 수 있다고 여겼다. 따라서 브라만들은 당시 가장 존경받는 계층으로 자리잡게 되었다.

그리고 전기 베다시대에는 오랫동안 인도사회를 지배하고 있었던 계급제도인 카스트(Caste)제도는 아직 완전하게 확립되지 않은 상태였다. 단지 아리아 인들이 인더스 문명을 이루었던 선주민들을 지배함으로써 정복민과 피정복민의 구별하는 기준으로 주로 피부색에 기초하여 지배계급과 피지배계급으로 나뉘었던 시기였으며, 브라만들이 자리 잡았던 시기였다. 따라서 대체로 3개의 계급 분류가 있었지만 브라만은 어떤 계급적 우위를 차지한 것이 아니라 사제(司祭)로서의 역할이었고 지배계급은 부족장이나 무사들에게 있었다. 원래는 카스트(Caste)라는 말 대신 피부색을 의미하는 바르나(Varna)라고 불렸다. 즉 피부색이 흰 정복민인 아리아 인과 피부색이 검은 피정복민인 토착민들을 구분한 용어였다. 아리아 인들이 인도에 처음 들어왔을 때에 선주민인 드라비다 인들은 이미 모헨조다로와 하라파에서 나타나 있듯이 상당히 발달된 인더스 문명을 형성하고 있었다. 그러나 이들은 청동제 무기를 사용하였고 아리아 인들이 들어오기 전까지는 전쟁을 모르는 평화시절이었으므로 말이 이끄는 전차를 타고 철제무기를 휘두르며 침입한 기마(騎馬)민족인 아리아 인들을 막아낼 수가 없었다. 덩치가 크고 백색의 피부를 가진 아리아 인들은 덩치가 작고 거무스름한 피부를 가진 선주민들을 다사스(dasas)라 부르며 멸시하고 노예로 삼았다.

4계급으로 나누어지는 카스트 제도가 완전히 확립된 시기는 대체로 후기 베다시대에 이르러서 였으며, 전기 베다 시기에는 단지 소수의 아리아 족들이 다수의 선주민들과 혈통이 섞이는 것을 피하기 위해 지배계급과 피지배계급을 엄격히 지켜왔던 시대였다. 따라서 계급은 크게 지배계급과 피지배계급의 둘로 나누어져 있었다고 보아야 한다.

베다 문명을 이룬 아리아 인들은 초기 BC 2100년경에는 인더스 강 유역의 신드와 펀자브 지역에 형성되었던 인더스 문명권을 정복 흡수하며 북서부 일대에서 세력을 키워 나갔다.『리그 베다』에는 아리아 인들이 인도에 들어오면서 치른 다사스(dasas)라 불렀던 비아리아계 선주민들과 치열한 싸움을 벌인 것으로 되어 있다.
그리고 아리아 인들은 이 정착과정에서 선주민들 뿐만 아니라 같은 아리아 족들간에도 치열한 싸움을 벌여야했다. 아리아 인 종족 내부의 갈등은 예상보다 오랜 기간 지속되었다. 아리아 인들은 우선 다섯 종족이 있었는데 이들이 서로 갈라져 싸움을 벌여야했다. 때로는 승리를 위하여 저마다 선주민의 도움마저 마다하지 않았다고 한다. 이 아리안 족의 5개 종족중 바라타 족과 트리추 족은 아리아 인 가운데 가장 뛰어난 종족들로써 바시슈타(Vasishtha)라는 승려의 지지를 받고 있었다.

『리그베다』에 처음 나타나 후에 인도의 국명이 된 '바라타의 영토'라는 뜻의 바르트(Bharat)도 결국 이 바라타 족에서 파생된 것이다.

바라타 족은 인도의 지배권을 놓고 그들을 반대하는 다섯 부족의 아리아 족과 비아리아계 선주민들과 치열한 전쟁을 치루어야만 했다. 『리그베다』에서는 이 사건을 '10명의 왕들과의 전쟁'이라고 표현하고 있다.

파루쉬니 강가에서 벌어진 이 격렬한 전쟁에서 바라타 족의 왕 수다스(Sudas)가 승리를 거둠으로써 바라타 족의 위상이 인도 땅에 확고하게 뿌리내릴 수 있었다. 한편 패배한 종족들 가운데서도 푸루 족은 비록 전쟁에서는 패했을지라도 그들의 잠재적인 힘이 완전히 사라진 것은 아니었다. 그들의 영향력을 결코 무시할 수 없었던 바라타 족은 자신들의 지배권을 확고히 하기 위해 푸루 족과 연합하여 쿠루 족이라는 새로운 지배집단을 형성하였다. 이후 이들 쿠루 족은 다시 판차라 족과 연합하여 갠지스 강 주변에 그들의 강력한 왕국을 세워 후기 베다 시대까지 중요한 역할을 담당했다. 즉 아리아 족의 지배영역이 인더스 강 유역에서 갠지스 강 유역까지 확대된 것이다.

이 아리아 족의 전쟁의 대서사시를 기록한 내용이 바로『마하바라타』라는 서사시이다.

그러나 반대로 인더스 문명을 이루었던 선주민 드라비다 족들은 아리아 인들을 피해 점차 남쪽으로 이주하여 정착하였다.

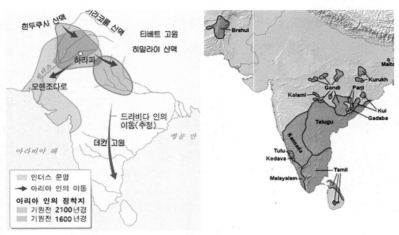

아리인의 이동과 인더스 선주민 드라비다족의 분포도

　따라서 전기 베다시대에는 인도 전역에 걸쳐 아리아 인들에 의해 새로운 판도가 정해지고 베다 경전인 『리그베다』가 성립되면서 베다사상의 기초가 형성되었던 시기라고 볼 수 있다.

　『리그베다』가 형성된 가장 큰 의의는 지금까지 구전으로 전해오고 난립되었던 아리아 인들의 신관과 선주민 드라비다 족들의 신앙이 하나로 합쳐져 체계화되고 문자로 기록됨으로써 사상적 정립과 신앙관이 정립되었다는 것이다.

　이러한 초기 베다 경전은 후기 베다시대를 맞이하면서 보다 다양한 사상적 발전을 하게 되는 토대를 마련해 주었고, 더 나아가 이후 세계적인 종교로 자리 잡게 되는 불교(佛敎)사상의 기초 바탕을 마련하게 되었다.

4) 천존시대 하반기 역사 Ⅱ

(1) 상(商)나라의 성립과 상국(上國) 역할을 하였던 단군조선

하(夏)나라는 17대 걸왕(桀王) 때 망하고 이어서 BC 1766년에 상(商 BC 1766년~BC 1122년)나라가 성립되었다.

하나라 마지막 왕인 걸(桀)은 그 유례를 찾아볼 수 없는 폭군이었다.

걸왕은 호전적이어서 한때 중국 산동성 부근의 동이족 부족국인 유시씨국(有施氏國)[62]을 정벌한 일이 있었다. 걸왕이 유시를 정벌하자 유시의 사람들이 항복의 조건으로 절세미녀인 매희(妹喜)를 진상하였다. 걸왕은 매희에게 푹 빠져 그녀의 말이라면 무엇이든 다 들어주었다.

매희는 걸왕을 꾀어 옥과 상아로 치장한 요대(瑤臺)를 짓고 밤마다 술판을 벌여 놓고 무희들을 불러 춤을 추게 하였다. 그리고

---

62)오늘날 산동성 임기시(臨沂市) 몽산(蒙山)주위에 있던 나라로 동이족의 나라였다. 고대 대문구 문화와 용산 문화 시절부터 있어 왔으며 하나라 때 국가를 형성하였다. 중국문헌《사해(辭海)》의 주석에 "유희씨라고도 칭한다.(亦称有喜氏)", 오래된 동이의 부족이다(为古老的东夷部族)고 되어 있으며, 또《이아(尓雅)》주석에 "구이의 동쪽에 있다(九夷在东)", 그러므로 유시씨는 동이부족중의 하나이다(故有施氏为东夷各部族之一).《초사·천문(楚辭·天问)》주석에는 "몽산의 국명이다(蒙山, 国名也)", 즉 몽산국이다(即为蒙山国)라고 되어있다.

매희가 비단 찢는 소리를 좋아한다고 하자 걸왕은 전국의 비단을 사들여 찢어대니 국고가 실없이 탕진되었다. 이를 보다 못한 충신들이 걸왕에게 자제할 것을 간하였지만 걸왕은 충신을 끌어내 갖은 형벌로 다스리며 죽이기를 서슴지 않았다.

걸왕의 횡포가 심해지자 백성들의 원한 소리도 높아갔으며 민심은 걸왕에게서 점차 멀어졌다.

이즈음 황하 하류에 있는 하나라의 제후국인 상(商)에는 탕(湯)이라는 성군(聖君)이 있었는데 그는 매우 현명하여 나라를 부강시키고 백성들을 잘 다스렸다. 탕(湯)의 성(姓)은 자(子), 이름은 이(履) 또는 천을(天乙)·태을(太乙)이라 하고 자가 탕(湯)이었다. 상탕(商湯) 혹은 성탕(成湯)이라고도 부른다. 시조는 제곡의 막내아들 설(契)로서, 우(禹)를 도와 치수를 잘한 공로로 상(商) 땅에 봉작되었다. 상(商)은 오늘날 하남성(河南城) 상구시(商丘市)이다. 탕은 설의 14세 후손이다.

하 나 라 형 세 지 도

탕이 위대한 업적을 쌓을 수 있었던 것은 이윤(伊尹)이라는 훌륭한 신하를 두었기 때문이다.

이윤의 고사에 의하면 그는 오십이지 사십구년지비(五十而知四十九年之非)를 깨닫고 상탕(商湯)을 도와 대업을 이루었다고 한다.

이 말은 49세가 될 때까지 천명(天命)을 깨닫지 못하고 걸왕의 신하로 있으면서 걸을 바로 세우고자 최선을 다했으나, 50세가 되어서야 비로소 천명을 깨닫고 상탕을 도와 걸을 멸하고 대업을 이루었다는 뜻이다.

이윤은 본래 유신씨(有莘氏)[63]의 들에서 농사를 지으며 재능을 숨기고 초야에 묻혀 살았다. 그런데 탕이 그의 현명함을 알고 사람을 보내어 그를 맞아들이고 크게 쓰고자 하였다.

탕은 이윤과 같은 현명한 사람이 걸왕을 보좌하면 나라가 올바르게 다스려질 것이라고 믿고 그를 선관(궁중 안의 주방을 맡은 관리인)으로 변장시켜 걸에게 보냈다. 이윤은 여러 차례 걸왕을 알현한 자리에서 충언을 간하였으나 그때 마다 걸왕은 '선관 주제에 무슨 참견이냐'며 들은 척도 하지 않았다.

말년에 이르러 걸(桀)왕은 더욱 황음무도해졌다.

심지어 '야궁(夜宮)'이라는 궁전을 짓고 뒤뜰에 큰 연못을 파게 한 다음, 연못에 향기로운 미주(米酒)를 가득 채우고, 그 주위

---

63) 고대 국명 중의 하나. 오늘날 산동성 하택시(菏澤市) 조현(曹縣) 서북에 있던 나라.

나무에 포육(脯肉)을 걸어 고기 숲을 만들어 놓고 말 그대로 주지육림(酒池肉林)을 만들어 매희와 함께 배를 타고 연못의 미주를 마시며 마음껏 음락을 즐겼다. 매희와 함께 그 연못에서 뒤섞여 살면서 한 달 동안이나 조회에도 나가지 않았다.

이를 보다 못한 태사령 종고(終古)가 울면서 간언하였으나 걸은 오히려 그를 심하게 질책하며 내쫓아 버렸다.

종고는 걸(桀)이 더 이상 선정을 베풀 수 없음을 알고 상(商)으로 가서 탕에게 투신하였다. 민심은 떠나고 나라 형편은 점점 피폐해져 갔다.

현신 관룡봉(關龍逢)이 더 이상 볼 수 없어 걸(桀)을 찾아가 직간을 하다가 배가 갈리우고 허파가 뜯기는 비참한 죽음을 당하였다.

더 이상 충언을 해도 받아들여지지 않는 걸왕을 보며 이윤은 어찌해야 할지 고민에 빠졌다. 포기하고 상(商)나라로 돌아가야 할지, 아니면 다른 묘안을 찾을지 고민하며 마을을 걷고 있을 때 술에 취한 사람이 이상한 노래를 부르며 지나갔다. "왜 박(亳)으로 가지 않는가? 왜 박으로 가지 않는가? 박은 크기만 한데…."라는 노래였다. 박(亳)[64]은 상(商)의 도읍이 아닌가? 순간 이윤은 깨달았다.

"더 이상 걸(桀)은 되돌릴 수 없구나!"

---

64) 선 상조(商朝)의 도성(都城). 현재 하남성 상구(商丘). 상탕이 하왕조를 멸할 때 박(亳)에 있으면서 상왕조를 건립했다. 박(亳)은 회의(會意)자로 집 택(宅)의 변형이다. 본가(本家)의 의미이고 경(京)은 수도의 의미이다. 이 둘을 합쳐 박(亳)이라고 했던 것이다.

이 사실을 깨달은 이윤은 탕을 도와 걸을 멸하기로 결심하였다.

이때가 이윤의 나이 50세였다.

천하는 만백성의 천하이지 일개 왕을 위한 천하가 아님을 그는 49세 때까지 깨닫지 못하다가 50세가 되어서야 비로소 깨닫게 된 것이다.

상나라의 박(亳)으로 돌아온 이윤은 걸왕을 되돌릴 수 없음을 탕에게 설명하고 걸왕을 정벌할 것을 설득하였다. 그리고 걸에게 반기를 드는 제후들을 규합하도록 하고 걸에게 협조하는 제후들은 정벌하게 하여 국력을 키웠다.

탕은 이윤(伊尹)과 중훼(仲虺)를 재상으로 기용하여 함께 국사를 보조하게 하고, 이어 걸왕과 연맹한 갈국(葛國 : 지금의 하남성 영릉), 위(韋 : 지금의 하남성 활현), 고(顧 : 지금의 하남성 남범현), 곤오(昆吾 : 지금의 하남성 허창) 등과 같은 부락과 방국(方國)[65]을 멸망시켰다.

이후 탕은 전후 열한 차례 정벌을 단행하여 비로소 하(夏)나라에 대적할만한 세력으로 부상하였다.

탕왕이 걸왕을 치려 하자 이윤이 말하기를 "치지마십시오. 걸왕에게 바치는 공물을 끊고 그의 행동을 살펴보십시오."라고 했다. 탕이 이윤의 말대로 하자 걸왕이 진노하여 구이(九夷 : 회하 부근에 있던 단군 조선의 구족(九族))[66]의 군사를 일으켜 쳐들어 오자 이윤이 말하기를 "아직 때가 아닙니다. 저들이 아직도 능히 구이의 군사를 일으킬 수 있다는 것은 잘못이 우리에게 있기 때문입니다."고 하였다. 이에 상탕은 사죄하고 다시 공물을 바쳤다.

이듬해에 탕왕이 다시 공물을 끊어버리자 걸왕이 노하여 다시 구이의 군사를 요청했으나 움직이지 않았다. 그러자 이윤이 "됐습니다. 치십시요."라고 말하자 탕왕은 마침내 군사를 일으켜 명조(鳴條, 지금의 하남성 봉구 동쪽)에서 크게 싸움을 벌여 걸

---

65) 고대 연방국(聯邦國)을 말한다.
66) 회하 중하류 강소성과 안위성 일대에 있던 동이족 전부를 칭하였던 말.《논어 · 자한(论 语 · 子罕)》"동쪽에 구이가 있다(东有九夷) : 일현토(一玄 菟), 이낙랑(二 乐 浪), 삼고려(三 高 骊), 사만식(四 满 饰), 오부경(五 凫 更), 육색가(六索家), 칠동도(七东屠), 팔왜인(八倭 人), 구천비(九天鄙)"라고 했다. 또《후한서 동이전(后汉 书 · 东夷传)》에는 "이족은 구종이 있다(夷有九 种), 일컫기를 견이(畎夷), 우이(于夷), 方夷(방이), 황이(黄夷), 백이(白夷), 적이(赤夷), 현이(玄夷), 풍이(风夷), 양이(阳夷)"라고 했다. 조선에서는 구이(九夷)를 구한(九桓)이라 하였는데 이는 구려(九黎)라고도 한다. 그러므로 논어에서 말한 회하의 중상류 지역의 구족을 일컫는 것이 옳은 것이다.

왕을 토벌하니 걸왕은 패배하고 남소(南巢, 지금의 안휘성 소호)의 땅으로 도망하여 굶어 죽었다.

탕(湯)은 걸(桀)을 축출하고 박(亳)으로 돌아왔다. 그러자 제후들이 탕(湯)을 왕에 추대했다. 탕은 세 번 사양했으나 제후들이 끝끝내 듣지 않자 마침내 왕위에 오르고 상(商)나라[67]를 세웠다. 이때가 BC 1766년으로 하(夏)나라는 17대 440년을 내려오다 멸망하고 상(商)왕조가 새롭게 문을 열었다.

탕이 하나라 걸왕을 정벌하고자 할 때 주요한 관건은 단군조선의 행보였다. 따라서 이윤은 단군조선이 어떻게 움직이는지를 살펴서 걸왕을 정벌하였던 것이다. 이때는 단군조선 13세 흘달단군(屹達檀君 재위 BC 1782~BC 1722)이 치세하던 시기였다. 기록[68]에 의하면

갑오 16년(BC 1767년) 겨울 은(殷)나라 사람이 하(夏)나라를 정벌하고자 군사를 일으키자 그 군주인 걸(桀)이 임금께 구원을 요청하였다. 이에 흘달단군께서 읍차(邑借)인 말량(末良)으로 하여금 구한(九桓)의 군대를 이끌고 가서 싸움을 돕

---

67) '은(殷)나라'라고도 칭함. 탕(湯)의 선조인 설(契)이 우(禹)의 치수를 도와 공을 세워 순(舜)에 의해 상(商)을 봉지로 받아 후에 이곳에서 탕이 일어났으므로 상나라라고 하였다. 탕은 황하 하류의 박(亳 : 지금의 하남성 상구시)에 도읍을 정했다. 이후 3백 년 동안 상나라는 다섯 차례나 수도를 이전했다. 이렇게 자주 도읍을 옮기다 보니 나라의 기반이 약해졌다. 그러자 19대 왕인 반경(盤庚)이 황하를 건너 은(殷 하남성 안양시 소둔촌)으로 도읍을 옮겨 나라를 부흥시키고 이후 270여 년 간을 이곳에 정착하였다. 이러한 연유로 역사에서는 상나라를 '은(殷)나라'라고 불렀다.

68) 고려 말엽 행촌 이암(李嵒 1296~1364)이 기록한 「단군세기」의 기록.

게 하였다. 그러자 탕(湯)이 사신을 보내 사죄하였다. 이에 말량에게 명을 내려 군사를 되돌리게 하였는데, 걸(桀)은 조약을 위배하고 병사를 보내 길을 막았다. 이에 은나라 사람과 함께 걸을 정벌하기로 하고 몰래 신지(臣智) 우량(于亮)을 파견하여 견(畎)의 군대를 이끌고 가서 낙랑과 합쳐서 진격하여 관중(關中)의 빈(邠)·기(岐)[69]의 땅에 웅거하며 관청을 설치하였다.

고 하였다.

결국 하나라 걸왕은 단군조선에 신임을 잃었고, 탕왕은 조선의 신임을 얻어 도리어 군사지원까지 받아내어 걸왕을 멸하였음을 알 수 있게 하는 대목이다.

당시 하나라는 아직 세력이 약했으므로 어려움이 있을 때 단군조선을 상국(上國)으로 의지했음을 보여주고 있다. 그것이 바로 걸이 군사를 요청하는 장면이다. 탕왕은 이러한 상황을 파악하고 사신을 보내 사과를 했던 반면, 걸왕은 도리어 약속을 깨고 군사를 시켜 구이의 군사가 돌아가는 것을 막으려 했으므로 단군 조선은 걸을 버리고 탕을 돕기로 한 것이다. 이로써 걸은 망하였고 탕은 나라를 세울 수 있었다. 이 모든 것이 이윤의 모사에 의해 이루어진 일이었다.

---

69) 관중은 지금의 섬서성의 땅을 말하며, 빈은 나라이름이다. 주나라 조상인 공유가 세웠다고 한다. 섬서성 순읍현의 서쪽에 있다. 기(岐) 역시 옛 주나라 구읍으로 섬서성 기산현의 동북에 있다.

이윤이 걸(桀)왕을 몰아내고 탕으로 하여금 대업을 이루게 한 것은 오직 천도에 따른 것이며, 백성들의 뜻이었다.

독초라 할지라도 봄철의 싹에는 그 독성이 나타나지 않으나 여름으로 접어들어 줄기가 굵어지면 독성이 나타나듯이, 인간의 심성에도 봄시대인 천존시대에는 악(惡)이 나타나지 않다가 여름시대에 접어들면서 그 고개를 들기 시작한 것이다.

이러한 때에 천도(天道)의 흐름이 악(惡)을 물리치고 선(善)을 세워야 함을 깨달은 자가 바로 이윤이었으며 그는 그 대의를 실현하기 위해 탕을 도와 걸(桀)을 물리쳤던 것이다. 이를 두고 강증산 성사께서는 다음과 같이 말씀하셨다.

桀惡其時也
걸 악 기 시 야

湯善其時也
탕 선 기 시 야

天道敎桀於惡
천 도 교 걸 어 악

天道敎湯於善
천 도 교 탕 어 선

桀之亡 湯之興 在伊尹
걸 지 망　탕 지 흥　재 이 윤

걸이 악을 행한 것도 그 때가 있고
탕이 선을 행한 것도 그 때가 있다.

하늘의 도가 걸로서 악을 가르쳤고
하늘의 도가 탕으로서 선을 가르쳤다.
걸은 망했고, 탕은 흥했다.
이것은 모두 이윤에게 있었다.

- 대순전경, 공사 3장 38절 -

탕이 걸왕을 정벌한 것은 비록 하늘을 따르고 사람의 마음에 응한 것이지만 요(堯)·순(舜)과 우왕(禹王)이 자리를 서로 주고 받은 뒤를 이어서 자신은 무력으로 걸을 몰아내고 자리를 받았으니 마음에 끝내 불안한 바가 있었다. 그러므로 덕(德)이 옛날과 같지 않음을 부끄러워하고 또한 후세에 이것을 구실로 삼을까 두려워하였다. 그래서 걸왕이 매희를 데리고 남소씨(南巢氏)의 땅으로 도망갈 때도 죽이지 않고 내버려두었던 것이다.

이처럼 탕이 자신의 행위를 걱정하고 부끄러워함이 그치지 않자 중훼(仲虺)는 고(誥)를 지어 탕의 뜻을 풀어주었다.

"오호라! 하늘이 백성을 내고 오직 하고자 하는 바가 있으니, 주인(임금)이 없으면 세상이 어지러워지는지라. 오직 하늘이 총명함을 내는 것은 때에 맞춰 백성을 다스리려는 것입니다. 하(걸왕)가 덕에 혼미하여 백성을 도탄(진흙과 숯)에 빠지게 하였으니, 하늘은 이에 왕(탕왕)에게 용기와 지혜를 주어 만방에 바른 것이 무엇인지 나타내 보이시고, 우(禹)의 옛 땅을 잇게 하시니, 이제 그 가르침에 따라 천명을 좇으소서."

라고 하였다.

흔히 정치가 크게 어려워지고 백성들의 생활이 매우 어렵게 된 것을 '도탄(塗炭)에 빠졌다.'라고 하는데 그 도탄지고(塗炭之苦) 라는 고사는 바로 여기에서 비롯된 말이다.

하나라를 이어 탕왕(湯王)에 의해 세워진 상(商)나라는 도읍을 박읍[亳邑 : 오늘날 하남(河南) 상구(商丘)]에 정하고 이곳에서 277년간을 내려가다가 BC 1557년 11대 중정(仲丁)때 효읍[囂邑 : 하남 형양(滎阳)]으로 1차 천도를 하고, 13대 하단갑(河亶甲)때 상읍[相邑: 하남 내황(內黃)]으로 2차 천도, 14대 조을(祖乙)때 형읍[邢邑 : 산서 하진(河津)]으로 3차 천도를 하여 9년을 지내 다가 바로 4차 천도를 하여 비읍[庇邑 : 산동 운성(鄆城)]으로 18대 남경(南庚) 때 엄읍[奄邑 : 산동 곡부(曲阜)]로 옮겼다. 그 리고 20대 반경(盘庚)때 이르러 6차 천도를 하여 은읍[殷邑 : 하 남 안양(安陽)]으로 옮겼으니, 상왕조가 성립된 후 400여 년 동 안 총 여섯 번의 천도를 하였다.

이것은 왕조 내부의 왕위 쟁탈로 인한 내란의 발생과 황하 하 류에 위치한 지리적 특성상 자주 수해가 발생하였기 때문이다.

이처럼 자주 천도를 하다 보니 자연히 국정은 혼란스러워지고 국력은 쇠약해졌다. 20대 왕으로 등극한 반경(盘庚)은 지모가 있는 군주로 상왕조를 중흥시키기 위해 장기적으로 정착할 장소를 모색하게 되었다.

그곳이 바로 은(殷 : 하남성 안양시)이었으며 때는 BC 1401년이다. 반경에 의해 은(殷)으로 천도한 이후 이곳에서 280년을 내려가게 되면서 쇠락하던 상왕조는 안정을 되찾고 부흥할 수 있었다. 이곳 은(殷)에서 나라가 부흥하고 강대해져 그 이름이 널리 알려졌으므로 상(商)왕조를 은상(殷商) 혹은 은(殷)나라라고 부르게 되었다.

한편, 은나라는 수도를 은(殷)으로 옮기기 전까지는 세력이 미약하다가 수도를 옮긴 후 안정되면서 강성해졌다. 따라서 이때부터 세력을 확장하기 위해 단군 조선의 영토를 침범하는 일이 많아졌고 이로 인해 단군 조선과 분쟁이 잦아졌다.

이러한 기록이 『단군세기』에 남아 있으며 그때마다 단군조선은 어렵지 않게 이들을 격퇴시킨 것으로 기록되어 있다.

경인 47년(21세 소태 단군 47년, BC 1291년) 은나라 왕 무정(武丁)이 귀방(鬼方)을 쳐 이기더니 또 대군을 이끌고 색도(索度), 영지(令支) 등의 나라를 침공하였으나 우리에게 대패하여 화해를 청하며 조공을 바쳤다.

무정(武丁, 재위 BC 1325년~BC 1266년)은 은나라 때 가장 강성했던 왕이었다. 소태 단군이 우사(雨師) 소정을 번한에 임명하였는데 이 번한이 바로 귀방(鬼方)이다. 무정은 귀방과 3년간 전쟁 끝에 이를 정복하고 그 여세를 몰아 색도와 영지를 침공하였다. 이들은 모두 단군 조선에 조공을 바치던 속국으로 단군 조선에서 원군을 보내 무정을 격파했던 것이다. 이에 무정은 화해를 청하며 조공을 바쳤다고 한다.

그리고 22세 색불루 단군(재위 BC 1285년~BC 1236년) 때는 은나라 수도를 격파하였으나 화해하였고, 변한(弁韓)의 백성들을 회대(淮岱)의 땅에 옮겨가 살도록 하였다고 한다.

당시 은나라가 강성해졌다 해도 단군 조선의 광대한 영역과 군사력에는 미치지 못하고 있음을 알 수 있다. 단군 조선은 그 다스림이 1,000여 년이 지났으나 조금도 흔들림 없이 나라를 유지할 수 있었던 것은 그 근본을 언제나 홍익인간(弘益人間)에 바탕을 두고 다스렸으며, 이로 인해 남의 나라를 침범치 않았기에 그 문명과 문화를 유지해 갈 수 있었던 것이다.

한편, 탕왕으로부터 시작되어 찬란한 문명을 이루었던 은(殷商)왕조는 31대 신(辛)에 이르러 드디어 마감하게 되었으니 그가 바로 하나라 걸왕(桀王)에 버금가는 폭군 주왕(紂王)이다.

주왕은 제을(帝乙 BC 1182년~BC 1155년 재위)의 아들로 제신(帝辛 BC 1155년~BC 1122년 재위)이라 하는데 제을이 죽은 후 왕위를 계승하여 33년간 재위에 있었다.

그는 자질과 말솜씨가 뛰어났으며 두뇌가 명석하여 모든 일을 보거나 듣고 그 진상을 꿰뚫어 보는 눈이 날카로웠다. 그는 신체가 장대하고 외모가 준수하며, 맨손으로 맹수를 사로잡을 수 있을 정도로 힘이 장사였다고 한다.

또 총명하고 재치가 있으며 문학적으로도 재능이 뛰어났다.

그러나 그는 매우 호전적이어서 이웃나라를 정벌하기를 즐겨했는데, 주로 동남쪽으로 진격하여 회하(淮河)·장강(長江)을 확보하면서 동쪽의 동이족과 잦은 분쟁을 일으켰다.

그러나 그를 폭군으로 만든 결정적인 계기는 달기(妲己)라는 미인을 후궁으로 들이면서 부터였다. 달기는 원래 기주후(冀州侯) 소호(蘇護)의 딸이었다.

기주에 흉년이 들어 주왕에게 공물을 진상할 수가 없게 되자 주왕은 격분하여 소호를 잡아들이라고 명했다. 이에 소호가 주왕에게 반역을 하자 토벌 명령을 받은 서백후 희창[문왕]이 그를 설득하여 소호를 다시 주왕에게 귀순시키고 그의 딸 달기를 후궁으로 받치도록 하였다. 이때가 BC 1147년이다.

주왕은 달기를 후궁으로 맞이하면서부터 그녀에게 빠져들어 황음무도한 자로 타락되어 갔다. 주왕은 달기를 총애하여 하루종일 달기와 함께 궁중에서 술을 마시며 유희를 즐겼다.

그는 주지육림(酒池肉林)을 만들어 실오라기 하나 걸치지 않은 남녀가 뛰어다니며 광란의 유희를 즐기는 것을 지켜보며 희열을 느끼고 이를 보다 못한 충신들이 충언을 하면 달기의 환심을 사기 위해 구리 기둥을 숯불 위에 돌리며 달구어 놓은 포락(炮烙)이라는 형구(刑具)에 기름을 발라 그 위를 지나가게 하여 숯불에 떨어져 죽는 포락지형을 가하는 등 잔인함이 극에 달했다.

주왕(紂王)이 폭정을 일삼자 이를 보다 못한 주족(周族)의 수장(首長) 희창(姬昌), 즉 주문왕(周文王)이 역성혁명을 일으켰으나 결국 뜻을 이루지 못하고 그의 아들 무왕(武王)에게 대업을 남기고 죽고 말았다. 부친 문왕(文王)의 유업을 이어받은 무왕(武王)은 주왕(紂王)을 반대하는 8백 제후들과 연합하여 목야(牧野 : 지금의 하남성 기현(淇縣) 남쪽)에서 주왕(紂王)의 70만 대군을 격파하고 대승을 거두었다. 이것이 바로 무왕벌주(武王伐紂)이다.

조가성(朝歌城)으로 도망간 주왕은 더 이상 가망이 없음을 직감하고 20미터 높이의 녹대에 올라가 녹대 아래 마른 풀섶에 불을 질러 놓고 뛰어내렸다. 이때가 BC 1122년이다. 이로써 645년간에 걸친 은상(殷商)의 역사는 끝을 맺고 주무왕(周武王)에 의해 새롭게 왕조가 일어났으니 주(周)나라이다.

은(殷)나라가 망하고 주(周)나라가 황하유역을 차지함으로써 찬란한 황하의 문명을 이루었던 하화(夏華)의 나라는 사라지고 새로운 문명이 자리 잡게 되었다. 주나라의 시조(始祖) 문왕(文王)은 서이족(西夷族)의 수장으로서 반고(盤古)를 시조로 하는 민족이었다. 반면 하화족(夏華族)은 배달국의 한 갈래로 내려온 천손민족의 후예들이었다.

그러나 하화(夏華)의 조상이 삼황오제(三皇五帝)라고는 주장하면서 삼황오제(三皇五帝)의 조상이 배달국을 세운 천손의 후예임을 아는 사람은 드물다.

그렇다고 그들을 나물랄 수도 없는 것이 시대의 역경 속에 역사를 잃어버렸기 때문이다.

은상(殷商)의 백성들은 주나라에 점령되면서부터 그 지배권을 잃어버리고 천민으로 추락되어 수공업을 위주로 생업에 종사해야만 했다. 흔히 오늘날 물건을 팔아 생업에 종사하는 사람들을 일컬어 '상인(商人)'이라 한다. 이 말은 주나라 사람들이 은상(殷商)의 백성들을 얕잡아 부르던 호칭이었다.

'물건이나 만들어 팔아먹고 사는 상(商)나라 사람[人]들'이라는 뜻이 훗날 상업에 종사하는 상인(商人)을 뜻하는 말로 바뀌어진 것이다.

은상(殷商)의 백성들은 어려운 생업 속에서 점차 자신들의 역사와 정체성을 잃어버리고 살아가게 되었다. 결국 자신들이 천손(天孫)의 후예들인지, 자신들이 반고의 후예들인지 구분조차 할 수 없게 되어 버리고 그 뿌리는 상실하게 되었다. 원래 하화(夏華)의 나라와 단군 조선은 한 뿌리에서 갈라진 두 개의 나라였다. 그러므로 그 문화나 그 문자나 그 풍습이 동일하게 내려왔던 것이다.

그러나 그것이 완전히 다른 혈족으로 취급되기 시작한 것은 그 지배권이 서이족(西夷族)으로 넘어가면서부터였다. 그 후로 기천년이 흐르는 동안 망각의 세월이 흘렀고 하화(夏華)와 조선(朝鮮)은 완전히 다른 혈통, 다른 민족으로 나누어져 버렸던 것이다.

그러나 역사는 잊었어도 하화(夏華)의 그 문명조차 잃어버린 것은 아니었다. 그 찬란한 문화와 문명은 이후 하화(夏華)로 들어온 서이(西夷) 족에게 도리어 흡수되어 동화되어 버렸고 다시금 새로운 중화(中華)문명을 탄생시키면서 수천 년의 세월을 흘러가게 된다.

(2) 카사이트 왕조와 히타이트 제국

① 바빌로니아 카사이트 왕조(BC 1595년~BC 1155년)

동양에서 하나라가 멸망하고 상나라가 일어날 즈음 메소포타미아의 바빌로니아 제국은 강력한 외부세력인 히타이트 왕국의 무르실리스 1세(Mursili I)에게 점령되고 일단 고대 바빌로니아는 멸망하였다. 그러나 히타이트 인들은 왕국의 내분으로 인해 바빌로니아를 지배할 겨를이 없었으므로 단지 약탈만하고 물러났다. 그런데 이틈을 타고 동쪽의 이란 고원을 넘어온 아시아 인들이 들어와 바빌로니아를 차지하고 카사이트(Kassites) 왕조를 세우게 된다. 카사이트 왕조를 세운 아시아 인들은 근동산악 종족으로 어디에서 왔는지, 그리고 원래 고향이 어디인지 아직 밝혀진 것이 없다. 단지 이들이 이집트 중왕국 시대에 이집트 북부 삼각주 지역을 정복하고 힉소스 왕조(BC 1700년경~BC 1580년)를 세웠던 사람들과 같은 혈통의 민족으로 짐작하고 있다. 왜냐하면 이들은 힉소스인들이 사용하였던 유형의 무기와 두 마리 말에 두 바퀴의 전차를 사용하고 각종 철기 무기들을 사용했고, 또 힉소스 인이 이집트를 지배했던 시기와 비슷하기 때문이다.

그리고 이들은 청동기, 철기, 도자기 제조기술, 수직 베틀을 이용한 방적 및 직조기술, 오보에, 템버린 등의 새로운 악기 등을 전해 주었다. 그리고 이들은 전혀 다른 종교체계를 가지고 있었다. 기존의 메소포타미아 지역이나 이집트 지역에서는 왕을 신(神)처럼 섬기는 종교를 가지고 있었으나 이들은 그렇지 않았다. 그리고 이들이 사용한 언어도 메소포타미아 지역에서는 전혀 볼 수 없었던 고립어였던 것으로 밝혀졌다.

카사이트 왕조는 바빌론의 이름을 "카르 두니아쉬(Kar Duniash)로 바꾸고 576년간 지배했다.

② 히타이트 제국(Hittite, BC 1680년~BC 1178년)

강력한 제국이었던 바빌로니아를 멸망시키고 남쪽의 강대국이었던 이집트와 대적했던 히타이트는 3,000년간 알려지지 않은 베일에 가려진 왕국이었다.

이 문명은 메소포타미아 문명과 에게 문명에 속하지 않는 소아시아 아나톨리아 반도에서 발생된 문명으로 독자적인 철기문명을 바탕으로 일어난 문명이다. 이 히타이트 문명은 이후 메소포타미아 문명권의 앗시리아 제국이 일어나는데 지대한 영향을 미쳤으며, 남쪽으로는 이집트 문명과 유럽의 그리스·로마 문명에까지 영향을 미쳤다. 즉 서양의 철기문명의 시발처가 바로 히타이트 문명이다. 『구약성서』에는 이들을 '헷'이라고 기록해 놓고 있다. 원래 잊혀졌던 히타이트 역사가 다시 빛을 보게 된 동기가 바로 역사학자들이 『구약성서』에서 나오는 '헷'이라는 나라를 추적한 끝에 결국 고대 유적을 찾아내게 되었던 것이다.

남러시아 평원에 기원을 둔 히타이트 인들은 인도-유럽어족을 사용한 아리아 족의 인종들로 흑해 주변을 거쳐 BC 2000년경에 지금의 터키 아나톨리아 고원지대에 정착했다. 원래 아나톨리아 반도에는 농업을 위주로 하던 원주민인 하티 인이 있었으나 히타이트 인들은 이들을 정복하여 몇 개의 소국을 형성하였다.

그러나 BC 17세기 후반에 들어서면서 아나톨리아의 대부분의 지역을 통일한 강력한 지도자가 나타났다. 그가 바로 히타이트의 왕국을 건설한 핫투실리스 1세이다. 그는 통일 왕국의 수도를 크즐 강 만곡부의 중심 지점으로 옮기고 자신의 이름을 따서 하투샤스(Hattusas)라고 명명했다. 핫투실리스 1세는 통일 왕국을 핫티 왕국이라고 불렀고 스스로를 핫티의 왕이라고 칭하였다. 그러나 역사학자들은 지명과 혼동을 피하기 위해서 히타이트 왕국(Hittite, BC 1680~BC 1178)이라고 칭하고 있다.

하투실리스 1세에 의해 통일된 세력을 형성한 히타이트 제국은 점차 그 세력을 확장해 나가 북 시리아까지 지배했다. BC 1595년에는 무르실리스 1세가 군사를 이끌고 유프라테스 강을 따라 남진하여 함무라비의 후손이 통치하고 있던 고대 바빌로니아 왕국을 멸망시켰다. 그러나 불행하게도 당시 히타이트 왕실의 왕위계승을 둘러싼 내분으로 권력 투쟁이 일어나자 제국의 내정부터 평정시키기 위하여 히타이트는 바빌로니아 통치를 포기하고 철수하지 않으면 안 되었다. 어부지리로 이란 고원을 넘어온 아시아 인들이 바빌로니아를 차지하고 카사이트 왕조를 열었다.

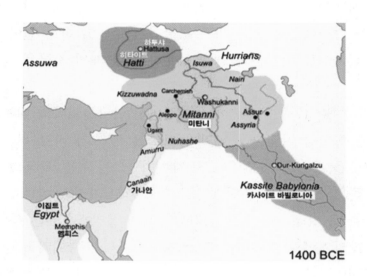

히타이트 왕실 내부의 권력 투쟁은 결국 왕이 암살되는 비극으로 끝나고 말았으며, 막강한 제국의 힘을 과시했던 히타이트 제국은 혼란 속에 힘을 잃고 말았다. 때마침 히타이트 동쪽의 유프라데스 강 중류에서 일어난 후르리 인들이 미탄니(Mitani) 왕국을 세우고 지속적으로 히타이트를 공격해 왔다.

미탄니 왕국이 왕성할 때는 히타이트는 겨우 수도 주변만 방어할 정도로 간신히 명맥을 유지했다. 약 1세기 동안을 미탄니와 격렬한 전투를 해왔던 히타이트는 BC 1430년에 투드할리야 1세가 왕위에 오르면서 새롭게 부흥하여 신왕국시대로 접어든다.

신왕국의 6대 수필률리우마시 1세에 이르러 수도 하투샤스를 중심으로 거대한 성을 쌓고 방어 체제를 튼튼히 하였다. 그리고 후방 지역의 여러 소국가들과 동맹을 맺어 후방의 위협을 배제시킨 후 장기간 히타이트를 위협해 오던 미탄니 왕국을 공격하여 드디어 수도는 함락시키고 속국으로 삼았다.

발굴된 유적지를 바탕으로 그린 수도 하투샤스 복원도(2중 성벽으로 둘러싸여 있다)

이 시기 미탄니 사람들에게 말 기르는 법을 습득한 히타이트 제국은 과거 아카드 인들이 사용했던 2륜 전차를 도입하여 철제 무기로 무장시키고 강력한 군대로 거듭났다. 그리고 정복전쟁을 벌여 서쪽으로는 아르자와(Arzawa)를 정복하고 남쪽으로는 당시 이집트의 속국이었던 시리아를 공격하여 히타이트 영역으로 편입시켰다.

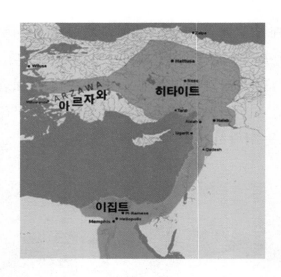

　당시 이집트는 이스라엘을 점령하고 북쪽으로 시리아 지역까지 진출해 있었다. 따라서 남쪽으로 정복전쟁을 벌이는 히타이트 제국과 충돌하면서 거대한 두 제국의 피할 수 없는 대결이 예고되었다.

　BC 1279년 이집트는 람세스 2세가 왕위에 오르자 대규모 군사원정을 계획하였다. 이때 이집트도 이미 2마리 말이 끄는 가벼운 2륜 전차에 복합궁을 활용하고 있었는데 이것은 과거 힉소스의 지배를 받을 당시 배웠던 기술이었다. 람세스 2세는 BC 1275년 2천 대의 전차병과 1만 5천의 병력을 동원하여 북쪽으로 진격했다.

　한편, 히타이트의 무와탈리스 2세도 이집트에 맞서기 위해 3천 대의 전차병을 포함한 3만 5천의 병력을 편성하였다. 고대 최대의 결전이 시리아 북부의 카데쉬(지금의 트리폴리 남쪽)에

이집트 전차와 히타이트 전차

서 벌어졌다. 이집트 카르나크 신전의 비문에는 이집트의 승리로 기록되어 있으나, 시리아는 여전히 히타이트의 수중에 있었다. 이후 16년간 전투가 계속되었으나 당시 신흥 아시리아가 성장하여 히타이트를 위협하였으므로 핫투실리스 3세는 더 이상 전투를 진행할 수가 없었다. 이집트 역시 장시간의 전투에 지쳐 있었다. 결국 두 나라는 상호 평화조약을 체결하게 된다. 이것이 세계 최초의 국제 조약이다. 이 조약에는 양국은 서로의 형제국 가임을 선언하고 핫투실리스 3세는 딸을 람세스 2세에게 출가시켰다.

이러한 조약 내용이 적힌 유물이 3천 년이 지난 후 이집트와 히타이트 두 곳에서 함께 발굴이 되었다. 히타이트 제국의 수도 하투샤스와 이집트의 카르낙 신전에 보존되어 있었다.

그러나 히타이트는 이 무렵부터 왕권 다툼으로 내분에 휩싸이게 되면서 급속도로 쇠퇴하기 시작하였으며, 혼란한 상태에서 BC 1178년에 지중해를 통해 침입한 일명 '해양 민족'으로 알려

히타이트와 이집트의 평화조약문(BC 1269)

진 이민족의 침입에 의해 갑자기 붕괴되고 말았다.

히타이트가 멸망한 시기는 은나라가 주나라에게 멸망되었던 BC 1122년과 거의 동시대이며, 존속기간은 약 500년이다.

(3) 이집트 신왕조

이집트 신왕국 (BC 1575년~BC 1075년)

이집트의 신왕국은 고왕국과 중왕국에 이어 세 번째로 부흥했던 시대를 말한다. 제 18왕조에서 20왕조까지 약 500년간의 기간으로 이 시기에 대외정복전쟁을 실시하여 이집트 역사상 가장 넓은 영토를 점령했으므로 이때를 이집트 제국시대라고 한다. 그리고 모세의 출애굽 사건도 바로 이 신왕조시기 중에 일어났던 일이다.

중왕조 말기 제 2 중간기라고 부르는 혼란스러웠던 시기에 이집트 삼각주를 지배했던 힉소스의 침략은 이집트에 전화위복의 결과를 가져다주었다. 그들은 삼각주를 지배하는 동안 아시아에서 건너오면서 여러 가지 문명을 전해 주었는데 그중에는 전차와 복합궁이 있었다. 제 2 중간기 말엽 제 17왕조 때 아모시스(Ahmosis) 1세는 힉소스를 축출하는 과정에서 그들이 가지고 왔던 2륜 전차와 복합궁을 적극 수용하여 이를 바탕으로 보다 기동성이 뛰어난 전차부대를 창설하게 된다. 이집트 전차는 두 손으로 들 수 있을 정도로 더욱 가볍게 만들어졌으며 기존의 3명이 한조가 되어 전투를 벌이던 전투병 체제를 2명이 한조로 전투를 벌이게 만들어 기동성을 향상시킴과 동시에 지형의 제한을 훨씬 적게 받도록 만들었다. 즉 말을 모는 기수는 방패와 칼을 소지하고 궁수는 활을 쏘며 신속히 이동하였다. 이러한 전차부대를 수천 기 보유한 대단위 전차부대는 이후 장거리 원정과 뛰어난 전투력을 발휘하며 이집트를 제국으로 만들어 주었다.

아모시스 1세는 18왕조를 세운 후 팽창정책을 실시하여 점차 영토를 넓혀 갔으며 그의 아들 투트모시스 1세(Thutmosis I, BC 1504년~BC 1493년 재위) 때에도 이 대외정책은 계속되었다.

투트모시스 1세의 장녀인 핫셉수트 여왕(Hatshepsut, BC 1479년~BC 1458년 재위)은 대외정책으로 내정이 문란해지자 대외 팽창정책을 자제하고 내정에 힘을 기울였다. 그녀는 광산을 개발하여 국가를 부흥하게 만들었으며, 푼트지방에 배를 보내 향료와 상아, 목재 등을 수입하며 내실을 다졌다. 뿐만 아니라 이집트 고도 테베(지금의 룩소르)의 서쪽 교외의 델 엘 부하리에 거대한 장제전(葬祭殿)을 건립하였다.

핫셉수트 여왕의 장제전

이집트 왕조는 고왕조 이후로는 피라미드를 건립하지 않고 신전과 장제전을 건립했는데 핫셉수트 여왕이 건립한 이 장제전은 가장 규모가 크고 화려한 장제전이였다. 깎아지른 듯한 바위산을 뒤로하고 서 있는 핫셉수트 여왕의 신전은 거대한 3층의 테라스식 신전으로 각종 조각과 부조들로 치장된 독창적이고 웅장한 건물이다. 그녀는 22년간 여왕으로 실권을 행사하며 이집트 신왕조의 내실을 다지는데 최선을 다했으며 많은 업적을 남겼다.

그러나 핫셉수트 여왕은 아들이 없었으므로 자신의 남편 투트

모세 2세와 다른 여인의 몸에서 태어난 투트모세 3세(BC 1458년~BC 1425년 재위)를 양자로 받아들여 파라오에 올려놓고 섭정을 하였다. 핫셉수트 여왕이 죽고 투트모세 3세가 왕위에 오르자 그는 다시 대외팽창 정책을 펼쳐 유프라테스 강의 상류까지 영토를 확장하였다. 그는 20년 동안 총 17회에 달하는 원정을 실시하여 남쪽으로는 누비아, 북쪽으로는 유프라테스 강, 서쪽은 리비아, 북동쪽으로는 팔레스타인과 시리아에까지 정복하여 이집트 역사상 최대의 영토를 확보하기에 이른다. 그리고 방대한 전리품과 많은 노예를 얻게 되었고, 각지에서 물자가 집결되었으며, 당시 서쪽의 강국이었던 미탄니(Mitanni) 왕국마저 이집트에 조공을 바쳤다.

투트모세 3세 때 이집트 역사상 최대의 영토와 번영을 누리게

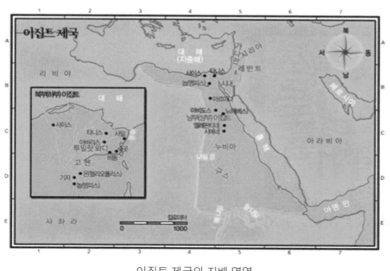

이집트 제국의 지배 영역

되었지만, 그의 뒤를 이은 아멘호테프 4세 때에 이르러서는 서서히 국력이 기울기 시작하였다.

그리고 이로부터 7대 째 어린 투탕카멘(Tutankhama, BC 1333년~BC 1324년)이 파라오가 되면서 제 18 왕조는 막을 내리게 된다.

투탕카멘은 9세에 왕위에 올랐으나 선천적으로 약한 몸을 타고나 18세에 요절하고 말았다. 그러자 대신이자 군인출신의 호렘헤브(Horemheb)가 정권을 장악하였다.

19왕조는 호렘헤브가 열었으나 그는 아들이 없었기 때문에 이집트 장군이자 대신인 람세스를 후계자로 선택했다. 따라서 람세스 1세(Ramses I, BC 1292년~BC 1290년 재위)부터 실질적인 19왕조로 보고 있다. 람세스 1세의 아들인 세티 1세(Seti I, BC 1292년~BC 1279년)가 왕위에 오르면서 다시 아시아에서 이집트의 우위를 확보하고 이집트의 위상을 되찾았다.

투탕카멘의 황금 마스크

이후 세티 1세를 이어 왕위에 오른 자가 바로 이집트 역사상 가장 널리 알려진 파라오 람세스 2세(Ramses II, BC 1279년~BC 1213년 재위)이다.

그는 이집트 파라오 중에 가장 재위기간이 긴 파라오 중에 한 명으로 24세에 즉위하여 66년간 통치한 뒤 90세에 죽은 것으로 알려져 있다.

그는 매우 호전적이어서 즉위 2년째 되던 해에 지중해 연안에 자주 출몰하여 노략질을 일삼던 해양 민족들을 토벌하는데 성공하였다. 그리고 즉위 4년차에 강국으로 부상하여 북쪽지역의 위협이 되었던 히타이트를 정복하기 위해 2천 대의 전차부대와 1만 5천의 병력을 동원하여 북쪽으로 진격했다.

이에 맞서 히타이트의 무와탈리스 2세도 3천 대의 전차와 3만의 병력으로 맞섰다. 이것이 서양 역사상 최초의 국제전투라고 기록된 카데쉬 전투이다.

철제 무기와 전차로 무장한 히타이트 군대가 매복과 기습작전으로 이집트 람세스 2세를 고립시키고 압박해오자 람세스 2세는 고전을 면치 못했다.

그러나 때마침 가나안의 구원병이 도착하여 방심하고 있던 히타이트 군을 역습하자 오히려 전세는 역전되었다. 그러나 주력이 타격을 입은 이집트 군은 히타이트 군을 더 이상 추격하지 못하고 결국 무승부로 끝나고 말았다.

이후 16년간 서로 소모전만 치르던 히타이트와 이집트는 역사상 최초의 평화조약을 체결하기에 이른다.

그리고 람세스 2세는 내부적으로는 신관(神官)들의 도전에 대응하여 파라오의 권위를 재정립하고 긴 재위기간 동안 아부심벨 신전을 비롯해 룩소르 신전, 카르나크 신전 등 수많은 거대 건축

록소르 신전의 위용

물을 이집트 전역에 건설하였다.

　모세의 출애굽에서 람세스 2세는 그와 대적한 파라오로 지목되고 있다. 『구약성서』에서 말하는 ‘바로’란 ‘파라오’를 말하는 것이다. 그러나 『구약성서』에서 제시한 모세가 출생한 시기는 BC 1526년이고 람세스 2세의 출생 시기는 BC 1302년 경으로 약 200년의 차이가 난다. 그러므로 모세가 출생한 시기를 따지자면 18왕조를 세운 아모시스 1세의 아들 투트모시스 1세(BC 1504년~BC 1493년 재위)와 비슷한 시기에 태어난 것으로 된다. 모세와 대적했던 파라오는 투트모시스 1세이거나 그의 형제 중의 한 명일 수 있다. 이때는 아모시스 1세가 나일 강 하류 삼각지를 점령하였던 힉소스를 축출하고 신왕조를 건립하였던 때였고 새롭게 나일강 삼각지를 재정비하는 단계였다. 『구약성서』「출애굽기」에 ‘요셉을 알지 못하는 새 왕이 일어나 애굽을 다스리니’라고 한 것은 바로 제 18왕조가 새롭게 일어난 것을 말하는 것이다. 과거 힉소스들은 이 지역을 지배할 때 유대 인들은 잘 대우해 주었던 반면 이집트 인들은 학대했다고 한다. 그 이유는 잘 모르지만 이집트 인들과 유대 인들을 이간시킴으로써 자신들이 이들을 효율적으로 통치하기 위한 계책으로 보여진다.

이러한 정황 하에 약 100년 동안 식민지 지배를 받아왔던 이집트 인들이 힉소스를 몰아내고 독립하게 되자 그들에게 대우받았던 유대 인들을 미워하게 되는 것은 당연한 일일 것이다. 「출애굽기」에서는 이스라엘 백성들이 자신들 보다 많고 강하기 때문에 이것을 두려워하여 감독을 세우고 그들을 노예로 삼았다고 하지만, 실제는 힉소스 인들이 우대하고 심지어 관리에 등용까지 했던 이스라엘 백성들이었으므로 아모시스 1세가 힉소스를 몰아낸 다음 그들을 학대했으리라 짐작된다. 또 힉소스를 잠시 축출하기는 했을지라도 또 언제 다시 쳐들어올지 모르는 상황에서 자신들에게 학대받던 이스라엘 백성들이 더 강성해지는 것을 묵과할 수가 없는 상황이었으므로 산파들로 하여금 남자아이가 태어나면 강물에 던지라고 지시했을 것이다. 이러한 시대적 배경 하에 모세가 태어났다. 모세는 갈대 바구니에 담겨져 강물에 버려졌고 때마침 나일 강에 목욕하러 나온 공주가 이것을 발견하고 데려다 키웠다.

그리고 장성하여 자기의 백성들을 데리고 이집트를 탈출하여 가나안으로 출발하였다. 이것이 '출(出) 애굽(이집트)'이다.

모세의 조상 야곱이 가나안 땅이 가물어 이집트 삼각주로 이주

해 온 때는 BC 1876년이라 하며, 그때 70명이었다고 한다. 그
런데 430년 후 출애굽 할 때 장정만 60만 명이었다고 하니 이집
트의 파라오가 두려워할 법도 하다.

　이러한 내용이 『구약성서』 「창세기」와 「출애굽기」에서 나온다.

　『야곱이 그 아들과 손자들과 딸들과 손녀들 곧 그 모든 자손
을 데리고 애굽으로 갔더라 … 야곱과 함께 애굽에 들어간 자
는 야곱의 자부외에 육십육명이니 이는 다 야곱의 몸에서 나온
자이며 애굽에서 요셉에게 낳은 아들이 두명이니 야곱의 집 사
람으로 애굽에 이른자는 도합 칠십 명이었더라.』

- 구약, 창세기 46장 7절, 26~27절 -

　『밤중에 여호와께서 애굽 땅에서 모든 처음 난 것 곧 왕위에
앉은 바로(파라오)의 장자로부터 옥에 갇힌 사람의 장자까지와
가축의 처음 난 것을 다 치시매 그 밤에 바로와 그 모든 신하
와 애굽에 큰 부르짖음이 있었으니 이는 그 나라에 죽임을 당
하지 아니한 집이 하나도 없었음이었더라.

　밤에 바로(파라오)가 모세와 아론을 불러서 이르되 너희와 이
스라엘 자손은 일어나 내 백성 가운데에서 떠나 너희의 말대로
가서 여호와를 섬기며 너희가 말한대로 너희 양과 너희 소도
몰아가고 나를 위하여 축복하라 하며…』

- 구약, 출애굽기 12장 29~32절 -

『이스라엘 자손이 라암셋에서 발행하여 숙곳에 이르니 유아 외에 보행하는 장정이 육십만 가량이요 중다한 잡족과 양과 소와 심히 많은 생축이 그들과 함께하였으며…』

- 구약, 출애굽기 12장 37절 -

『이스라엘 자손이 애굽에 거주한지 사백 삼십 년이라 사백 삼십 년이 마치는 그 날에 여호와의 군대가 다 애굽 땅에서 나왔은즉 이 밤은 그들을 애굽땅에서 인도하여 내심을 인하여 여호와 앞에 지킬 것이니 이는 여호와의 밤이라.』

- 구약, 출애굽기 12장 40절, 42절 -

이렇게 많은 인력자원을 그냥 내보는 것을 좋아할 파라오는 없었을 것이다. 그래서 파라오는 모세가 이스라엘 민족을 데리고 나가겠다고 하자 극구 반대하고 나서게 된다. 그러나 여러 가지 재앙을 겪게 되자 파라오도 어쩔 수 없이 모세의 제안을 받아들이게 되고, 모세는 이스라엘 백성들을 이끌고 애굽을 떠나오게 된다.

이 출애굽의 과정에서 모세는 여호와라는 존재를 처음 만나게 되었고 그로부터 엄청난 능력을 부여받았으며, 여호와의 권능을 보게 되었다. 반면 이집트에서 신(神)과 같은 존재로 군림하던 바로(파라오)에게 여호와는 대적할 수 없는 존재로 다가왔다. 바로에게는 정말 난감하고 자존심 상하는 일이었지만 어찌 해볼 도리가 없었다. 여호와에게 힘의 우위에서 밀리게 되고 결국 자신의 장자뿐만 아니라 이집트의 모든 장자를 잃게 되는 지경에 이르자 항복하고 만 것이다. 이러한 존재에 대해 모세는 과연 당신이 누구인지 의문을 가지고 묻게 된다. 왜냐하면 지금까지 모세는 이집트의 왕자로 자라왔고, 이집트의 신을 믿어왔던 인물이었다. 그런데 출애굽의 사건으로 여호와를 처음 만나게 되었고 그의 권능과 도움을 받게 되었기 때문이다. 그래서 모세는 여호와에게 "당신은 누구입니까?", "그들이 당신의 이름이 뭐냐고 묻는다면 뭐라고 대답할까요?" 등등으로 여호와의 존재에 대해 확인하려고 하였다. 이에 대한 여호와의 답은 다음과 같았다.

『모세가 하나님께 고하되 내가 누구관대 바로에게 가며 이스라엘 자손을 애굽에서 인도하여 내리이까 하나님이 가라사대 내가 정녕 너와 함께 있으리라 네가 백성을 애굽에서 인도하여 낸 후에 너희가 이 산에서 하나님을 섬기리니 이것이 내가 너를 보낸 증거니라.』

— 구약, 출애굽기 3장 11~12절 —

『모세가 하느님께 아뢰되 내가 이스라엘 자손에게 가서 이르기를 너희 조상의 하나님이 나를 너희에게 보내셨다 하면 그들이 내게 묻기를 그의 이름이 무엇이냐 하리니 내가 무엇이라고 그들에게 말하리이까 하나님이 모세에게 이르시되 나는 스스로 있는자[히브리어: אֶהְיֶה אֲשֶׁר אֶהְיֶה ('eh-yeh; 'ă-šer 'eh-yeh,

에예허 아셀 에예허), 나는 나다]이니라

또 이르시되 너는 이스라엘 자손에게 이같이 이르기를 스스로 있는 자(אהיה אשר אהיה)가 나를 너희에게 보내셨다하라.』

- 구약, 출애굽기 3장 13~14절 -

『하느님이 또 모세에게 이르시되 너는 이스라엘 자손에게 이같이 이르기를 나를 너희에게 보내신 이는 너희 조상의 하나님 곧 아브라함의 하나님, 이삭의 하나님, 야곱의 하나님 여호와라. 너는 가서 이스라엘 장로들을 모으고 그들에게 이르기를 여호와 너희 조상의 하나님 곧 아브라함과 이삭과 야곱의 하나님이 내게 나타나 이르시되 내가 진실로 너희를 권고하여 너희가 애굽에서 당한 일을 보았노라 내가 말 하였거니와 내가 너희를 애굽의 고난 중에서 인도하여 내어 젖과 꿀이 흐르는 땅 곧 가나안 족속, 헷 족속, 아모리 족속, 브리스 족속, 히위 족속, 여부스 족속의 땅으로 올라가게 하리라 하셨다.』

- 구약, 출애굽기 3장 15~17절 -

이 부분에서 여호와는 분명 자신의 정체가 우주 전체를 아우르고 민족과 족속을 떠나 우주 만민을 사랑하는 만민의 하느님이 아니라 아브라함과 이삭과 야곱의 하나님이라고 밝히고 있다. 즉 유대 민족만의 하느님이지 그 외 이집트나 동방의 이(異)민족들에게는 아무런 관계가 없는 유대 민족의 신(神)임을 스스로 밝히고 있다. 이처럼 여호와는 끊임없이 자신의 정체를 밝히고 있지만 이방인들은 아직도 그의 정체가 무엇인지 알아차리지 못하고 있다. 노아를 이끌고 셈을 이끌고 아브라함을 이끌고 이삭을 이끌며 지속적으로 그들에게 믿음을 확인해 온바 여호와는 여지없는 유대인들의 민족신일 뿐이다. 그리고 성경에서 여호와를 하느님이라고 칭하지만 기실 '하느님'이란 단어는 한민족이 사용하였던 하늘의 절대자에 대한 명칭이지 유대인들이 사용했던 말이 아니다. 이것은 성경을 한국어로 번역하면서 그 존칭을 차용하여 사용한 것이다. 한국보다 먼저 명나라 때 마테오리치 신부에 의해 예수교가 전파되었던 중국에서는 이 대목을 신(神)이라고 번역하고 있다. 즉

『여호와는 너희 조상의 신(神), 곧 아브라함의 신(神), 이삭의 신(神), 야곱의 신(神)으로 나를 보내어 너희를 이곳으로 인도함이라. ('耶和华你们祖宗的神，就是亚伯拉罕的神，以撒的神，雅各的神，打发我到你们这里来。』

- 구약, 출애굽기 3장 15절 -

중국어로 번역된 성경에서는 그 뜻이 더욱 명확하게 구분된다. 중국이나 한자 문화권에서는 우주의 절대자를 '상제(上帝)'라고 표현하지 '신(神)'이라고 표현하지 않는다. 따라서 여호와는 모세에게 '너희 조상의 신(神)'이라고 했던 것이지 '상제(上帝)'라고 했던 것은 아니다.

유대인들에게는 여호와가 자신들의 조상(아담과 이브)을 창조

하였으므로 창조주로서의 역할을 할지는 모르지만 다른 이방인들에게는 사실상 여호와 신과는 하등의 관계없음을 모세의 출애굽기의 기록을 통해 생생히 증언되고 있다.

그리고 '나는 스스로 있는자(히브리어: אֶהְיֶה אֲשֶׁר אֶהְיֶה , 나는 나다)'에 대한 의미는 앞서 이미 설명한 바 있는 것과 같이 여호와가 자신의 이름을 밝히는 부분인데, 모세가 "그의 이름이 무엇이냐(What is his name?)라고 물을 때 내가 어떻게 대답할까요?"라는 물음에 "나는 나다(I AM WHO I AM)"라는 대답은 앞뒤가 맞지 않다. 이름을 물었으면 이름을 대답하는 것이 정답이다. 따라서 고고학자 데이비드 롤 박사의 해석처럼 "הָיָה רֶשׁאַ הָיָה(Eyah asher Eyah) 에야(Eyah), 기쁨의 에야(Eyah)이다."라고 이름을 밝히는 것이 오히려 더 정답에 가까울 수 있다.

다시 본문으로 들어가, 모세는 이스라엘 백성들을 이끌고 홍해에 이르게 되고 애굽왕 바로(파라오)는 이스라엘 백성을 내보냈음을 후회하고 곧 병거와 군사들을 이끌고 추격에 나서게 된다. 쫓기며 당황하는 이스라엘 백성들에게 여호와는 다시 한 번 더 모세를 통해 홍해 바닷물을 갈라 길을 열어주는 기적을 보여주게 된다. 그리고 이들을 추격해 온 애굽의 왕과 병사들은 모두 바닷물에 수장되고 말았다.

『모세가 바다 위로 손을 내어민대 여호와께서 큰 동풍으로 밤새도록 바닷물을 물러가게 하시니 물이 갈라져 바다가 마른 땅이 된지라 이스라엘 자손이 바다 가운데 육지로 행하고 물은 그들의 좌우에 벽이되니 … 여호와께서 모세에게 이르시되 네 손을 바다위로 내어밀어 물이 애굽사람들과 그 병거들과 마병들 위에 다시 흐르게 하라 하시니 모세가 곧 손을 바다 위로 내어밀매 새벽에 미쳐 바다의 그 세력이 회복된지라 애굽 사람들이 물을 거스려 도망하나 여호와께서 애굽 사람들을 바다 가운데 덮으시니…』

– 구약, 출애굽기 14장 21~22절, 26~27절 –

모세가 홍해를 건너 이스라엘 백성을 인도하여 사막의 광야로 나아가게 되니 이스라엘 백성들은 목마름과 배고픔으로 모세와 여호와를 원망하게 된다. 그러자 이 원망을 들은 여호와는 그들에게 만나를 내려주어 이를 양식으로 삼아 가나안 접경에 이르기까지 40년 동안 그들을 먹여 살렸다.

『이스라엘 온 회중이 그 광야에서 모세와 아론을 원망하여 그들에게 이르되 우리가 애굽땅에서 고기 가마 곁에 앉았던 때와 떡을 배불리 먹던 때에 여호와의 손에 죽었더면 좋았을 것을 너희가 이 광야로 우리를 인도하여 내어 이 온 회중으로 주려 죽게 하는도다. … 그들이 광야를 바라보니 여호와의 영광이 구름속에 나타나더라. 여호와께서 모세에게 말씀하여 이르시되 내가 이스라엘 자손의 원망함을 들었노라 그들에게 말하여 이르기를 너희가 해 질 때에는 고기를 먹고 아침에는 떡으로 배부르리니 내가 여호와 너희의 하나님인 줄 알리라 하라 하시니라.』

- 구약, 출애굽기 16장 2~3절, 10~12절 -

『저녁에는 메추라기가 와서 진에 덮이고 아침에는 이슬이 진 주위에 있더니 그 이슬이 마른 후에 광야지면에 작고 둥글며 서리같이 가는 것이 있는지라 이스라엘 자손이 보고 그것이 무엇인지 알지 못하여 서로 이르되 이것이 무엇이냐하니 모세가 그들에게 이르되 이는 여호와께서 너희에게 주어 먹게하신 양식이라. … 이스라엘 족속이 그 이름을 만나라 하였으며 깟씨 같이 희고 맛은 꿀 섞은 과자 같았더라. … 이스라엘 자손이 사십년 동안 만나를 먹었으니 곧 가나안 땅 접경에 이르기 까지 그들이 만나를 먹었더라.』

- 구약, 출애굽기 16장 13~15절, 31절, 35절 -

모세와 이스라엘 백성들은 애굽에서 나와 3개월이 지났을 때 드디어 시내광야에 이르게 된다. 이때 여호와는 모세를 불러 자신이 온 백성이 보는 앞에 시내 산에 강림할 것임을 이른다. 그리고 백성들에게 몸을 정갈히 하고 산에 오르지 못하게 하였다. 그리고 3일 째 되던 날 아침에 구름이 빽빽하게 둘러싼 시내 산 꼭데기에 우레와 번개가 치고 온 산이 진동하며 연기가 자욱한 가운데 여호와가 강림하였다.

『여호와께서 모세에게 이르시되 너는 백성에게로 가서 오늘과 내일 그들을 성결케 하며 그들로 옷을 빨고 예비하여 제 삼일을 기다리게 하라 이는 삼일 째 되는 날 나 여호와가 온 백성의 목전에서 시내산에 강림할 것임이니 너는 백성을 위하여 사면으로 지경을 정하고 이르기를 너희는 삼가 산에 오르거나 그 지경을 범하지 말찌니 산을 범하는 자는 정녕 죽임을 당할 것이라. … 삼일째 날 아침에 우레와 번개와 빽빽한 구름이 산 위에 있고 나팔소리가 매우 크게 들리니 진중에 있는 모든 백성이 다 떨더라.』

─ 구약, 출애굽기 19장 10~12절, 16절 ─

이때 멀리서 이 광경을 지켜본 이스라엘 백성들은 두려움에 떨었다. 그리고 여호와는 모세를 산꼭대기로 불러 올려 십계명을 내리고 이것을 백성들에게 알리게 한 후 다시 올라오라고 하였다. 모세가 여호와의 십계명을 백성들에게 전할 때 여호와 외에 다른 신을 섬기거나 어떤 형상을 만들어 섬기지 못하게 하였으며 이를 어길시 삼·사대에 이르기까지 그 대가가 따를 것이라고 하였다.

『하나님이 이 모든 말씀으로 일러 가라사대 나는 너를 애굽 땅 종 되었던 집에서 인도하여 낸 너의 하나님 여호와로다. 너는 나 외에는 다른 신들을 네게 있게 말찌니라. 너를 위하여 새긴 우상을 만들지 말고 또 위로 하늘에 있는 것이나 아래로 땅에 있는 것이나 땅 아래 물 속에 있는 것의 아무 형상이든지 만들지 말며 그것들에게 절하지 말며 그것들을 섬기지 말라. 나 여호와 너의 하나님은 질투하는 하나님인즉 나를 미워하는 자의 죄를 갚되 아비로부터 아들에게로 삼 · 사대까지 이르게 하거니와…』

— 구약, 출애굽기 20장 1∼5절 —

모세는 여호와의 강림을 지켜보고 두려움에 떠는 백성들을 안심시킨 후 다시 시내 산 꼭대기에 있는 여호와에게 올라갔다. 그러자 여호와는 모세에게 여러 가지 율법을 내렸으며 각종 제사법과 제단 만드는 법, 번제를 올리는 법 등을 가르쳤다. 그리고 여호와가 친히 쓴 석판 둘을 내려주었다. 그 기간이 40일이었다. 산으로 올라간 모세가 40일 동안 내려오지 않자 그들은 자신들을 인도해 온 인도자 모세가 어찌되었는지 알 수가 없었다. 쉽게 말하면 모세의 생사가 묘연해져 버린 것이다. 그러자 인도자를 잃어버린 그들은 아론을 찾아가 자신들을 인도할 신(神)을 만들 것을 종용한다.

백성들의 성화에 못이긴 아론은 급기야 백성들로부터 금귀고리나 금팔찌 등을 받아 녹이고 금송아지 상을 만들고 이 금송아지야말로 바로 자신들을 애굽에서 인도해낸 자신들의 신이라 칭하였다. 그리고 여호와의 절일에 번제를 드리고 화목제를 드리며 백성들이 앉아서 먹고 마시며 일어나 뛰고 놀았다. 이 모습을 지켜본 여호와는 진노하며 모세에게 그들을 진멸시키리라고 하였다. 그러자 모세가 어찌 애굽 사람들이 "여호와가 자기 백성들 죽이기 위해 악한 의도로 애굽에서 이끌어내었다."고 말하도록 하려느냐면서 설득하여 그 진노를 그치게 하였다. 그런데 정작 모세가 돌아와 보니 이스라엘 백성들이 금송아지상을 둘러싸고 노래하고 춤추며 노는 것을 보자 화가 끝까지 치밀었다. 그리하여 금송아지 상을 불살라 부수어 가루를 만들어 물에 뿌리고 이스라엘 자손에게 마시게 하였다. 그리고 아론을 불러 어찌하여 백성들을 큰 죄에 빠지게 하였느냐고 따지자 아론은 백성들의 금을 거두어 불에 넣었더니 이 송아지가 저절로 생겨났다고 터무니없는 변명을 늘어놓았다. 이에 모세는 여호와 편에 선 레위 자손들을 시켜 3,000여 명의 백성들을 도륙하였다. 『구약성서』「출애굽기」에 따르면 이는 여호와의 진노를 모세가 대신 풀어준 것으로 되어 있다.

『백성이 모세가 산에서 내려옴이 더딤을 보고 모여 아론에게 이르러 가로되 일어나라 우리를 인도할 신을 우리를 위하여 만들라. … 그 고리를 받아 부어서 각도로 새겨 송아지 형상을 만드니 그들이 말하되 이스라엘아 이는 너희를 애굽 땅에서 인도하여 낸 너희 신이로다 하는지라. … 여호와께서 모세에게 이르시되 너는 내려가라 네가 애굽 땅에서 인도하여 낸 네 백성이 부패하였도다. … 모세가 그들에게 이르되 이스라엘의 하나님 여호와께서 이같이 말씀하시기를 너희는 각각 허리에 칼을 차고 진 이 문에서 저 문까지 왕래하며 각 사람이 그 형제

를 각 사람이 그 친구를 각 사람이 그 이웃을 도륙하라 하셨느
니라 레위 자손이 모세의 말대로 행하매 이 날에 백성 중에 삼
천명 가량이 죽인바 된지라.』

- 구약, 출애굽기 32장 1~28절 -

출애굽한 이스라엘 백성은 시내 산 아래서 금송아지 우상을 만
들어 숭배함으로써 이스라엘 역사에서 처음으로 금송아지 숭배
의 역사로 기록되었다. 어린 수소 모양으로 조각한 금신 상은 힘
과 풍요를 가져다주는 신으로 여겨진 애굽의 신상이다. 애굽의
멤피스(Memphis)와 헬리오폴리스(Heliopolis)의 수호신인 아
피스(Apis)와 므네비스(Mnevis)는 모두 송아지 형상을 하고 있
다. 이것은 태양신을 믿는 이집트의 상징으로 금송아지는 태양
의 아들로 여기고 있었다. 이러한 사상은 메소포타미아 지역의
벨 마르두크 사상과 일치하는 사상이다.

마르두크는 고대 바벨론 주신으로 "태양의 아들"로 여겨졌으
며 바벨로니아를 세운 아모리 족의 주신이었다. 본래는 보잘 것
없는 농업도시 바벨론의 주신(主神)이었으나 고대 바벨론의 융
성과 함께 메소포타미아 지역의 최고신이 되었고 과거 수메르의
최고신이었던 '벨 엔릴'을 대신하여 '벨 마르두크'라고 불리게
되었다. 수메르의 주신이었던 엔릴은 바람의 주인으로써 지상
판테온 신전의 최고 신이였으며 황소를 그 거룩한 상징으로 여
겼는데, 마르두크는 그 속성의 대부분을 이어받아 이와 합체한
형태로 벨 마르두크라고 불리게 되었던 것이다. 따라서 벨 마르
두크는 황소의 새끼인 숫송아지를 상징으로 하게 되었다.

이러한 사상이 고대 함 족들이 이집트에 정착하면서 이집트에 흘러들어간 것이 아닌가 짐작된다. 이러한 메소포타미아 지역의 황소나 이집트 나일 강 지역의 송아지를 숭배하는 사상은 모두 농경을 위주로 하는 풍속에 기인한 것으로 보인다. 그러나 유목 민족의 신인 여호와는 자신의 족속들이 농경신인 마르두크를 섬기는 것을 몹시 싫어했다.

아담의 아들인 가인이 농사를 지어 곡물을 제물로 올렸을 때도 여호와는 이를 싫어하여 받지 않았었다. 그런데 함의 후손인 니므롯 역시 바벨탑을 세워 농경의 신인 마르두크를 섬기려하자 이를 싫어하여 바벨탑을 무너뜨려 버렸다.

수메르 신화에 따르면 마르두크는 엔키의 아들로 본처인 담키나와 사이에서 태어난 유일한 아들이었다. 엔키는 이후 다시 닌후르상과 결혼하여 아들을 얻기 위해 여러 번 시도를 했지만 결국 딸만 낳았다고 기록되어 있다. 엔키가 에아이고, 에아가 바로 야훼, 즉 여호와인데 기록이 남아 있지 않아 알 수는 없지만 여호와가 마르두크를 좋아하지 않았음은 분명하다. 그 이유는 아마도 유목민이었던 자신의 족속들이 자신을 버리고 농경의 신인 마르두크를 섬기는데 대한 질투심으로 인함이 아닌가 생각된다. 뿐만 아니라 마르두크는 엔키(야훼)와는 대립관계에 있던 엔릴의 성격을 그대로 물려받아 '숫송아지'로 칭해지고 있었으니 더더욱 좋아했을 리가 없었을 것이다.

이러한 상황에서 이스라엘 백성들이 숫송아지상을 만들어 놓고 이를 숭배한답시고 춤추고 노래하며 흥청거리자 여호와의 분노는 폭발하고 말았던 것이다.

애굽에서 오랜 세월 노예 생활했던 영향 때문에 이스라엘 백성은 금송아지 숭배의 행위에 큰 잘못을 느끼지 않았지만 자신들을 구출해준 여호와가 보기에는 위험천만한 일이 아닐 수 없었다. 여호와 스스로 질투의 하나님이라고 수없이 천명하였건만 이스라엘 백성들이 자신이 아닌 마르두크의 형상인 숫송아지를 만들어서 숭배를 하고 있으니 도저히 용납될 수 없는 상황이었다.

벨 마르두크를 혹은 바알 마르두크라고도 하는데 이는 가나안 지역에서 수호신으로 믿는 바알(Baal)과 동일한 의미이다. 바알은 이후 가나안 지역에서 지속적으로 믿어왔던 대표적인 우상이었다. 그리고 남신(男神)인 바알과 함께 이스라엘 백성에게 가장 악한 영향을 미친 우상으로 아세라 여신이 있다.(삿 3:7; 왕상 14:23; 왕하 17:10; 사 27:9; 렘 17:2)

아세라는 바알의 모신(母神)으로 고대 우가릿 문서에 따르면 최고의 신인 '엘'(El)의 배우자 신이요, 모든 신들의 모신(母神)으로서 바알을 포함한 70여 신들의 어머니라고 한다. 아세라는 페니키아와 수리아에서 가나안으로 유입된 이후 토착화되어 다산(多産)과 풍요와 성(性)의 여신으로서 음란한 제의(祭儀)로써 숭배되었으며(출 34:13; 사 17:8; 미 5:14), 그 형상이 주로 나무 기둥으로 세워졌기에 목상(木像) 또는 주상(柱像)으로 불려졌다(신 7:5; 왕하 13:6; 대하 24:18; 31:1).

여호와는 이스라엘 백성의 출애굽 때부터 아세라 상을 찍어버릴 것을 명하였으나, 이스라엘은 종종 이 명령을 잊고서 가나안에 안주한 이후부터 아세라를 음란히 섬김으로써 여호와의 책망을 들어야 했다

『너는 스스로 삼가 네가 들어가는 땅의 거민과 언약을 세우지 말라 그들이 너희중에 올무가 될까 하노라 너희는 도리어 그들의 단들을 헐고 그들의 주상을 깨뜨리고 그들의 아세라 상을 찍을 찌어다 너는 다른 신에게 절하지말라 여호와는 질투라 이름하는 질투의 하나님임이라.』

- 구약, 출애굽기 34장 12~14절 -

이처럼 여호와는 자신이 창조했던 창조인간들의 후손들이 자기 외에 다른 신을 믿는 것을 몹시 싫어하고 노골적으로 자신은 질투하는 신이라고까지 천명하고 있다.

이것은 여호와의 입장에서는 어쩌면 당연한 일일지도 모른다. 왜냐하면 자신이 창조하였고 또 자신이 노아의 홍수에서 또 한번 그들을 구출해 내었으며, 그 자손이 번성하도록 보살펴 왔는데 배은망덕하게도 다른 신을 섬긴다고 하면 질투할 만도 하다. 그러나 이것은 여호와와 그 피조물인 유대인과의 관계이지 그 외 지구상의 다른 이방인들과는 아무런 관계가 없는 일이다.

더구나 천손민족으로써 한웅의 혈통이요, 단군의 자손인 우리 한민족은 더욱 더 관계가 없는 일이라 할 것이다.

이러한 온갖 사건과 고난을 겪으며 애굽을 떠난 모세와 이스라엘 백성들은 40년을 광야에서 헤매인 후 여호와가 약속한 젖과 꿀이 흐르는 가나안 땅에 이르게 된다. 그러나 모세는 결국 가나안에 발을 들여놓지 못하고 죽었으며 그때 함께 나왔던 장정들도 다 죽고 여호수와와 갈렙만이 이스라엘 후손들을 이끌고 입성하게 되었다. 그러나 사실 이 길은 그리 먼 길이 아니었다. 한 달도 걸리지 않을 거리를 40년을 걸려 돌고 돌아 가게 되었으니 그 이유는 「출애굽기」에 다음과 같이 적혀 있다.

『그들이 네 말을 들으리니 너는 그들의 장로들과 함께 애굽 왕에 이르기를 히브리 사람의 하나님 여호와께서 우리에게 임하셨은즉 우리가 우리 하나님 여호와께 희생을 드리려 하오니 사흘길쯤 광야로 가기를 허락하소서 하라.』

- 구약, 출애굽기 3장 18절 -

『여호와께서 그에게 이르시되 이는 내가 아브라함과 이삭과 야곱에게 맹세하여 그 후손에게 주리라 한 땅이라 내가 네 눈으로 보게 하였거니와 너는 그리로 건너가지 못하리라 하시매 이에 여호와의 종 모세가 여호와의 말씀대로 모압땅에서 둑어 벗브올 맞은편 모압 땅에 있는 골자기에 장사되었고 오늘날까지 그 묘를 아는 자 없으니라 모세의 죽을 때 나이 일백 이십세나…』

- 구약, 신명기 34장 4~7절 -

『이스라엘 자손이 애굽 땅에서 나온 후 제 이년 이월 일일에 여호와께서 시내 광야 희막에서 모세에게 일러 가라사대 너희는 이스라엘 자손의 모든 회중 각 남자의 수를 그들의 가족과 종족을 따라 그 명수대로 계수할찌니 이스라엘 중 이십세 이상으로 싸움에 나갈만한 모든 자를 … 이십세 이상으로 싸움에 나갈만한 자가 이스라엘 중에서 다 계수함을 입었으니 계수함을 입은 자의 총계가 육십만 삼천 오백 오십명 이었더라.』

- 구약, 민수기 1장 1~3절, 45~46절 -

『염병 후에 여호와께서 모세와 제사장 아론의 아들 엘르아살에게 일러 가라사대 이스라엘 자손의 온 회중의 총수를 그 조상의 집을 따라 조사하되 이스라엘 중에 무릇 이십세 이상으로 능히 싸움에 나갈만한 자를 계수하라 하시니. … 이는 모세와 제사장 엘르아살의 계수한 자라 그들이 여리고 맞은편 요단 가 모압 평지에서 이스라엘 자손을 계수한 중에는 모세와 제사장 아론이 시내 광야에서 계수한 이스라엘 자손은 한 사람도 들지 못하였으니 이는 여호와께서 그들에게 대하여 말씀하시기를 그들이 반드시 광야에서 죽으리라 하셨음이라 이러므로 여분네의 아들 갈렙과 눈의 아들 여호수아 외에는 한 사람도 남지 아니하였더라.』

- 구약, 민수기 26장 1~2절, 63~65절 -

　실제 출애굽기에 나오는 이스라엘 백성이 탈출할 당시 천막을

친 숙곳에서 시나이 반도를 가로지르는 길은 위 내용과 같이 3일 밤낮이면 족하며 가나안 까지는 15일정도 걸리는 길이었다. 이스라엘 백성이 40년을 광야에서 헤맬 수밖에 없던 이유는 바로 가나안 지역에 이미 살고 있던 족속들이 많았기 때문에 여호와는 끊임없이 20세 이상의 싸움을 할 수 있는 장정의 수를 파악했고 자신의 뜻을 따르지 않는 모든 자들은 자신이 구출한 이스라엘 백성일지라도 멸망시켜야 했기 때문이었다. 오직 모세 이후 여호와의 말을 충실히 따른 여호수아나 갈렙만이 들어갈 수 있었다.

이스라엘 민족의 출애굽 경로

여하튼 이러한 출애굽의 상황은 람세스 2세와는 하등 관계없이 신왕조 초기에 발생하였던 사건으로 추정된다.

람세스 2세를 이은 메르헨프타흐(Merneptah, BC 1213년~
BC 1203년 재위) 시대부터 또다시 해양 민족의 민족이동의 소
용돌이 속에 빠졌고, 제 19왕조의 세력도 점차 쇠퇴하였다. 메
르헨프타흐 이후 4명의 파라오가 뒤를 이었으나 트위스레트
(Twosret BC 1191년~BC 1190년 재위) 여왕 때에 이르러 제
19왕조는 끝나게 되었다. 트위스레트 여왕은 짧은 재위기간 중
이집트의 내전을 종식시키고, 시나이 반도와 팔레스타인 지역을
통치했으며, 테베와 헬리오폴리스에서 그 세력을 확고히 다졌
다. 그러나 트위스레트는 형부 세트나케트(Sethnakth, BC
1190년~BC 1186년)에게 왕위를 빼앗겼으며, 세트나케트에 의
해 제 20왕조가 시작되었다.

　세트나케트의 뒤를 이은 람세스 3세(Ramesses III, BC 1186
년~B C1155년 재위)때 이미 히타이트는 멸망하여 없어졌고,
이 무렵부터 삼각주 지대는 해상민족과 리비아 인들의 공격을
받게 된다. 제 20왕조는 그 후 약 100년간 지속되었으며, 람세
스 11세(BC 1104년~BC 1075년 재위) 까지 이어졌으며, 가뭄
과 홍수 등 자연재해의 반복과 여러 지방세력의 등장으로 인해
이집트는 점점 분열되어 갔다. 람세스 11세는 신관(神官) 헤리오
르에게 왕위가 찬탈되었으며. 제 20왕조가 끝나고 이집트는 제
3중간기로 접어들게 된다.

(4) 에게 해의 미케네 문명

에게 해 미케네 문명(BC 1600년~BC 1100년)

미케네 문명은 그리스 남부 펠로폰네소스 반도에 있는 미케네 유적지에서 따온 이름으로 고대 그리스 문명을 말한다. 미케네 문명은 BC 1600년~BC 1100년경까지 약 500년간 일어났던 문명으로 그리스 인의 선조인 아카이아 인(Achaeans)에 의해 성립되었던 도시국가들에 의해 일어난 문명이다.

그리스 민족은 인도-유럽어족에 속하는 종족으로, 이들은 원래 도나우 강 하류와 발칸 반도 일대에 분포하여 살았으나, BC 2000년경부터 남하하여 그리스 반도 북부에 이동해 정착하였다. 바로 이 그리스 반도에 초기 정착한 그리스 인들을 아카이아 인라고 한다. 이들은 BC 1600년경부터 소왕국을 형성하고 에게 해의 크레타 문명을 흡수하면서 발전하였다.

BC 1400년경 화산폭발과 지진으로 혼란한 크레타로 쳐들어가 크노소스를 점령한 미케네는 에게 해 지역의 해상권을 장악하게 되었다. 미케네 함대는 에게 해 앞바다를 제패했고 키클라데스 제도, 크레타, 키프로스, 도데카네스 제도, 소아시아 서부, 그리스와 마케도니아 북부, 시칠리아, 이탈리아의 여러 지역을 식민지로 삼으면서 부강해졌다. 이들이 전성기를 누릴 때는 '황금의 미케네'라고 일컬어질 정도로 부강한 맹주가 되었다.

미케네는 크레타와는 달리 상무적이며 군사적인 성격이 강했다. 토지는 공유지와 사유지가 공존하였는데 공유지가 있다는 것은 공동체적인 성격이 강하다는 것을 말해 주고, 사유지가 있었다는 것은 평민이 경제적 자유를 누리고 있었다는 것이다. 미케네의 국가 구조는 국왕 아래에 귀족적인 전사계급이 있었고 다음에 관료인 서기와 그 아래 상인과 농민이 있었으며, 최하층에 노예가 있었다. 노예제는 주로 왕실을 중심으로 발달한 것이다.

미케네의 사람들도 제우스나 포세이돈 등의 후대 그리스 인들이 믿었던 신화 속의 신들을 믿었으나 크레타 인들이 믿었던 뱀의 여신을 더 신봉했던 것으로 알려졌다.

BC 1240년경 트로이 전쟁이 일어났다. 이것은 BC 700년경 고대 그리스의 시인 호르메스의 서사시 '일리아드'에 의하여 전해진 내용이다.

지금의 터키 영토인 트로이는 흑해로 접어드는 관문으로 해상 무역에 의해 번영한 도시였다. 호르메스의 '일리아드'에 의하면 트로이 왕자 패리스와 스파르타의 왕비 헬레나의 사랑의 도주 행각이 일어났고, 이를 응징하고자 그리스의 도시국가들이 연합 군을 형성하여 트로이를 공격한 것으로 되어 있다.

　그러나 트로이 왕자와 눈이 맞아 도주한 헬레나는 빌미에 불과 하고 실재는 강대해진 그리스 본토의 도시국가들이 미케네를 맹 주로 연합하여 소아시아로 진출한 원정이었다고 한다. 미케네를 중심으로 스파르타와 테베, 아테네와 기타 도시국가들이 연합군 으로 합류하여 아가멤논을 총사령관으로 약 500여 척에 달하는 대군이 트로이 성을 공격하였으며, 10년 전쟁 끝에 트로이 성이 함락되어 불태워졌고 트로이는 점령되었다고 한다. 난공불락의 트로이 성과 소아시아 후방의 지원군으로 인해 연합군은 고전을 면치 못했으나 그리스의 지장 오디세우스의 지략으로 트로이 목 마 속에 병사를 숨겨 트로이 성으로 무사히 잠입시킴으로써 결 국 트로이 성의 문을 열고 함락시킬 수 있었다고 한다.

　이 사건은 전설로만 전해져 왔으나 '일리아드 서사시'를 실제 역사로 본 한 아마추어 고고학자의 노력에 의해 결국 트로이 성 의 유적지가 발굴되고 이것이 실제 역사의 한 장면이었음이 밝 혀졌다.

　찬란한 번영을 구가하던 미케네 문명은 BC 1100년경 그리스 인의 마지막 이주자인 해상민족 도리아 인의 침략을 받고 몰락하고 말았다.

(5) 후기 베다시대(BC 1600년~BC 1100년)

후기 베다 시대는 브라만교의 가장 기초적인 경전인 『리그베다』를 바탕으로 나머지 3베다, 즉 『야주르베다』, 『사마베다』, 『아타르바베다』를 쓰기 시작했던 BC 1600년경부터 석가모니에 의해 불교가 탄생될 당시 인도대륙에 존재했었던 16국(國)이 형성되기 전인 BC 1100년까지의 시기를 말한다. 따라서 전기 베다 시기가 500년이고, 후기 베다 시기가 역시 500년간이 된다.

4 베다를 합쳐 '상히타(Samhita)'라고 부르는데 이는 제사 행위에 직접 사용되는 찬가, 노래, 제문, 주문들의 집합이므로 집록(集錄) 혹은 본집(本集)이라는 의미에서 칭하는 명칭이다. 상히타를 음역하여 삼히타라고 부르기도 하며 '집성하다'라는 뜻이다.

그리고 이 삼히타를 설명한 신학적 산문을 '브라마나(Brahmana : 梵書)'라 하고, 숲속에서 수행(修行)으로 전수되는 비전을 '아라니야카(Aranyaka : 森林)', 또 사제(師弟)가 근접하여 앉아서 전수되는 비의(秘儀)인 우파니샤드(Upanishad)'라 하는데 브라만교에는 이들 4부의 베다 경전이 전해 왔다.

후기 베다 시대는 주로 갠지스 강 상부 유역이나 야무나(Yamuna) 강 유역으로 활동영역을 확장하여 나갔다. 이 시기에는 유목민이었던 아리아 인들이 농업으로 대거 전향하여 농업이 크게 발전하면서 상업계급이 성장하게 되었고 또한 계속 발생하는 전쟁으로 무사계급의 정치적인 지위가 상승되었다.

따라서 점차 복잡한 사회구조가 형성되었으며 도시국가들이 형성되기에 이른다. 이 시대에는 추장들이 모여서 왕을 선출하여 왕국을 형성하였으며 왕권 세습제는 아직 없었다.

그리고 이때부터 4성제도(四姓制度)가 확립되게 된다. 4성제도를 카스트 제도라고 하는데 이것은 세계의 수많은 전근대 사회에서 나타났던 문화·사회적 현상으로, 일정 신분계층 집단의 지위를 자손 대대로 세습하도록 하는 제도를 일컫는 포르투갈어 카스타(Casta)에서 파생된 말이다.

이 카스트라는 용어는 17세기 경 포르투칼 인이 인도 땅에 처음 들어와 그들의 시각으로 인도를 판단하고, 그들의 언어로 표현된 말이다.

처음에는 지배계급과 피지배계급을 구분 짓기 위해 피부색을 뜻하는 바르나(Varna)제도에서 출발한 것이다.

베다 시대에 점차 제사를 중시하면서 사제(司祭)계급이 확립되고, 잦은 전쟁에서 무사계급과 왕족의 정치계급이 형성되고, 다음은 농업과 상업과 공업의 발달로 일반 서민층인 농·공·상의 계급이 생겨났다.

그리고 피지배층의 선주민들은 각종 천한 일을 맡아하는 노예계급이 되었다.

즉 4성 계급 중 가장 상층계급은 제사의식을 관장하는 브라만

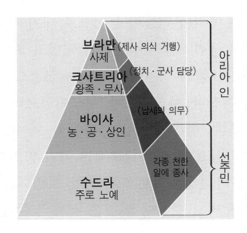

승려계급(Brahmana)이고, 그 다음은 왕족과 무사계급인 크샤트리아(Ksatriya), 그 아래는 농·공·상에 종사하는 일반서민계급인 바이샤(Vaisya), 다음은 노예계급의 수드라(Sudra)로 나누어졌다. 이들은 사실 직업의 분류대로라면 승려와 왕족, 무사계급은 행정에 해당하는 사(士)에 속하고, 평민계급은 농(農)·공(工)·상(商)에 속하여 사·농·공·상의 분류에 불과한 것이지만 이것을 종교적 업(業, 카르마)과 윤회(輪廻)의 관념으로 해석하여 절대불변의 계급계층으로 만들어 버렸다.

베다사상에서는 4성(四姓) 계급이 태초에 인간이 창조될 때 나왔다고 한다. 즉 브라흐마 신이 인간을 만들 때 자신의 머리에서 지혜를 가진 브라흐만 사제계급을, 가슴에서는 용기가 충만한 크샤트리아 계급을, 배에서는 적당한 욕망을 가진 바이샤를, 팔다리에서는 노동력을 가진 수드라 계급을 창조했다고 말한다.

그리고 이들 계급은 신이 결정한 것이기 때문에 인간의 의지로는 절대로 바꿀 수 없으며, 모든 사람은 태어날 때 이미 각자의 계급이 정해진다고 설명하고 있다. 이것을 업(카르마karma)으로 설명하고 있는 것이다.

이렇게 태어난 네 계급 가운데 브라만, 크샤트리아, 바이샤 이 셋을 두 번 태어난 사람이라는 뜻의 드위자(dvija)라 불렀다. 한 번은 어미의 자궁에서 태어나고 또 한 번은 종교의식을 통해 태어나기 때문에 두 번 태어난 자인 것이다.

그러나 의식을 치를 자격이 없는 수드라는 한 번 밖에 태어나지 못한 사람이다. 따라서 그들은 종교, 사회적으로 무자격자이며, 베다도 볼 수 없고 브라만으로부터 의례 집전도 받을 자격이 없다고 규정하고 있다.

이러한 종교적 관념은 동양의 유교 폐습에서도 나타나는데 바로 왕족과 양반계급과 상놈계급, 그리고 노예계급을 나누어 놓고 그 제도는 세습되면서 절대 불변의 계급으로 만들어 놓은 계급차별 제도와 유사하다. 이와 같은 종교적인 사상으로 계급을 나누어 놓고 세습하는 악습은 기존의 기득권자들이 자신들의 지위를 잃지 않기 위해 만들어 놓은 제도였다. 이러한 악습은 지난 상극시대인 선천에서는 동서양을 막론하고 어디에나 존재하고 있었음을 보여주고 있다.

그러나 인도사회에는 노예계급인 수드라보다도 못한 사람들도 있다. 아예 4성(四姓)에도 속하지 못한 자들, 바로 불가촉천민(不可觸賤民)이 그들이다. '만질 수도 없고, 생각할 수도 없고, 볼 수도 없고, 접근할 수도 없는 존재'로 살아가는 사람들로 인도에서는 달리트(Dalit)라 한다. 또는 하리잔(Harijan)이라고도 한다. 하라잔이란 '신의 아이들'이란 뜻으로 마하마트 간디가 "이들을 앞으로 하라잔(Harijan)이라고 부르자."라고 한 데서부터 유래된 말이다. 수드라는 그 탄생이 신화에 의거해 있는 반면 불가촉천민은 신화에서도 그 존재 근거조차 찾을 수 없으니 종교적으로나 사회적으로 사람으로서의 존재조차 인정받지 못하고 개나 돼지와 다를 바 없는 존재로 취급받게 된 것이다. 4성제도를 금하고 있는 현재까지도 제5계급인 불가촉천민은 인도의 전역에 거주하며, 총인구의 약 15%에 달한다. 이들은 청소·세탁·이발·도살·하수구청소·오물청소 등 가장 힘들고 어려운 일을 담당하며, 거주·직업 등에서 엄격한 차별 대우를 받아왔다. 그리고 옛날에는 얼굴을 맞대면 안되는 상대라 하여 낮에는 활동을 금하고 주로 밤에 활동하였다. 이러한 계급질서는 다양하고 이질적인 인도 사회를 안정시키고 결속시키는 데 도움을 준 면도 있으나, 사회를 정체시키고 활력을 잃게 하는 등 많은 폐단을 낳았다.

　1955년에 불가촉천민법이 제정되어 하리잔에 대한 종교적·직업적·사회적 차별을 금지하고 있다. 현재 인도에는 1억 명이 넘는 하리잔이 있는데, 정부에서는 입학이나 취업시 일정비율을 이들에게 배정해 주는 등 혜택을 주고 있다. 이처럼 법적으로는 차별이 금지되었으나 아직도 인도 전역에는 아직도 카스트의 영향력이 여전히 강하게 남아 있어 종교적 · 문화적 · 사회적으로 차별을 받으며 절대적인 가난 속에 살고 있다. 그러나 최근에는 불가촉천민 출신의 장관이 배출되는가하면 이들이 대통령까지 당선되면서 인도사회에 새로운 바람이 불고 있다. 1997년 코테릴 라만 나라야난이 불가촉천민 출신으로 최초로 대통령에 당선되었다. 그리고 2017년 람 나트 코빈드가 또다시 최하층 출신이라는 계급의 한계를 극복하고 대통령에 당선됨으로써 카스트 제도로 여전히 분열을 겪고 있는 인도의 사회통합에 새로운 전기가 마련될 것으로 기대되고 있다.

이러한 계급적 4성제도의 폐습이 바로 이 후기 베다 시대에 형성되게 되었던 것이다.

이러한 베다의 가르침은 폐습을 낳는 오류를 남기기도 했으나 수천 년간 인도의 정신사상의 기둥을 이룩한 중요한 교훈서가 되기도 했다. 그중 베다의 교리를 해설한 교훈서가 바로『우파니샤드』이다. 산스크리트어로 "스승에게 가까이 앉아 귓속말로 전해 듣는 진리"라는 뜻의 이 교리 해설서는 인도철학의 정수(精髓)라고 부르며 멀리 유럽의 철학자들에게까지 영향을 끼친 경전이다.

『우파니샤드』에서 '브라흐마(Brahma, 梵)'는 만물의 근원이자 생사윤회에서 벗어난 존재로서 인간의 내면에 있는 아트만

(진정한 자아)을 깨달음으로써 브라흐마와의 합일이 가능하다고 여겼다. 그리고 근원적인 브라흐마(Brahma)와의 합일을 통하여 윤회에서 벗어날 수 있다고 주장하였다. 이러한 생사의 윤회와 업(카르마)에 대한 깊은 철학적 사유는 훗날 불교 사상의 밑바탕이 되었다.

공자의 사서삼경(四書三經)이 삼황오제(三皇五帝)의 사상을 집대성하여 이루어졌고, 예수의 신약(新約)은 모세의 구약(舊約)의 실현 위에 다시금 새로운 약속을 맺었던 것처럼 불교사상도 그 기초가 되는 사상이 있었으니 바로 브라만교의 베다 경전으로 볼 수 있을 것이다.

그리고 삼황오제나 모세처럼 봄시대에 이 세상에 오신 성인들에 의해 사상적 기초를 마련한 실존 인물이 있는 것과 같이 불교에도 이러한 브라만교의 사상적 기초를 마련한 실존인물이 있었을 것이다. 석가불은 그 실존 인물을 자신의 전생에 수기(受記)를 준 연등불(燃燈佛)이라고 하였다.

연등불은 산스크리트어로 디팡카라 붓다((Dipamkara Buddha)이다. 디팡카라는 '등불을 켜다.'라는 뜻으로 한역하면 '연등(燃燈)'이 된다. 혹은 정광불(定光佛), 보광불(普光佛)로도 불렸으며, 리화갈라(提和喝羅)로 음역(音譯)되기도 한다. 석가모니불의 전생은 수메다(Sumedha), 즉 한역하여 선혜(善慧)였다. 선혜는 연등불로부터 다음 생에 부처가 되리니, 그때의 명호를 석가모니라 이를 것이라는 수기를 받았다고 그의 전생록에 기록하고 있다. 또『增一阿含經 四十九卷(증일아함경 사십구권)』에

優曇花 三千年開花 佛如優曇花(우담화 삼천년개화 불여우담) '우담화는 삼천 년에 피는데 부처님은 우담화와 같다.'고 하였다. 석가모니는 BC 1027년 계축생이니 이로부터 3,000년 전이면 BC 4027년이 된다. 이때는 인더스 문명이 일어나기 이전, 문명의 전조기였던 메르가르 문명 후기(3기 BC 4800년~BC 3500년)에 해당하는 때였다.

만약 연등불이 왔다면 인더스 문명이 일어나기 이전, 지금으로부터 약 6,000년 전에 이 세상에 와서 불교사상의 기초가 되는 사상적 가르침을 세상에 전했으리라 본다. 이러한 사상이 인더스 문명 속에서 계승되어 내려오다가 다시 브라만교의 베다 경전을 이루는 기초사상이 되었던 것이다. 이것이 다시금 불교에 받아들여져 업보와 윤회, 인과응보와 같은 사상적 바탕을 이루었다고 할 것이다.

이처럼 선주민에 의해 이루어졌던 인더스 문명은 다시금 아리아 인들에 의해 베다 문명으로 이어지며 새롭고 독특한 남방문명을 형성시켰다. 그리고 후기 베다 문명시대를 이어 BC 1100년경부터 갠지스 강을 중심으로 16개국으로 나누어지고 석가모니에 의해 불교가 탄생되면서 보다 다양한 인도의 역사가 펼쳐지게 된다.

지금까지 천존시대 역사의 흐름을 살펴보면 동서양 공히 약 500년을 주기로 문명이 일어나고 사라졌으며 그 궁극의 종결점은 BC 1100년경에 맞추어져 있다. 동양의 은상(殷商)이 BC 1122년에 종결되었으며, 서양에서는 메소포타미아의 바빌로니아 카사이트 왕조가 BC 1155년에 종결되었고, 아나톨리아 반도의 소아시아 히타이트 문명이 BC 1178년에 종결되었으며, 이집트 신왕국이 BC 1075년에 종결되었고, 에게 해의 미케네 문명이 BC 1100년경에 종결되었고, 인더스 문명은 베다 문명으로 이어져 BC 1100년경에 후기 베다 시대를 마감하였다.

그 이유는 바로 이 시점이 우주 4철(哲)이라는 환경의 변화에 있어서 새로운 계절을 맞이하는 하나의 과도기 과정이었기 때문이다. 즉 우주의 봄시대가 종결되고 여름시대가 열리는 시점이 바로 BC 1100년경으로 지금으로부터 3,100년 전이었다.

이때 여름시대의 역(易)인 주역(周易)이 출현했고, 이 주역(周易)을 고안한 문왕(文王)이 이때 출현하였다. 그리고 이 주역(周易) 팔괘의 괘상에 따라 오방신을 땅에 봉신한 강태공이 이때 활약했던 인물이다. 이제 한 시대를 종결하고 새로운 시대가 도래되게 되었으니 그것이 지금부터 서술할 지존시대의 역사이다.

동서양 역사의 흐름표

시대	년도	서양				서이	동양			BC
봄시대	18,000년전	동남동녀(童男童女) 800쌍 흑수와 백산 사이에 내려 보냄 - 한인(桓因) : 감군(監群)								BC16000
여름시대	15,000년전	12환국시대(동서 2만리, 남북 5만리)								BC13000
가을시대	12,000년전	서양(西洋) 반고(盤古) 삼위산 / 지중해 / 아라랏산 - 에덴(Eden) 개설(開設) / 창조인간 : 에덴동산 · 지상낙원건설					동양(東洋) 한웅(桓雄) 태백산 / 동대륙 / 태백산 - 신시(神市) 개천(開天) / 천손민족 : 배달국 · 신선국가건설			BC10000
	9200년전	노아의 대홍수 (인류 씨종자만 남기고 멸절)								BC7200
겨울시대	9,000년전	이집트 (아프리카)	지중해 (유럽)	메소포타미아(서아시아) 가인의 후손	노아의 후손 셈족 함족 야벳족		배달국 계승 (동아시아) 북해(北海), 자금의 바이칼호로 이동 수렵과 유목, 밭농사		엔더스문명 (남아시아)	BC7000
봄시대 (천존시대)	6,000년전					서이 (西夷)	한웅 배달국 새롭게 문을 열음, 가천(假天)			BC4000
	5500년전	선왕조시대		수메르 문명			태호 복희(홍하문명)	태우의 천왕	엔더스 문명 태동기	BC3500 / BC3000
	5,000년전	초기왕국					염제 신농	:		
	4,500년전	고왕국					황제 헌원	치우 천왕	엔더스 문명 부흥기	BC2500
				아카드왕국			오제시대	단군 조선		
	4,000년전	중왕국	에게 크레타	우르 3왕조			하(夏)나라 [하화(夏華)문명]		인더스문명 쇠퇴기 전기 베다 문명기	BC2000
				고대 바빌론						
	3,500년전	신왕국	에게 미케네	카사이트			상(商)나라		후기 베다 문명기	BC1500
여름시대 (지존시대)	3,000년전	후왕국	고대 그리스	앗시리아			주(周)나라 [중화(中華)문명]	대부여	16국 시대	BC1000 / BC500

영대(靈臺) 제1편 개천(開天)과 천존시대(天尊時代)

2017년 9월 12일 초판 인쇄
2017년 9월 15일 초판 발행

지은이 대순진리회 교무부
발행인 한 미 희
감 수 박 천 수
교 정 이 권 학
편집인 서 민 철

펴낸곳 **하문사**
143-817 서울특별시 광진구 구의2동 52-12호
전 화 : 02-323-3137
팩 스 : 02-457-2830
등록번호 제15-167호/121-886

ISBN 978-89-85730-44-0 03120

* 책값은 뒤표지에 있습니다.
* 잘못된 책은 바꿔 드립니다.